历史上的今天

（一）

LISHISHANGDE

JINTIAN

李 铁 等／编著

吉林人民出版社

LI SHI SHANG DE
JIN TIAN

图书在版编目(CIP)数据

历史上的今天 / 李铁等编著.— 长春:吉林人民出版社,2010.4

(2016.1重印)

(名家推荐学生必读丛书)

ISBN 978-7-206-06579-8

Ⅰ.①历… Ⅱ.①李… Ⅲ.①历史事件—世界—青少年读物

Ⅳ.①K105-49

中国版本图书馆CIP数据核字(2010)第038786号

历史上的今天

编　著:李　铁 等

责任编辑:郭雪飞　　　　　　　　　责任校对:赵梁爽

封面设计:孙浩瀚　张　娜

制　作:吉林人民出版社图文设计制作中心

吉林人民出版社出版 发行(长春市人民大街7548号　邮政编码:130022)

网　址:www.jlpph.com

全国新华书店经销

发行热线:0431-85395845　85395821

印　刷:三河市燕春印务有限公司

开　本:690mm×960mm　1/16

总印张:27.5　　　　　　总字数:270千字

标准书号:ISBN 978-7-206-06579-8

版　次:2010年9月第1版　　印　次:2016年1月第3次印刷

定　价:119.20元(全四册)

如发现印装质量问题,影响阅读,请与出版社联系调换。

1 月

历史上的今天

2 月

3 月

历史上的今天

4 月

历史上的今天

目 录

CONTENTS

6 月

历史上的今天

7 月

历史上的今天

9 月

历史上的今天

10 月

历史上的今天

目 录

CONTENTS

11 月

目 录

CONTENTS

目 录

1 月

历史上的今天

世界贸易组织成立

世界第一条地铁正式投入运营

《禁止化学武器公约》签订

人类成功克隆猴

大英博物馆正式对公众开放

海湾战争爆发

巴黎和会召开

远东国际军事法庭设立

第一届奥林匹克冬季运动会开幕

世界第一辆汽车诞生

......

1995年 1月1日 世界贸易组织成立

世界贸易组织（WTO，简称世贸组织）是一个独立于联合国的永久性国际组织，总部设在瑞士日内瓦，负责管理世界经济和贸易秩序。1995年1月1日，世贸组织成立。1996年1月1日，它正式取代关贸总协定临时机构。

世贸组织的主要职能是：组织实施各项贸易协定；为各成员提供多边贸易谈判场所，并为多边谈判结果提供框架；解决成员间发生的贸易争端；对各成员的贸易政策与法规进行定期审议；协调与国际货币基金组织、世界银行的关系，提供技术支持和培训。部长级会议是世贸组织的最高决策权力机构，由所有成员国主管外经贸的部长、副部长级官员或其全权代表组成，一般两年举行一次会议，讨论和决定涉及世贸组织职能的所有重要问题，并采取行动。在部长级会议休会期间，其职能由总理事会行使。目前，其正式成员已达150个。我国于2001年加入世贸组织。

世贸组织与国际货币基金组织（IMF）、世界银行（WB）一起被称为世界经济发展的"三大支柱"。

历史上的今天

1912年，孙中山就任中华民国临时大总统；1942年，中苏美英等国签署《联合国家共同宣言》，反法西斯的反侵略阵线形成；1984年，中国正式成为国际原子能机构成员国；1988年，天安门城楼正式对公众开放；1994年，欧洲经济区成立；1999年，欧元诞生。

科菲·安南 就任联合国秘书长

1997年
1月2日

1997年1月2日，第7任联合国秘书长科菲·安南来到联合国总部，开始他作为联合国秘书长的第一天工作。

安南是位经验丰富的外交家，能说流利的英语、法语和几种非洲语言。他讲话温和，性格直率，待人坦诚，头脑冷静，富有幽默感。

安南是联合国历史上公认的最富有改革精神的秘书长。在任职的8年中，安南一直在不懈地推动联合国改革进程，致力于将之改革成为能够应对新时期新挑战的卓有成效的权威国际组织。

2001年10月12日，挪威诺贝尔委员会宣布，联合国与联合国秘书长安南共同分享2001年诺贝尔和平奖。该委员会称，这一决定是为了表彰安南为创建一个"更有组织与和平的世界"所作出的努力。

历史上的今天

1875年，爱国民主人士沈钧儒诞辰；1959年，世界上第一个月球探测器，苏联发射的"月球-1号"进入绕日轨道；1963年，我国第一次断臂再植手术成功。

1923年
1月3日

"捷克散文之父"
哈谢克逝世

1923年1月3日，捷克著名作家，被誉为"捷克散文之父"及20世纪初捷克最具讽刺艺术才能的作家雅洛斯拉夫·哈谢克（1883-1923）因病去世，时年还不满40岁。

哈谢克出生于布拉格。他的父亲是一所中学的数学教员，薪俸微薄，家境贫寒。哈谢克13岁丧父后，就去一家药铺当学徒。1897年，当哈谢克还是个14岁的少年时，他就参加了反对奥匈帝国统治者的活动，并曾因参加反德游行而被警察以"军事裁判法"名义逮捕，投入牢狱。哈谢克16岁进了一所中等商业学校。他的一位老师是历史小说家阿洛依斯·伊拉谢克，他在课上时常讲述捷克民族英雄的轶事，对哈谢克的启发极大。

哈谢克是一位多产的作家，一生发表了1200多篇短篇小说，其最著名的作品为传世讽刺杰作《好兵帅克》，去世前，他正

创作《好兵帅克》的第四卷，然而，疾病还是无情地夺走了他的生命。

小说通过一位普通士兵帅克在第一次世界大战中的种种荒诞经历，深刻揭露了奥匈帝国统治者的凶残专横及其军队的腐朽堕落。帅克善良又勇敢，机智而不露声色，貌似平凡，而且有点"愚蠢"和滑稽可笑。然而他却善于运用民间谚语、笑话，应对上司，以其人之道还治其人之身，伺机巧妙地同反动统治者作斗争。

这部讽刺文学名著是捷克有史以来的最伟大的文学作品之一。半个多世纪以来，《好兵帅克》已被译成50多种文字流传于世界各国。

正像他所创作的帅克这个人物一样，哈谢克本人在现实生活中也干过不少令奥匈帝国当局瞋目切齿的妙举。1911年，当奥匈帝国大搞议会选举时，哈谢克组织了一个所谓的"政党"，并在一家小酒馆里发表"竞选"演说，对奥匈帝国的政治社会制度进行了猛烈抨击。事后他告诉人说，这是为了替那家酒馆招徕主顾。另一回发生在第一次世界大战初期。他住进布拉格一家旅馆，在旅客登记簿"国籍"栏填上与奥匈帝国相敌对的"俄国"，又在"来此何事"栏填上"窥探奥地利参谋部的活动"。于是，警察局立即派人把该旅馆包围了起来，以为这下可抓到了一名重要间谍。至真相大白后，警察严厉责问他为什么在战争期间开这种玩笑，哈谢克带着一副真诚神情回答说，他对奥地利警察的效率不大放心，是想考验一下他们警惕性如何。警方哭笑不得，罚他坐了5天牢。

1843年，魏源编著《海国图志》刻本出版；1868年，日本明治维新。

1981年 1月4日 长江葛洲坝截流工程合龙

1981年1月4日，长江葛洲坝截流工程合龙。

葛洲坝水利枢纽工程是举世瞩目的大型水利工程。它位于长江三峡的西陵峡出口——南津关以下2300米处，距宜昌市镇江阁约4000米。大坝北抵江北镇镜山，南接江南狮子包，雄伟高大，气势非凡。葛洲坝水利枢纽工程的研究始于20世纪50年代后期。1970年12月破土动工，1974年10月主体工程正式施工，1988年大坝建成。

葛洲坝水利枢纽工程是一项综合利用长江水利资源的工程，具有发电、航运、泄洪、灌溉等综合效益。葛洲坝水利枢纽工程主要由3座船闸、2座发电厂房、27孔泄洪闸、3江6孔冲砂闸和大江9孔冲砂闸、左右岸非溢流坝、防淤堤等建筑物组成。大坝全长2606米，坝顶高程70米，设计蓄水位66米，总库容15.8亿立方米。两座发电厂总装机容量217.5万千瓦，年均发电量157亿度。工程规模宏大，施工难度大，技术要求高，创造了我国水利水电史上空前的奇迹。

历史上的今天

1965年，第三届全国人民代表大会第一次会议在北京闭幕。在此次会议上"四个现代化"被首次提出。

X射线公诸于世

1896年

1月5日

1901年，伦琴因发现X射线成为世界上第一个荣获诺贝尔奖物理奖的人。人们为了纪念伦琴，将X射线命名为伦琴射线。

早在伦琴研究X光射线前，已有很多重要的研究者发现过它的"踪迹"，他们在观察到真空管中的阴极发出的这种遇到玻璃管壁会产生荧光的射线后，将之命名为"阴极射线"或笼统地称之为"放射能"，因没有继续研究这一现象或未公开自己的一些实验成果，提起X射线时，他们的名字不被人所熟知。

1895年，伦琴开始进行阴极射线的研究，1896年，他公布了关于"一种新的射线"的研究结果。为了表明这是一种新的射线，伦琴采用表示未知数的"X"来命名。

这一发现对于医学的价值可是十分重要的，几个月后，拉塞尔·雷诺兹就制成了X光机。这是世界上最古老的X光机之一，它使人类得以在没切口的情况下，观看人体内部，清楚地观察到体内的各种生理和病理现象。

国民党制造震惊中外的"皖南事变"

1941年 1月6日

1940年10月19日，何应钦、白崇禧以国民政府军事委员会正副参谋长的名义，强令黄河以南坚持抗日的新四军、八路军在一个月内全部撤到黄河以北。中国共产党一面驳斥这种无理要求，一面从抗战大局出发，答应将皖南的新四军调到江北。1941年1月4日，新四军军部及所属的一个支队9000多人由云岭出发北移。

6日，当部队行至皖南泾县茂林地区时，遭到国民党军8万多人的伏击。新四军奋战七昼夜，弹尽粮绝，除约有2000人突围外，大部分壮烈牺牲。军长叶挺与国民党军队谈判时被扣押，副军长项英、参谋长周子昆、政治部主任袁国平牺牲。这就是震惊中外的"皖南事变"。

皖南事变发生后，国民党企图封锁消息，禁止报纸刊登揭露皖南事变真相的文章，周恩来在《新华日报》上愤然写下了"千古奇冤，江南一叶；同室操戈，相煎何急?!"的题词。

历史上的今天

1972年，久经考验的无产阶级革命家、军事家、外交家，中国人民解放军的创建者和领导者之一，党和国家的卓越领导人，中华人民共和国开国元勋陈毅（1901-1972）逝世；1997年，我国在世界上首次成功构建水稻基因组物理全图。

中国第一颗实战氢弹成功爆炸

1972年1月7日，我国第一颗实战氢弹在我国西北地区成功爆炸。

1964年10月16日，我国成功地爆炸了第一颗原子弹。1967年6月17日，我国又成功地爆炸了第一颗氢弹。然而要使氢弹具有实战价值，就必须能运载，能投掷。1971年12月30日，我国彝族飞行员杨国祥驾驶"强-5甲"战斗机进行了第一次实战氢弹的投掷试验，但因为氢弹推送装置电路短路而造成故障，这次试验没有成功，杨国祥被迫带弹驾机返场着陆。1972年1月7日，西北核试验基地再次进入一级战备状态。这一次，杨国祥成功地完成了核弹试投，中国第一颗实战氢弹成功爆炸。

历史上的今天

1911年，美国医生劳斯发现癌病毒。

周恩来总理逝世

1976年1月8日9时57分，中国共产党中央委员会委员、中央政治局委员、中央政治局常务委员会委员、中央委员会副主席、中华人民共和国国务院总理、中国人民政治协商会议全国委员会主席周恩来，在北京逝世，享年78岁。

周恩来同志是伟大的马克思主义者，伟大的无产阶级革命家、政治家、军事家和外交家，党和国家主要领导人之一，中国人民解放军主要创建人之一，中华人民共和国的开国元勋。

周恩来，1898年3月5日生，江苏省淮安人。1917年，在天津南开学校毕业后，9月赴日本求学。1919年，周恩来回国。

周恩来从青年时代起就献身于中国人民的解放事业。1919年，他积极参加五四运动，从事反对帝国主义、封建主义的革命活动。1920年到1924年，他先后到法国和德国勤工俭学，在旅欧的中国学生和工人群众中宣传马克思主义。1922年，他加入中国共产党，同年，担任中国社会主义青年团旅欧支部书记。在第一次国内革命战争时期，他参加了北伐战争，对推翻北洋军阀的反动统治作出了重要贡献。1927年周恩来同志和其他同志一起，领导了八一南昌起义，任中共前敌委员会书记。

在第二次国内革命战争时期，他在上海坚持党的地下革命工作。1928年在中共六届一中全会上当选为中央政治局常务委员，后任中央组织部长、中央军委书记。

1931年12月，先后任中央苏区中央局书记、中国工农红军总政治委员兼第一方面军总政治委员、中央革命军事委员会副主席。

1933年春，和朱德一起领导和指挥红军战胜了国民党军队对中央革命根据地的第四次"围剿"。1934年10月参加长征。1936年12月，"西安事变"发生后，周恩来任中共全权代表，迫使蒋介石接受"停止内战、一致抗日"的主张，促使团结抗日局面的形成。

抗日战争时期，他代表中共长期在重庆及国民党控制的其他地区做统一战线工作，努力团结各方面主张抗日救国的力量。他坚持国共合作，积极团结民主党派、进步知识分子、爱国人士和国际友好人士。在1945年的中共七届一中全会上他当选为中央政治局委员、中央书记处书记。抗日战争胜利后，为制止内战率中共代表团同国民党谈判。1946年以后，作为中共中央军委副主席兼代总参谋长，协助毛泽东组织和指挥解放战争，同时指导国民党统治区的革命运动。

中华人民共和国成立后，周恩来一直任政府总理，1949—1958年曾兼任外交部长，并任政协全国委员会副主席、主席，中共中央副主席，中央军委副主席等职。发展国民经济的几个五年计划，都是周恩来主持制定和组织实施的。他对社会主义时期的统一战线工作、知识分子工作、文化工作和人民军队的现代化建设也给予特殊的关注，指导这些工作取得了重要成绩。

他参与制定和亲自执行了重大的外交决策，为增进中国人民与世界人民的友谊，扩大中国的国际影响做出了重要贡献。

"文化大革命"期间，他同林彪、江青集团进行了各种形式的斗争，在非常困难的处境中，为尽量减少"文化大革命"所造成的损失，使党和国家还能进行许多必要的工作，勉力维持国民经济建设，为保护大批领导干部和民主人士，作了坚持不懈的努力。

1972年他被诊断出患有膀胱癌后，仍然坚持工作。在1975年的第四届全国人民代表大会第一次会议上，代表中国共产党重新提出在中国实现工业、农业、国防和科学技术现代化的目标，鼓舞了人民战胜困难的信心。

主要著作收入《周恩来选集》。

曾侯乙墓编钟复制成功

1983年 1月9日

曾侯乙墓编钟是我国迄今发现数量最多、保存最好、音律最全、气势最宏伟的一套编钟。1978年5月，这套编钟出土于湖北随州南郊的曾侯乙墓，墓主是战国早期曾国的国君。

钟是一种打击乐器，是用于祭祀或宴饮的乐器。按其形制和悬挂方式又有甬钟、钮钟、镈钟等不同名称。频率不同的钟依大小次序成组悬挂在钟架上，形成合律合奏的音阶，称之为编钟。钟的大小和音的高低直接相关。曾侯乙编钟按大小和音高为序编成8组悬挂在3层钟架上。最上层3组19件为钮钟，中下两层5组共45件为甬钟，外加楚惠王送的一枚镈钟共65枚。每件甬钟外表都刻有"曾乙侯作持"和有关音乐内容的铭文。值得称奇的是，这套编钟的每件钟都能发出两个乐音，并且互不干扰。

曾侯乙墓编钟是研究先秦音乐的重要资料。1983年1月9日，曾侯乙墓编钟复制成功。

世界第一条地铁正式投入运营

1863年
1月10日

经过近10年的建设，1863年1月，世界公认的第一条地铁——伦敦大都会地区铁路（Metropolitan Railway）正式投入运营。

这套城市地铁系统的设计者是英国人皮尔逊，1843年，他就把自己的建议提交给了英国议会，但十年后，议会才批准修建这条长约7.6千米的地铁。

由于当时电力尚未普及，使用的是蒸汽机车作为牵引，再加上排风不畅，乘客常常感到烟熏气闷，有的人甚至昏倒在地铁里。尽管如此，伦敦市民甚至皇亲显贵们都争相乘坐它。1896年，布达佩斯修建了电气化地铁，解决了地铁通道的空气污染问题。从此，地铁开始在全世界各大城市推广使用。二战期间，伦敦地铁成为重要的"防空洞"有效地抵御了空袭，也成为军事的指挥中心和避难中心或医院。经典电影《魂断蓝桥》的男女主角就是在德军突然发起空袭时，躲进地铁，在那里初识。

历史上的今天

1920年，国际联盟成立，第二次世界大战后被联合国所取代。

班廷首次使用胰岛素治疗糖尿病

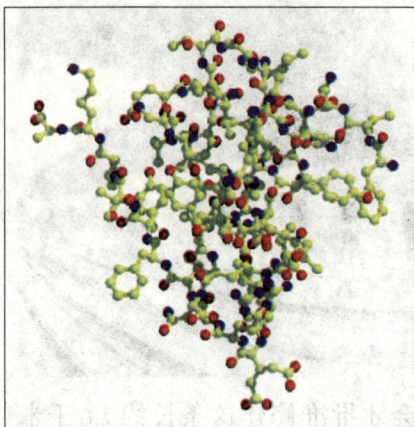

1922年 1月11日

1920年，加拿大医生班廷看到一篇论文中提到，如果结扎输送消化液至肠内的胰腺管时，就会引起胰腺退化。这给了班廷以关键性的启发。假使胰岛外的胰腺退化了，那么除去破坏胰岛素的消化酶，胰岛素仍将完整无损，这样分离出胰岛素就可以治疗糖尿病了。

1921年5月，他怀着这种想法到了加拿大多伦多大学，说服了生理学教授麦克劳德，并在他的帮助下，与合作者贝斯特开始了相关的动物实验。经过他们的努力，同年8月，实验获得成功。他们终于完成了生理学史上这项划时代的重大发现。他们给这种提取物物定名为胰岛素（insulin）。

1922年1月11日，他们首次用胰岛素对糖尿病患者进行了治疗，显著的效果毫无疑问地证实了胰岛素对治疗糖尿病的治疗作用。

1923年，诺贝尔基金会决定授予班廷和麦克劳德医学和生理学诺贝尔奖，以表彰他们为人类战胜疾病所作出的巨大贡献。

历史上的今天

1851年，太平天国金田起义；1868年，蔡元培诞辰。

海地地震 20余万人遇难

2010年 1月12日

　　2010年1月12日16时53分（北京时间13日5时53分），加勒比岛国海地发生里氏7.3级地震，震中距离首都太子港约16千米，首都太子港及全国大部分地区受灾情况严重。此次地震，是海地自1770年来发生的最强地震，海地政府统计的数据显示，地震已造成27万人死亡。另据联合国统计，有48万多人流离失所，370多万人受灾。

　　海地所处的伊斯帕尼奥拉岛是地震活跃地区，历史上曾多次经历过破坏性地震。资料记载，1751年10月18日的地震发生后，太子港"只有一座砖石建筑物没有坍塌"，但1770年6月3日发生的地震却使"整个城市倒塌了"。

　　地震发生后，国际社会纷纷伸出援手，向海地提供了人道主义援助。

历史上的今天

　　1791年，四大徽班进北京，京剧开始形成；1947年，刘胡兰（1932-1947）英勇就义。

《禁止化学武器公约》签订

1993年 1月13日

　　1993年1月13日至14日，在巴黎联合国教科文组织总部，包括我国在内的130个国家缔结了《关于禁止发展、生产、储存和使用化学武器及销毁此种武器的公约》（简称《化学武器公约》或《禁止化学武器公约》）。它是第一个全面禁止、彻底销毁一整类大规模杀伤性武器并具有严格核查机制的国际军控条约，对维护国际和平与安全具有重要意义。

　　经历了24年的艰难谈判，《禁止化学武器公约》草案于1992年9月定稿，并于1992年11月30日由第47届联大一致通过，在1997年4月29日生效。

　　《禁止化学武器公约》主要内容是签约国将禁止使用、生产、购买、储存和转移各类化学武器；将所有化学武器生产设施拆除或转作他用；提供关于各自化学武器库、武器装备及销毁计划的详细信息；保证不把除莠剂、防暴剂等化学物质用于战争目的等。

历史上的今天

　　1937年，世界上第一部彩色动画片《白雪公主和七个小矮人》问世。

人类成功克隆猴

2000年
1月14日

2000年1月14日，美国俄勒冈地区灵长类动物研究中心的研究小组公布了他们的研究成果：人类第一次成功克隆灵长类动物——猴，在基因上与人类最接近的动物。

这只克隆猴名叫Tetra，其克隆方法同第一只克隆羊多利的诞生完全不同。克隆猴采用了胚胎分裂的办法。研究人员反复实验13次，通过各种方法把107个猴胚胎分裂成368个胚胎，结果有4个发育成熟但胎死腹中，只有Tetra在胚胎分裂157天之后幸运降生了。研究中心称，这些克隆猴将用于人类糖尿病和帕金森氏病的研究，"由于它们的基因完全一样，因此对药物的反应也将一样，这将大大简化实验过程"。

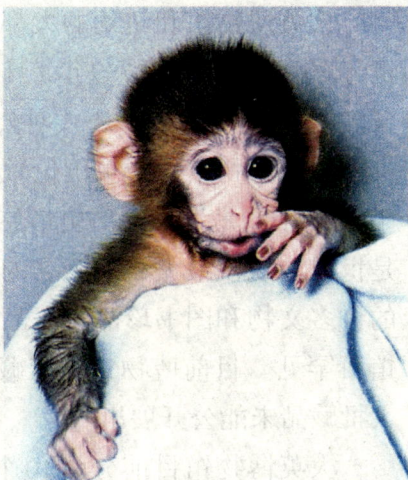

克隆灵长类动物再次引起人们对于克隆人的担忧和猜测。

历史上的今天

2005年，欧洲"惠更斯"号进入土卫六大气层，并成功登陆。这是人类第一次在外太阳系的天体上着陆。

1759年 1月15日 大英博物馆正式对公众开放

　　大英博物馆和纽约的大都会艺术博物馆、巴黎的卢浮宫同列为世界三大博物馆。1759年1月15日，大英博物馆（British Museum，又名不列颠博物馆），正式对公众开放。

　　大英博物馆位于英国伦敦新牛津大街北面的大罗素广场，成立于1753年，是世界上历史最悠久、规模最宏伟的综合性博物馆，也是世界上规模最大、最著名的博物馆之一。博物馆收藏了世界各地的许多文物和图书珍品，藏品之丰富、种类之繁多，为全世界博物馆所罕见。目前博物馆拥有藏品600多万件。由于空间的限制，有大批藏品未能公开展出。

　　大英博物馆目前分为10个分馆：古近东馆、硬币和纪念币馆、

埃及馆、民族馆、希腊和罗马馆、日本馆、中世纪及近代欧洲馆、东方馆、史前及早期欧洲、版画和素描馆以及西亚馆。

　　大英博物馆里最引人注目的要数东方艺术文物馆。该馆有来自中国、日本、印度及其他东南亚国家的文物10万多件。33号展厅是专门陈列中国文物的永久性展厅，与古埃及、古希腊、古罗马和印度展厅一样是该博物馆仅有的几个国别展厅之一。该馆收藏的中国文物囊括了中国整个艺术类别，仅来自中国的历代稀世珍宝就达2万多件，其中绝大多数为无价之宝。如中国各朝代的绘画、刺绣，各个时期的出土文物、唐宋的书画、明清的瓷器等等，其中最名贵的为《女史箴图》、宋罗汉三彩像、敦煌经卷和宋、明名画。展厅中展出的仅仅是大英博物馆收藏的2万多件中国历代稀世珍宝中的一小部分，大部分藏品都存放在10个藏室中，除非得到特殊许可，一般游客是无缘谋面的。

历史上的今天

　　1977年，香港海洋公园正式开放，是当时远东最大规模的海洋主题公园；1981年，中国第一座原子能反应堆改建成功。它的建成是中国开始跨入原子能时代的标志。

苏联宇宙飞船首次对接成功

1969年
1月16日

1969年1月16日，苏联两艘联盟号宇宙飞船在轨道上会合，并连续连接达4小时之久。

载有1名宇航员的"联盟4号"飞船和载有3名宇航员的"联盟5号"飞船连在一起这一创举，创立了苏联所谓的"世界上第一个实验性空间站"。这两艘宇宙飞船在北京时间1969年1月16日上午6点47分开始会合行动，不到一小时便连接起来。两艘宇宙飞船之间没有内部通道，所以宇航员们要走出飞船进入空间，才能从一艘船转移到另一艘船上。在长达一小时的空间行走期间，他们完成了一些装配任务和科学实验。

1966年3月17日，美国"双子星座8号"飞船曾进行了首次太空对接，但半小时后，由于飞船系统突然失灵，飞船不得不进行紧急着陆处理。

（航天器交会对接技术即两个航天器，如宇宙飞船、航天飞机等在太空轨道上会合并在结构上连成一个整体的技术。太空交会对接是实现航天站、航天飞机、太空平台和空间运输系统的太空装配、回收、补给、维修、航天员交换及营救等在轨道上服务的先决条件。它是一国航天技术实力的综合展现。）

历史上的今天

1906年，俄国物理学家、无线电报发明者波波夫（1859-1906）逝世。

海湾战争爆发

1991年
1月17日

　　1991年1月17日至2月28日，以美国为首的多国部队在联合国安理会的授权下，向伊拉克发起大规模空袭，海湾战争爆发。

　　伊拉克和科威特两国之间因领土、石油及债务问题一直存在着矛盾，1990年7月中旬，两国争端突然公开化，伊拉克在向科威特提出一系列要求遭到拒绝后决定以武力吞并科威特。8月2日，伊拉克入侵科威特。伊拉克的这一行动遭到国际社会的强烈谴责，反应最为强烈的当属在海湾地区具有经济利益的以美国为首的西方国家。针对伊拉克入侵科威特，联合国通过一项决议，要求伊拉克立即无条件地从科威特撤军。而与此同时，伊拉克军队却一直在沿沙特阿拉伯的边境上集结兵力。战争已不可避免。8月7日，布什总统

　　正式批准了"沙漠盾牌"行动计划。1991年1月17日，美军向伊拉克开战。战争历时6周，最后以伊拉克撤军并接受联合国安理会的决议而告结束。

　　海湾战争的伤亡数字仍是待解之谜。盟军死亡人数可能是300余人，盟军受伤人数可能少于1000人。伊拉克伤亡人数的争议比较大。死亡人数约在2.5万到7.5万之间，受伤人数不详。海湾战争中，多国部队动用了大量贫铀弹，铀是一种可能致癌的重金属，战后的状态将会造成更多伊拉克人死亡。

　　海湾战争是第二次世界大战之后参战国最多、一次性投入兵力最大、投入的兵器最多最先进、空袭规模最大、战况空前激烈和发展异常迅猛、双方伤亡损失又极其悬殊的一场现代高技术局部战争。它提供了现代局部战争的许多新鲜经验和教训。特别是由于大量高技术武器系统的作战使用而展示的"军事技术革命"，更为世界各国军事理论家所关注，它引发人们用新的思维方式去探讨现代局部战争的理论、指导规律和作战方法。（海湾，即波斯湾简称，位于西亚中部。海湾周边国家是世界石油主产区，战略地位突出。）

巴黎和会召开

1919年

1月18日

1918年11月，第一次世界大战宣告结束。

1919年1月18日至6月28日，第一次世界大战的战胜国（协约国）和战败国（同盟国）在巴黎凡尔赛宫召开巴黎和会，共27国参加。会议标榜通过媾和建立世界永久和平，实际上是英国、法国、美国、日本、意大利帝国主义战胜国分配战争赃物，重新瓜分世界，策划反对无产阶级革命和民族解放运动的会议。

作为战胜国之一的中国，在和会上反而成为被宰割的对象。中国代表团向和会提出收回战前德国侵占中国胶州湾、胶济铁路和山东的一切权利，但提案被否决。日本竟然要求和会同意把德国的侵华权益转移给日本，并得到英、法的支持。由于美、日在太平洋和远东地区的矛盾，美国原表示支持中国主张。后日本以拒绝在和约上签字和退出和会相要挟，迫使美国最后放弃了对中国的支持。这一结果得到了中国人民的强烈抗议，直接导致了五四运动的爆发。巴黎和会签定了不平等的《凡尔赛和约》，中国代表最终没有在和约上签字。

1946年
1月19日

远东国际军事法庭设立

　　远东国际军事法庭又称东京国际军事法庭。二战结束后，依照《波茨坦公告》，战胜国分别对战犯进行了审判，并设立了纽伦堡和东京两大国际军事法庭。

　　1946年1月19日，远东最高盟国统帅部根据同盟国授权，宣布设立远东国际军事法庭，在东京审判日本战犯（又称东京审判）。远东国际军事法庭由中国、苏联、美国、英国、法国、荷兰、加拿大、澳大利亚、新西兰、印度、菲律宾等11个国家代表组成。

　　审判于1946年5月3日开始进行，1948年11月12日结束，历时两年半。被告28人，除松冈洋右等3人已死亡或丧失行为能力外，实际受审25人。这次审判共开庭818次，判决书长达1212页。判决书对日本帝国主义策划、准备和发动对中国和亚洲、太平洋战争的罪行进行了认定，并宣判25名被告有罪。7名甲级战犯因为战争罪和违反人道罪而判决绞刑，他们是东条英机、板垣征四郎、木村兵太郎、土肥原贤二、广田弘毅、松井石根、武藤章。1948年12月23日，他们被执行死刑。

历史上的今天

　　1903年，法国宣布举办第一届环法自行车赛；1929年，中国近代思想家梁启超（1873-1929）逝世。

纳粹德国确定种族灭绝政策

1942年
1月20日

对犹太人的屠杀是纳粹德国在二战中最令人发指的暴行之一。

自1933年德国纳粹党开始独裁统治后，便开始了大规模的反犹太人活动。根据1935年通过的《纽伦堡法案》，凡有一个犹太裔祖父母以上的德国人都会被视为"犹太人"。二战爆发后，这些的反犹太政策亦实施到德国占领的地方。对犹太人的迫害也由囚禁和奴役，最终演变为大屠杀。1940年占领波兰后，纳粹德国在波兰修建了数十个杀人的集中营，最后形成了以奥斯威辛为主营的庞大集中营群。1942年1月20日的万湖会议，确定了"犹太人问题的最后解决方法"，纳粹德国开始利用这些集中营实行对犹太人的种族灭绝政策。二战期间，大约580万犹太人被杀死。

1947年7月2日，波兰政府把奥斯维辛集中营改为殉难者纪念馆，展出纳粹在集中营犯下种种罪行。1979年，联合国教科文组织将奥斯维辛集中营列入世界文化遗产名录，以警示世界"要和平，不要战争"。

历史上的今天

1896年，法国物理学家贝克勒尔发现了天然放射性现象，这标志着原子核物理学的开始。他也因此和居里夫妇一起获得了1903年的诺贝尔物理学奖。

世界上第一艘核潜艇 "鹦鹉螺"号试航

1954年 1月21日

1954年1月21日，世界上第一艘核潜艇美国的"鹦鹉螺"号（Nautilus submarine）开始试航，它宣告了核动力潜艇的诞生。

"鹦鹉螺"号核潜艇是由美国科学家海曼·里科弗积极倡议并研制和建造的。该潜艇全长103.6米，耗资达5500万美元。它以核反应堆产生的蒸汽带动涡轮推进。1955年1月17日，"鹦鹉螺"号核潜艇正式进入美国海军现役编队。至1957年4月第一次更换燃料棒为止，"鹦鹉螺"号核潜艇持续航行了11万余千米。1958年8月，"鹦鹉螺"号从冰层下穿越北冰洋冰冠，从太平洋驶进大西洋，完成了常规动力潜艇所无法想象的壮举。1980年3月3日，"鹦鹉螺"号核潜艇退役。

目前公开宣称拥有核潜艇的国家有6个，分别为：美国、俄罗斯、中国、英国、法国、印度。其中美国和俄罗斯拥有核潜艇最多。

1970年12月26日，中国自行研制的第一艘核动力攻击型潜艇下水。1974年8月1日，这般核潜艇被命名为"长征一号"。

历史上的今天

1924年，列宁（1870-1924）逝世；1960年，人类第一次将动物送入太空。

1963年

1月22日

披头士乐队风靡英国

1963年1月22日，披头士乐队推出了他们的第二张专辑Please Please Me，奇迹般地占据英国流行音乐排行榜榜首6个月之久，从此披头士乐队风靡英国。

披头士乐队（The Beatles，又译甲壳虫乐队）毫无疑问是流行音乐界历史上最有影响力，最为成功的乐队。这支传奇乐队诞生于英国利物浦，其唱片销量在世界拥有压倒性的数字，拥有着世界上各种唱片销量统计的最高纪录。披头士乐队对于流行音乐的革命性的发展与影响力无人可出其右，在英国，披头士乐队更是影响了20世纪60年代至今几乎每一支乐队的形成和发展。从成立到解散，虽然披头士乐队仅仅存在了10年的时间，但他们的文化影响力却早已超过了其艺术的本身，他们不但成为了流行音乐和流行文化的标志，同时也成为了英国文化和英国历史的一个商标。作为乐队整体，披头士乐队曾获得8次格莱美奖及英国女王颁发的不列颠帝国勋章。

历史上的今天

1942年，中国现代著名女作家萧红（1911－1942）逝世。

世界第一台醉酒呼吸分析仪首次投入使用

1957年
1月23日

1957年1月23日，世界第一台醉酒呼吸分析仪在瑞典首次投入使用，之后此项技术被各国交警广泛应用。

由于呼吸中的酒精浓度与血液中的浓度相关，因此通过测量呼吸中的酒精即可得出血液酒精浓度（BAC）水平。醉酒的法定标准一般是BAC值0.10（每100毫升的血液中含有0.1克酒精），但现在很多采用了0.08标准。美国医疗协会表示，人体血液酒精含量达到0.05就会令驾驶能力受到削弱。

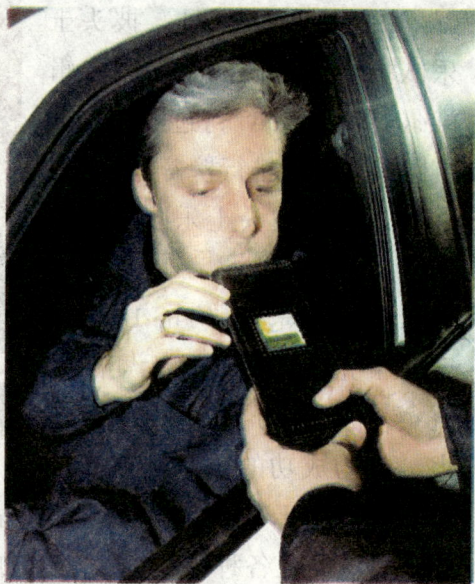

为了防止酒后驾车，如今，各种酒精监测技术还应用到了车辆的设计中。有的在车钥匙上配备吹气口，启动发动机前，必须向里面吹气，以监测驾驶者酒精含量。如果酒精含量超标，发动机则会自动锁止而不能启动车辆。有的在车挡杆和司机座位上安装了传感器，它会自动检测驾车者手心的汗液中酒精含量，如果检测出酒精，汽车的导航等系统就会发出警报，并自动锁住变速器，使汽车无法继续行驶。

美国批准建设
永久性载人空间站计划

1984年

1月24日

　　1984年1月24日，美国总统里根发表国情咨文，批准宇航局在10年内建成一个永久性载人空间站计划。

　　20世纪80年代初，美国航天局在研制成功航天飞机以后，便开始了永久性载人空间站的研究。建设永久性空间站是一项耗资巨大的计划。为此，美国除财政拨款外，还在国内外谋求合作。现在这个计划已发展成美国、欧空局、日本和加拿大参加的国际合作计划。国际永久性空间站建成以后，可以进行太空材料生产，太空维修、装配、对地观测和天文观察，以及在太空发射卫星等。国际永久性载人空间站采用桁架结构。空间站的大部件由美国航天飞机多次发射入轨，然后由航天员在轨道上组装完成。但直到苏联解体，俄罗斯加盟，国际空间站才于1993年完成设计，开始实施。

　　目前，全世界已发射了9个空间站。其中苏联共发射8座，美国发射1座。按时间顺序讲，苏联是首先发射载人空间站的国家。其"礼炮1号"空间站在1971年4月发射。1973年，美国利用"阿波罗"登月计划的剩余物资发射了"天空实验室"空间站。

　　（国情咨文是美国统治阶级的施政纲领，主要阐明美国总统每年面临的国内外情况，以及政府将要采取的政策措施。按照美国惯例，每年年初，现任总统都要在国会发表国情咨文。）

历史上的今天

1946年，联合国原子能委员会创建；1958年，英美科学家完成核聚变试验。

第一届奥林匹克冬季运动会开幕

1924年 1月25日

　　19世纪末至20世纪初，冰雪运动在欧美一些国家得到广泛开展。1922年，现代奥运会创始人、国际奥委会主席顾拜旦在国际奥委会巴黎会议上建议单独举办冬季奥运会。在他的努力下，两年后终于有了第一届奥林匹克冬季运动会。

　　1924年1月25日至2月4日，第一届冬季奥林匹克运动会（当时称"第8届奥林匹亚德体育周"，两年后国际奥委会正式将其更名）在当时法国著名疗养地和冬季运动中心——海拔1050米的小镇夏蒙尼举办。当时有16个国家和地区的293名运动员参赛，其中女选手仅13人。冬季奥运会最初规定每四年举办一次，与夏季奥运会在同年和同一国家举办。从1928年的第二届冬奥会开始，冬季奥运会与夏季奥运会的举办地点改在不同的国家举行。1986年，国际奥委会决定，从1994年起冬季奥运会与奥林匹克运动会分开，隔两年举办。

美国索尔克博士制成小儿麻痹症免疫疫苗

1953年
1月26日

1953年1月26日，美国索尔克博士宣布制成小儿麻痹症免疫疫苗。从此，人们有了防治这种致瘫症的有效的药物。

脊髓灰质炎是一种急性病毒性传染病，由病毒侵入血液循环系统引起，部分病毒可侵入神经系统。患者多为1~6岁的儿童，俗称"小儿麻痹症"。

其临床表现多种多样，包括程度很轻的非特异性病变、无菌性脑膜炎（非瘫痪性脊髓灰质炎）和各种肌群的弛缓性无力（瘫痪性脊髓灰质炎）。人是脊髓灰质炎病毒唯一的自然宿主。目前由于疫苗的广泛使用，脊髓灰质炎已基本消灭。

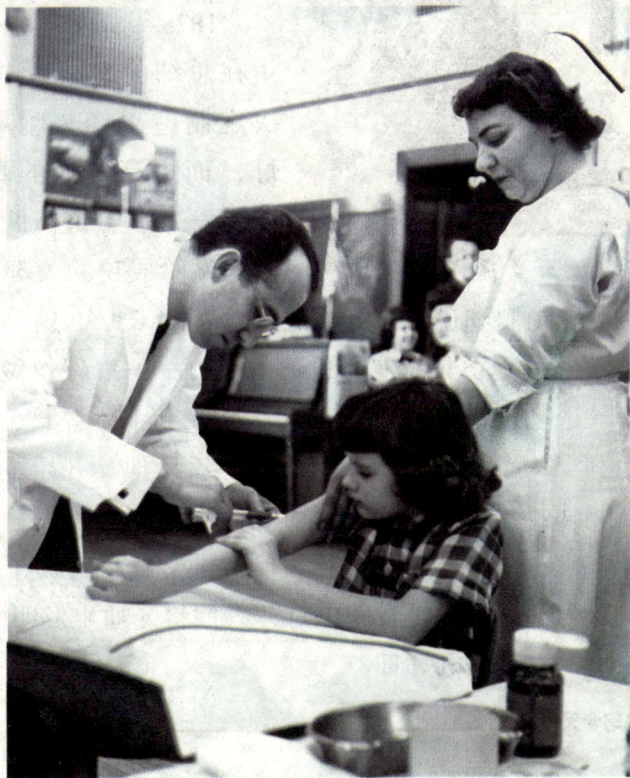

托马斯·爱迪生申报电灯专利

1880年 1月27日

被誉为"世界发明大王"的爱迪生，一生共有约2000项创造发明，而这些发明中，最让人熟知的应属电灯的发明。

1878年，美国电学家和发明家爱迪生在总结前人制造电灯失败的经验后，决定制造出经久耐用、安全可靠的电灯，而提高灯泡的真空度和寻找耗电少、发光强、价格低的耐热的灯丝材料则是试验成功的关键。在尝试了1600多种耐热材料和进行了无数次试验后，1879年10月21日，爱迪生点燃了第一盏真正具有实用价值的电灯——以碳丝做灯丝的电灯。这种灯丝成功地维持了13个小时。1880年1月27日，爱迪生申报了电灯专利。为了延长灯丝的寿命，之后，他又开始了试验，大约试用了6000多种纤维材料后，他终于找到了最佳材料——日本竹丝。1880年10月，爱迪生开始自行设厂，批量生产白炽灯。

为纪念爱迪生发明电灯，人们将爱迪生发明电灯的10月21日定为电灯日。

历史上的今天

1893年，宋庆龄诞辰；1945年，苏军解放奥斯维辛集中营；2009年，中国第三个南极科学考察站昆仑站在南极内陆冰盖的最高点冰穹A地区落成，成为南极海拔最高的科学考察站。

简体汉字推广使用

1956年

1月28日

　　简体汉字，是指以我国推广使用的"简化字"书写的汉语，与繁体中文相对。1956年1月28日，国务院全体会议第23次会议通过了《关于公布〈汉字简化方案〉的决议》。

　　1956年1月31日，《人民日报》全文发表了国务院的《关于公布〈汉字简化方案〉的决议》和《汉字简化方案》。1964年5月，中国文字改革委员会出版了《简化字总表》。1986年10月10日，重新发表《简化字总表》，刊载在10月15日的《人民日报》（共收2235个简化字）。

　　不过，汉字也有很多并没有被简化，且在特殊场合下也可以使用繁体字，例如古代汉语、古典文学、历史、考古学、古文献学等课程相关的书籍，书法美术作品，已经注册的商标，老字号，历史题材的影视剧中的涉及汉字的道具等。联合国及世界卫生组织、世界气象组织等国际组织均采用简化字。

历史上的今天

　　1986年，美国"挑战者号"航天飞机发射后爆炸，7名宇航员全部遇难。

世界第一辆汽车诞生

1886年 1月29日

　　1886年，德国的卡尔·本茨制造出了世界上第一辆以汽油为动力的三轮汽车，并于同年1月29日获得专利。从此1月29日被认为是世界汽车诞生日，1886年为世界汽车诞生年。

　　卡尔·本茨是德国著名的戴姆勒—奔驰汽车公司的创始人之一，现代汽车工业的先驱者之一，人称"汽车之父"。1886年1月29日，经过多年努力的卡尔·本茨发明了第一辆不用马拉的三轮车（现保存在慕尼黑的汽车博物馆）。该车装有卧置单缸二冲程汽油发动机，每小时行走15千米。该车前轮小，后轮大，发动机置于后桥上方，动力通过链和齿轮驱动后轮前进。该车已具备了现代汽车的一些基本特点，如电点火、水冷循环、钢管车架、钢板弹簧悬挂、后轮驱动、前轮转向和制动手把等，其齿轮齿条转向器更是现代汽车转向器的鼻祖。当时，由于该车的性能还未完善，发动机工作时噪音很大，而传递动力的链条质量不过关，常常发生断裂，因而在汽车经过的道路上，人们经常看见的是人推车而不是人坐车。所以，那时汽车备受人们的嘲笑，被斥为无用的怪物。

历史上的今天

1860年，俄国戏剧家安东·契诃夫诞辰；1953年，邓丽君诞生。

人类历史上
罹难最多的海难发生

1945年

1月30日

　　1945年，第二次世界大战接近尾声，德国法西斯全线溃败，纷纷从占领区撤回人员。1月29日，"古斯特洛夫"号（Wilhelm Gustloff）奉命装载伤员、后方人员和家属等万名乘客，从波兰格丁尼亚港撤回德国基尔港。在海上行驶时被苏联潜艇击沉，造成9000余人遇难，成为世界历史上罹难最多的一次海难。

　　"古斯特洛夫"号1937年下水，是当时世界上最大的游轮。二战爆发后，它被德军方征用为医疗船，后来又改作训练船；1945年，用做大批德国伤兵和难民转移。从当时的登记情况看，这艘核定载客量只有1865人的轮船竟然搭载了10582人。

　　1月30日当晚，"古斯特洛夫"号船舷灯的亮光被苏联波罗的海舰队的潜艇S-13号发现（在今波兰格但斯克港附近海域）。21时左右，在距离目标2000米，4枚鱼雷相继飞出潜艇，其中3枚命中，伴随着剧烈的爆炸声，"古斯特洛夫"号开始倾斜，船上的人尖叫着四处奔逃，无数的妇幼被乱脚踩死。乘客纷纷跳海逃生，仅400余人被护航艇救起。午夜，巨轮翻没海底。事后统计，在这场灾难中，只有1239人脱险，9343人葬身海底。

历史上的今天

1946年，联合国大会在伦敦召开首次会议。

苏联成功发射"月球-9"号探测器

1966年 1月31日

1966年1月31日，苏联成功发射了"月球-9号"探测器，经过79小时的长途飞行之后，2月3日，它在月球的表面软着陆成功，成为世界上第一个在月球上软着陆的探测器。

月球探测器是对月球进行探测的无人航天器。美国是最早发射月球探测器的国家，但最开始的几次发射均告失败。1959年1月2日，苏联发射了"月球-1"号探测器，遗憾的是未能击中月球，仅是从距月球表面7500千米的地方通过。此后，美国和苏联又陆续发射了一系列的月球探测器。1959年9月12日，苏联发射的"月球-2"号探测器击中月球表面（硬着陆），成为第一个到达月球表面的人造物体。而直到1966年，苏联发射"月球-9"号探测器时，才实现了月球探测器在月球上的成功软着陆。继苏联之后，1964年7月28日，美国发射的"徘徊者"7号探测器也实现了在月球表面的软着陆。

目前，对月球进行了探测的国家和地区有美国、苏联、日本、欧洲航天局、中国和印度。

（软着陆是指航天器经专门减速装置减速后，以一定的速度安全着陆的着陆方式。反之，航天器未经减速装置减速，而以较大的速度直接冲撞着陆的方式称做硬着陆。）

历史上的今天

1881年，被誉为"测定原子量专家"的美国物理化学家朗缪尔诞辰。

2月

历史上的今天

美国"哥伦比亚"号航天飞机坠毁

2003年 2月1日

2003年2月1日，载有7名宇航员的美国"哥伦比亚"号航天飞机在结束了为期16天的太空任务之后，返回地球，但在着陆前发生意外，航天飞机解体坠毁，7名宇航员全部遇难。

"哥伦比亚"号航天飞机是世界上第一架航天飞机，1981年4月12日，"哥伦比亚"号首次升空，它是美国现有的航天飞机中服役时间最长的，也是承载科研项目最多的航天飞机。它的坠毁是继1986年挑战者号航天飞机坠毁后，美国以及世界上最重大的航天灾难。

历史上的今天

1662年，郑成功收复台湾；1913年，中国参加首届远东运动会；1986年，我国发射了一颗实用广播通信卫星，标志着我国已经全面掌握运载火箭技术，卫星通信进入实用阶段。

世界最大的火车站启用

　　纽约大中央火车站（Grand Central Station）始建于1903年，1913年2月2日正式启用。迄今为止，纽约大中央火车站依然是世界上最大的火车站。

　　纽约大中央火车站由美国"铁路大王"范德比尔特（Cornelius Vanderbilt）建造。车站最吸引人的是挑高的候车大厅和人车分道的设计。候车大厅里的主楼梯是按照法国巴黎歌剧院的风格设计的，大厅的拱顶是法国艺术家黑鲁（Paul Helleu）根据中世纪的一份手稿绘制出的星空穹顶，这也是火车站最有特点的地方之一，因为星空图所绘的天空完全是反向的。大中央火车站建成后就立刻成了纽约著名的地标性建筑，而由于整体建筑具有很高的艺术性，它也成为一座公共艺术馆。

　　如果不是亲眼所见，一定有许多人都难以相信，恢宏精致的纽约大中央火车站会是在100年前建设的。

历史上的今天

　　1920年，北洋政府教育部发布《通令采用新式标点符号文》，我国第一套法定的新式标点符号诞生；1943年，斯大林格勒战役结束。

人民艺术家老舍诞辰

1899年 2月3日

1899年2月3日，中国现代小说家、文学家、戏剧家老舍诞生于北京。老舍原名舒庆春，上学后，自己更名为舒舍予，"舍予"是"舒"字的分拆。"老舍"这一笔名，是他在1926年发表长篇小说《老张的哲学》时首次使用的。

老舍一生写了约计800余万字的作品，作品大都取材于市民生活。主要作品有：长篇小说优秀长篇小说《骆驼祥子》、《四世同堂》、《猫城记》，中篇小说《我这一辈子》，短篇小说集《月牙儿》、《赶集》、《樱海集》、《东海巴山集》、《蛤藻集》，剧本《龙须沟》、《茶馆》，另有《老舍剧作全集》、《老舍散文集》、《老舍诗选》、《老舍文艺评论集》和《老舍文集》等。1951年，老舍创作了以歌颂北京市政府改造龙须沟造福百姓为题材的话剧《龙须沟》。该剧上演后，获得巨大成功，老舍也因此获得北京市政府授予的"人民艺术家"荣誉称号。

历史上的今天

1996年，云南丽江发生7.0级地震，死亡245人，伤亡1.4万余人。

一代相声艺术大师
侯宝林逝世

1993年

2月4日

　　侯宝林被尊为相声界具有开创性的一代宗师，并被誉为语言大师。1993年2月4日，相声艺术大师侯宝林逝世。

　　侯宝林1917年生于天津，因家境贫寒，从懂事起，就饱尝了生活的艰辛。11岁时，他拜阎泽甫为师，学京戏。后由于对相声的酷爱，改学了相声，并先后拜常葆臣、朱阔泉为师。他曾在北京天桥、鼓楼一带"摆地"演出，说单口相声以养家糊口。

　　侯宝林说相声，语言清晰，动作自然，神态洒脱，寓庄于谐，化雅为俗，具有独特的艺术魅力。

　　在侯宝林60年艺术生涯中，他潜心研究并发展相声艺术，注重相声的知识性、趣味性和评论性，对相声艺术的发展起到了承前启后、继往开来的作用。

　　（相声早在宋代就有，当时称为"象生"或"像声"，是仿学口技滑稽表演的意思。相声创立初期，有朱、阿、沈三大流派。北京的相声演员大部分是宗朱派相声的。从清代咸丰年间的张三禄算起，相声发展至今已经历了7代。侯宝林为第6代代表演员。）

历史上的今天

　　1945年，雅尔塔会议召开；1975年，我国自行设计施工的刘家峡水电站建成。

《读者文摘》创刊

1922年 2月5日

《读者文摘》是世界上最畅销的杂志之一。1922年2月5日，《读者文摘》在美国创刊。

《读者文摘》当时的刊名为《智慧》，它的创办人是美国明尼苏达州圣保罗的华莱士和妻子利拉·艾奇逊。

《读者文摘》现拥有40多个版本，涉及近20种语言，并畅销于世界60多个国家。这份每月出刊的杂志文章风格简明易懂，内容丰富广阔，且富含哲理；同时，它还致力于为各个年龄、各种文化背景的读者提供信息、开阔视野、陶冶身心。

历史上的今天

1994年，中国第一座大型核电站广东大亚湾核电站投入商业运行；2004年，中国现当代杰出诗人，著名作家、编辑家，忠诚的爱国主义者臧克家（1905－2004）逝世。

电影艺术家夏衍逝世

1995年

2月6日

1995年2月6日，中国新文化运动的先驱者之一，中国著名文学电影、戏剧作家、文艺评论家、翻译家、社会活动家夏衍在北京逝世，享年95岁。

夏衍原名沈乃熙，1900年生于浙江杭州。1919年在家乡参加五四运动。1920年，他赴日本留学，开始接受马克思主义思想。1927年大革命失败后，他加入了中国共产党，从事工人运动及翻译工作，译有高尔基的《母亲》等外国名著。1933年以后，他先后创作了电影剧本《狂流》、《春蚕》、《风云儿女》、《压岁钱》，话剧《秋瑾传》、《上海屋檐下》及报告文学《包身工》等，对20世纪30年代进步文化产生了巨大影响。抗日战争期间，夏衍曾在上海、广州、桂林等地开展党的文化工作。

1955年后，他历任文化部副部长、中国文联副主席、中国人民对外文化协会副会长等职，曾改编创作《祝福》、《林家铺子》、《革命家庭》和《烈火中永生》等电影剧本，撰写了《写电影剧本的几个问题》等理论专著，这些作品都已成为中国电影宝库中的经典。1994年10月，国务院授予他"国家有杰出贡献的电影艺术家"荣誉称号。

历史上的今天

1956年，国务院发布《关于推广普通话的指示》。1989年，波兰"圆桌会议"召开。

元素周期表的发现者门捷列夫诞辰

1834年 2月7日

1834年2月7日，世界著名化学家德米特里·门捷列夫出生于俄国。门捷列夫一生在化学上贡献甚多，最大的贡献是发现了元素周期律。

在研究前人成果的基础上，用了近20年的时间，门捷列夫终于在1869年发表了元素周期律。元素周期律揭示了一个非常重要而有趣的规律：元素的性质，随着原子量的增加呈周期性的变化。而运用元素周期律不但可以根据原子量和元素性质预告没有发现的元素，还可以修正已有元素的原子量。这一发现为化学研究提供新的理论基础，揭示了物质世界的基本定律，成为近代化学史上一个创举。1907年2月2日，门捷列夫因心肌梗塞与世长辞。1955年，化学界为纪念门捷列夫发现化学周期律，将101号元素命名为"钔"。

历史上的今天

1923年，京汉铁路工人大罢工；1997年，联合国环境署会议通过《内罗毕宣言》。

日俄战争爆发

1904年

2月8日

　　日俄战争是一场在中国领土上展开的帝国主义之间不义之战，是交战双方站在对立的立场同时侵略中国、重新划分势力范围、争夺利权的战争。

　　19世纪末至20世纪初，各个帝国主义国家疯狂地争夺殖民地和势力范围，对已经瓜分完毕的世界进行着重新分割。为称霸远东，日俄两国对中国东北和朝鲜展开了激烈争夺。1895年，日本在中日甲午战争中获胜后强迫清政府签订了《马关条约》，其中关于把中国辽东半岛割让日本这一条，在沙俄看来等于是抢食其禁脔，于是沙俄联合法国与德国出面干涉，逼迫日本归还辽东半岛。这使得日俄在远东的利害冲突进一步激化。1900年，俄国乘八国联军镇压义和团运动之机，出兵侵占了中国东北全境，并意图将朝鲜占为己有。到了1902年，各帝国主义国家在远东问题上形成两大集团：一个是英日同盟，以美国为后盾；另一个是法俄同盟。德国在欧洲反对法国，在远东则支持俄国。利益之争一触即发。1904年2月8日夜间，日本不宣而战，偷袭停泊在中国旅顺港的俄国舰队，日俄战争爆发。战争中，俄国接连失利，最后，以失败而告终。在美国调停下，日俄两国于1905年9月5日缔结《朴次茅斯和约》，日本夺得中国辽东半岛和俄国库页岛南部以及对朝鲜的实际控制权。日俄战争期间，中国东北是双方陆上交锋的主要战场日，腐朽的清政府，竟置国家主权和人民生命财产于不顾，无耻宣布"局外中立"，划辽河以东地区为日俄两军"交战区"。日俄战争期间，中国东北人民蒙受极大的灾难，生命财产遭到空前的浩劫。

红十字国际委员会创立

1863年 2月9日

红十字国际委员会创立于1863年2月9日，创始人是瑞士人亨利·杜南。

19世纪中叶欧洲战事频繁，1859年6月24日，亨利·杜南途经意大利索尔弗利诺时，正赶上一场战争，战场上尸横遍野，伤者无数的情形深深地触动了他。一个设想在他心中萌发了。他向国际社会呼吁，制定一个国际法律，对交战双方的战俘实行人道主义，保证伤员中立化，一旦发生战争，应不分国籍，不分民族和信仰全力抢救伤员，减少死亡。这一人道主义的提议在欧洲赢得了广泛的支持。1863年2月9日，红十字国际委员会于日内瓦创立。

1863年10月26日，欧洲16个国家代表在日内瓦召开国际会议，通过了《红十字决议》。并于1864年，签订了国际性协议《日内瓦公约》。公约规定：战场上进行救护的医院及人员处中立地位，应受保护；应对伤病员不分敌友均给予救护。

红十字标志为白底红十字，是一种保护性标志，不含任何政治、宗教、哲学等意义。但在1876年至1878年的俄罗斯与土耳其战争期间，土耳其奥斯曼帝国通知红十字国际委员会，他们将采用红

新月来标志自己的救护车辆，但仍会尊重和保护有红十字标志的敌方救护车辆。由于战争已迫在眉睫，考虑到救助伤兵的紧迫性，红十字国际委员会暂时接受了红新月标志，1929年，红新月标志被正式承认为具有法律效力的标志，但红十字国际委员会强调红十字和红新月标志不具有任何宗教性。

经过100多年的发展，如今红十字国际委员会已经成长为一个帮助世界上数百万战争受害者的极具号召力的国际组织。在冲突情况下，红十字国际委员会协调各国红十字会和红新月会及其国际联合会的有关行动。现在它设有办事机构的国家约有80个，员工总数超过12000名。

1948年，为纪念亨利·杜南，红十字与红新月国际联合会决定将亨利·杜南的生日——5月8日定为国际红十字日。

1881年，俄国作家陀思妥耶夫斯基(1821-1881)逝世；1900年，世界网球赛戴维斯杯产生；1928年，夏明翰烈士(1900-1928)就义；1981年，我国第一座大型高通量原子反应堆建成。

英国第一艘 "无畏"号战舰下水

1906年2月10日，当时世界上最大的战舰——英国皇家海军的"无畏"号下水。

"无畏"号是1905年10月开始建造的，全部完工耗资750万美元。战舰由汽轮机驱动，装有10门直径为12英寸的重炮。

英国在20世纪时正实行一个"更大的不列颠"计划，想使世界各国都屈服于它的势力。但是，正在日益强大的德意志帝国这时也在实行一个所谓的"大德意志"或"中欧帝国"计划，力图囊括中欧各国，并在非洲和太平洋区域建立一个巨大的德意志帝国，这直接威胁着英国的殖民利益。两国海上的军备竞赛也就在这样的形势下日益尖锐起来了。"无畏"号舰的下水，就是英国企图保持其海上优势的一项重要措施，妄图以这样一个海军威力发展上的跃进，迫使德国放弃争夺海上霸权的一切计划。

《汉语拼音方案》诞生

1958年

2月11日

　　1958年2月11日，第一届全国人民代表大会第五次会议讨论通过了《汉语拼音方案》。该方案采用拉丁字母，并用附加符号表示声调，是帮助学习汉字和推广普通话的工具。

　　从明代到清末，中国曾出现过各种拉丁字母拼音方案，如：利玛窦设计的拼音方案、威妥玛式拼音法等。1918年，当时的教育部颁布了国语注音字母，是利用汉字字形制定的一套拼音字母（例如：ㄠ＝[au]，ㄢ＝[an]）。这套字母体现了传统的声母、韵母两分的精神，是汉字标音方法的一大进步，对识字教育和统一读音有很大贡献。但是，注音字母采取汉字笔画形式，不便于国际流通。

　　1949年10月新中国成立伊始，人民政府便成立了民间团体"中国文字改革协会"，着手进行汉语拼音方案的研究。几年后，又成立了专门的机构研究制订拼音方案。最先拟订的是以笔画为字母的民族形式拼音方案，经反复研究最后确定制订拉丁字母的汉语拼音方案。

　　1956年2月，第一个拉丁字母的汉语拼音方案草案发表，其中使用了6个新字母。经过征求全国意见和国务院"汉语拼音方案审订委员会"的审订，1957年10月，中国文字改革委员会拼音方案委员会又提出完全采用拉丁字母的修订草案，也就是今天的汉语拼音方案。

　　1957年10月，《汉语拼音方案修订草案》由国务院全体会议通过，发表后让全国人民讨论和试用。1958年2月，在第一届全国人

一、字母表

字母	Aa	Bb	Cc	Dd	Ee	Ff	Gg
名称	ㄚ	ㄅㄝ	ㄘㄝ	ㄉㄝ	ㄜ	ㄝㄈ	ㄍㄝ

Hh	Ii	Jj	Kk	Ll	Mm	Nn
ㄏㄚ	ㄧ	ㄐㄧㄝ	ㄎㄝ	ㄝㄌ	ㄝㄇ	ㄋㄝ

Oo	Pp	Qq	Rr	Ss	Tt	Uu
ㄛ	ㄆㄝ	ㄑㄧㄡ	ㄚㄦ	ㄝㄙ	ㄊㄝ	ㄨ

Vv	Ww	Xx	Yy	Zz
ㄪㄝ	ㄨㄚ	ㄒㄧ	ㄧㄚ	ㄗㄝ

V 只用来拼写外来语、少数民族语言和方言。
字母的手写体依照拉丁字母的一般书写习惯。

二、声母表

b 玻	p 坡	m 摸	f 佛		d 得	t 特	n 讷	l 勒
ㄅ	ㄆ	ㄇ	ㄈ		ㄉ	ㄊ	ㄋ	ㄌ

g 哥	k 科	h 喝		j 基	q 欺	x 希
ㄍ	ㄎ	ㄏ		ㄐ	ㄑ	ㄒ

zh 知	ch 蚩	sh 诗	r 日		z 资	c 雌	s 思
ㄓ	ㄔ	ㄕ	ㄖ		ㄗ	ㄘ	ㄙ

民代表大会第五次会议上，周恩来总理亲自提出了有关该方案的议案，经全会通过，决议批准为正式的《汉语拼音方案》。

（利玛窦，明万历三十三年来到中国的意大利传教士，设计了用拉丁字母给汉字注音的有系统的方案；威妥玛，19世纪末曾任英国驻华公使，威妥玛式拼音法，以罗马字母为汉字注音，在当时被广泛使用，影响较大。）

历史上的今天

1908年,爱迪生获得发明电影放映机专利权。

人类基因组图谱及初步分析结果公布

2001年 2月12日

2001年2月12日，由六国的科学家共同参与的国际人类基因组公布了人类基因组图谱及初步分析结果。2003年4月15日，六国共同宣布人类基因组序列图完成。

1990年，美国能源部与国立卫生院启动了人类基因组计划。目标是测定组成人类基因组30亿个核苷酸的序列，从而阐明人类基因组及所有基因的结构和功能，解读人类的全部遗传信息，揭开人体奥秘。这个计划被誉为生命科学的"登月"计划，不但耗资巨大，而且耗时太长。这之后，英国、法国、日本也相继建立基因组中心开展研究。20世纪90年代后期，人类基因组计划加速，德国和中国相继加入。中国负责测定人类基因组全部序列的1%，是参与这一计划的唯一发展中国家。

人类基因组是全人类的共同财富。由于秉承了这一理念，六国测序协作组已在互联网上公布了人类基因组序列的全部信息，全世界都可以不受限制地免费获取这些信息。

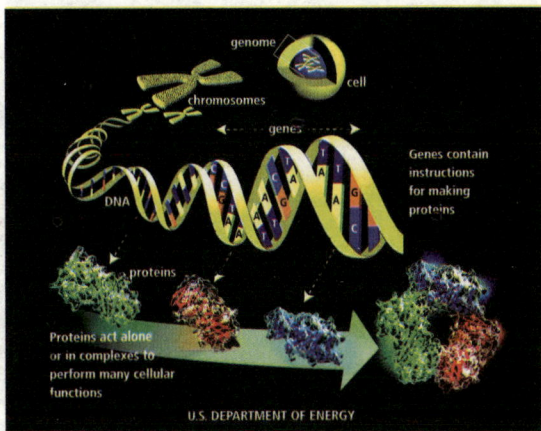

历史上的今天

1912年，清朝末代皇帝溥仪（宣统）宣布退位，延续2000多年的封建帝制结束。

1980年 2月13日 中国首次参加冬季奥运会

1980年2月13日至24日，第13届冬季奥运会在美国普莱西德湖举行，中国首次派队参加。

此次冬奥会有37个国家和地区的约1400名男女运动员参加了38个项目的比赛，共计有63人、108次破奥运会纪录。美国速滑运动员埃里克·海登囊括男子速滑全部5个项目的冠军，被授予本届冬运会最佳运动员称号。此次冬奥会苏联队列金牌总数第一。

中国此次共派出28名运动员，参加了5个项目的比赛。因当时与世界先进水平差距较大，中国选手无一进入前10名行列。

历史上的今天

1961年，法国进行了原子弹的试爆，成为继美、苏、英之后第四个拥有原子弹的国家；2006年，被誉为"当代毕升"的汉字激光照排系统创始人王选（1937-2006）逝世。

贝尔申报电话专利

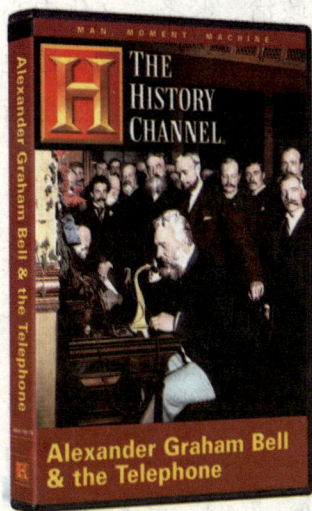

1876年
2月14日

1876年2月14日，美国发明家贝尔申报了电话的发明专利。通过声能与电能相互转换，电话使人们远距离传递声音成为可能。但很少有人知道，电话堪称历史上专利权之争最多的发明。争议涉及到三个人物：贝尔、伊莱沙·格雷还有安东尼奥·梅乌奇。

1850年至1862年，意大利人梅乌奇制作了几种不同形式的声音传送仪器，称做"远距离传话筒"。可惜的是，梅乌奇生活潦倒，无力保护他的发明。1874年，梅乌奇寄了几个"远距离传话筒"给美国西联电报公司。希望能将这项发明卖给他们。但是，他并没有得到答复。当请求归还原件时，他被告知这些机器不翼而飞了！两年之后，贝尔的发明面世，并与西联电报公司签订了巨额合同。梅乌奇为此提起诉讼。2002年6月15日，美国议会通过议案，认定梅乌奇为电话的发明者，而加拿大众议院很快也作了一项决议，重申贝尔是电话发明人。格雷也曾与贝尔展开过关于电话专利权的法律诉讼。但由于申报专利的具体时间上比贝尔晚一点（晚了两个小时左右），最终败诉。目前，大家公认的电话发明人仍是贝尔。

历史上的今天

1912年，人民音乐家聂耳诞辰。

国务院批准首批历史文化名城

1982年2月，为了保护那些曾经是古代政治、经济、文化中心或近代革命运动和重大历史事件发生地的重要城市及其文物古迹免受破坏，"历史文化名城"的概念被正式提出。历史文化名城是指"保存文物特别丰富，具有重大历史文化价值和革命意义的城市"。

迄今，我国共批准110多座国家级历史文化名城。这些城市，有的曾被各朝帝王选作都城；有的因拥有珍贵的文物遗迹而享有盛名；有的则因出产精美的工艺品而著称于世。它们的留存，为今天的人们回顾中国历史打开了一个窗口。

1982年，经国务院批准的首批历史文化名城有24座：北京、承德、大同、南京、苏州、扬州、杭州、绍兴、泉州、景德镇、曲阜、洛阳、开封、江陵、长沙、广州、桂林、成都、遵义、昆明、大理、拉萨、西安、延安。

历史上的今天

1913年，"汉字注音字母"发布，1958年在推行汉语拼音方案以后"注音字母"停止推广使用。

《京都议定书》生效

为将大气中的温室气体含量稳定在一个适当的水平，进而防止剧烈的气候改变对人类造成伤害。1997年12月，在日本京都联合国气候变化框架公约参加国经三次会议制定并通过了《京都议定书》。《京都议定书》全称为《联合国气候变化框架公约的京都议定书》，是《联合国气候变化框架公约》的补充条款。《京都议定书》是人类历史上首次以法规的形式限制温室气体排放。

条约通过后，于1998年3月16日至1999年3月15日间开放签字，共有84国签署，条约于2005年2月16日开始强制生效。

《京都议定书》规定，发达国家从2005年开始承担减少碳排放量的义务，而发展中国家则从2012年开始承担减排义务。美国曾于1998年签署了《京都议定书》。但2001年3月，布什政府以"减少温室气体排放将会影响美国经济发展"和"发展中国家也应该承担减排和限排温室气体的义务"为理由，宣布拒绝批准《京都议定书》。

历史上的今天

1988年，我国近代著名编辑家、出版家和社会活动家叶圣陶（1894—1988）逝世。

首次国际象棋人机大战 人胜"深蓝"

1996年 2月17日

1988年，卡耐基·梅隆大学的高材生许封雄制造出了国际象棋电脑"深思"（Deep Thought），并一举战胜了世界名将丹麦棋手本特-拉尔森。一年之后，博士毕业的许封雄受聘于IBM，并在大学同学莫里·坎贝尔和乔·赫内的帮助下于1995年研制出了电脑"深蓝"（Deep Blue）。1996年2月，"深蓝"以2:4输给当时的国际象棋世界冠军俄罗斯人卡斯帕罗夫。但15个月后的1997年5月，经过改进的"深蓝"（此时也称为"更深的蓝"）终以3.5:2.5战胜了卡斯帕罗夫。这场胜利也成为人工智能和超级计算机发展的重要标志。

如今，"深蓝"与卡斯帕罗夫的人机大战已经过去了十年之久，当年比赛的主角之一卡斯帕罗夫已经退役从政，而"深蓝"也已经在博物馆里安了家。

美国"原子弹之父"奥本海默逝世

1967年2月18日，被称为美国"原子弹之父"的奥本海默去世，时年62岁。奥本海默1904年4月22日生于纽约，1925年在哈佛大学毕业后，曾到英国剑桥大学和德国格廷根大学深造。1927年在格廷根获得博士学位后，回到美国，在加利福尼亚大学及加利福尼亚理工学院讲授物理学，同时进行原子及原子核等方面的理论研究。奥本海默的研究范围很广，有辩才，长于组织管理能力，精通八种语言。

1941年12月6日，美国正式制定了代号为"曼哈顿"的原子弹研制计划。这项复杂的工程汇集了以奥本海默为首的当时西方国家（除纳粹德国外）最优秀的核科学家。1945年7月16日，他们成功地制造出了世界上第一颗原子弹。奥本海默也因此被称为美国"原子弹之父"。

历史上的今天

1898年，世界著名汽车品牌法拉利创始人恩佐·法拉利诞辰。

"改革开放的总设计师" 邓小平逝世

1997年 2月19日

　　1997年2月19日21时8分，我党、我军、我国各族人民公认的享有崇高威望的卓越领导人，伟大的马克思主义者，伟大的无产阶级革命家、政治家、军事家、外交家，久经考验的共产主义战士，我国社会主义改革开放和现代化建设的总设计师，建设有中国特色社会主义理论的创立者邓小平，在北京逝世，享年93岁。

　　邓小平，1904年8月22日生，四川广安人。原名邓先圣，学名邓希贤。1919年秋考入重庆勤工俭学留法预备学校。1920年夏赴法国勤工俭学。1922年参加中国旅欧中国少年共产党，1924年转为中国共产党党员。1926年初离法赴苏学习。1927年春回国。1928—1929年任中共中央秘书长。1929年夏，作为中央代表前往广西领导起义，化名邓斌，同张云逸等于12月和次年2月，先后发动百色起义和龙州起义，创建中国工农红军第七军、第八军和左江、右江革命根据地，任红七军、红八军政治委员和前敌委员会书记。1931年夏，到江西中央根据地，先后担任中共瑞金县委书记、会昌中心县委书记、江西省委宣传部长。1934年10月随中央红军长征，年底任中共中央秘书长。1935年1月参加遵义会议，后任红一军团政治部宣传部长、政治部副主任、主任。

　　抗日战争爆发后，任国民革命军第八路军政治部副主任。1938年1月任八路军129师政治委员，和师长刘伯承深入华北敌后，创建了太行、太岳等抗日根据地。1942年9月兼任中共中央太行分局书记，1943年10月代理中共中央北方局书记，主持八路军总部的工作。1945年在中共第七次全国代表大会上当选为中央委员。

1945年9月至11月同刘伯承一起领导了上党战役、邯郸战役。1947年夏率军南渡黄河，挺进大别山地区，由此揭开了人民解放军对国民党军队的全国性战略进攻的序幕。在解放战争的战略决战阶段，担任统一指挥中原野战军、华东野战军的总前委书记，同两个野战军的领导人一起，指挥了淮海战役、渡江战役。

1949年9月，他当选为中央人民政府委员。10月，任中国人民革命军事委员会委员。随后和刘伯承率部向西南进军。

1952年7月调往中央工作。1954年任中共中央秘书长、组织部部长，国务院副总理，国防委员会副主席。1955年4月中共七届五中全会上，被增选为中央政治局委员。在八届一中全会上，当选为中央政治局常务委员、中央委员会总书记。1959年任中共中央军委常委。

1966年"文化大革命"开始以后，失去一切领导职务。1969—1973年间下放到江西劳动。1973年3月恢复国务院副总理职务。1975年1月任中共中央副主席、国务院副总理、中央军委副主席和中国人民解放军总参谋长。由于"四人帮"的诬陷，1976年4月又被撤销一切职务。

"文化大革命"结束以后，1977年7月中共十届三中全会决定恢复他原来担任的党政军领导职务。1977年8月召开的中共第十一次全国代表大会上，当选为中共中央副主席。1978年3月，他当选为中国人民政治协商会议第五届全国委员会主席。

在1981年6月召开的中共十一届六中全会上，他当选为中共中央军事委员会主席。1982年9月，在十二届一中全会上当选为中央政治局常务委员。在中央顾问委员会第一次全体会议上当选为主任。在1983年6月第六届全国人大一次会议上当选为中华人民共和国中央军事委员会主席。

1987年11月，中共召开十三大，邓小平不再参加中央委员会和中央顾问委员会工作。1989年11月在中共十三届五中全会上，他辞去了最后担任的中央军委主席职务。

主要著作收入《邓小平选集》。

我国第一个南极科学考察站长城站建成

1985年 2月20日

1985年2月20日，我国第一个南极科学考察站中国长城考察站在西南极南的乔治王岛西部的菲尔德斯半岛上胜利建成。

长城站建成后，每年都有科研人员到长城站从事各项专题性的考察。科研人员不仅可以在这里从事气象观测、固体潮观测、卫星多普勒观测、地震观测、地磁绝对值观测、高空大气物理观测等，还可在生物实验室、无线电波传播实验室、地质实验室、地貌和第四纪地质实验室、地球物理实验室和微机房里进行综合研究、实验、分析和数据处理。

1989年、2009年，我国又陆续在东南极大陆边缘拉斯曼丘陵地区和南极内陆建成了"中国南极中山站"及"中国南极昆仑站"。

历史上的今天

1877年，俄罗斯作曲家柴可夫斯基作曲的芭蕾舞剧《天鹅湖》在莫斯科大剧院首演；1915年，巴拿马运河开通；1986年，我国第一艘热飞艇"蜜蜂六号"在北京试飞成功；1986年，苏联"和平"号空间站发射入轨。

凡尔登战役爆发

1916年

2 月 21 日

　　1916年，德意志帝国决定把进攻重点再次转向西线，力图打败法国。他们首先选择了法国的凡尔登要塞作为进攻目标，因为凡尔登是协约国军防线的突出部，对德军深入法国、比利时有很大威胁，同时它又是通往巴黎的强固据点和法军阵线的枢纽，如果德军能一举夺取凡尔登，必将沉重打击法军士气，也就打通了德军迈向巴黎的通道。

　　1916年2月21日，德军集中前线所有大炮对凡尔登附近连续轰击了10多个小时，随后以6个师兵力向前推进。法军拼死抵抗。双方出动飞机进行空战并互相轰炸对方的机场与补给线。德军首次使用光气窒息弹，杀伤大量法军并造成恐慌，但未能取胜。法英联军于6月底至11月中旬在索姆河一带对德军阵地发动强大攻势，英军首次使用新发明的36辆坦克，德军顽强抵抗，守住了防线。10月至12月，法军在凡尔登调集部队，开始反攻，夺回大部分失地。德军战略进攻终于失败。此役是典型的阵地战、消耗战，双方投入近100万人，损失竟达70多万人。由于伤亡惨重，凡尔登战场被称为"绞肉机"、"屠场"和"地狱"。这次决定性战役是第一次世界大战的转折点，德意志帝国从此逐步走向失败。

1997年
2月22日

克隆羊"多利"与世人见面

克隆是英语 Clone 的音译，指人工诱导的无性繁殖。1997年2月22日，世界上第一例经体细胞核移植出生的动物克隆羊"多利"被介绍给了全世界。它突破了利用胚胎细胞进行核移植的传统方式，翻开了生物克隆史上崭新的一页。

多利是苏格兰罗斯林研究所和PPL医疗公司的共同成果。他的培育者是以伊恩·威尔穆特为首的一群科学家。威尔穆特以他喜爱的美国乡村音乐女歌手多利·帕顿（Dolly Parton）的名字为这个羊羔取了名字。

"多利"的诞生在世界各国科学界、政界乃至宗教界都引起了强烈反响，并引发了一场由克隆人所衍生的道德问题的讨论。各国政府纷纷作出反应：克隆人类有悖于伦理道德。尽管如此，克隆技术的巨大理论意义和实用价值促使科学家们加快了研究的步伐，使动物克隆技术的研究与开发进入一个高潮。

抗日民族英雄
杨靖宇殉国

1940年
2月23日

　　杨靖宇是著名的抗日英雄，他是鄂豫皖苏区及其红军的创始人之一，还是东北抗日联军的主要领导人之一。杨靖宇原名马尚德，字骥生，1905年出生于河南省确山县李湾村。1926年加入中国共产主义青年团，1927年加入中国共产党。1934年任南满抗日联军总指挥、东北人民革命军第一军军长兼政委等职。1936年任东北抗日联军第一路军总指挥兼政委。卢沟桥事变后，杨靖宇发动西征，经常出击日军，支援关内的斗争。他率部长期转战于通化、临江一带开展抗日斗争，作战数百次，沉重打击了日伪军，扩大了游击根据地。

　　为了消灭东北抗日联军，1939年秋季，敌人发动了"三省联合大讨伐"，调集重兵对抗联部队发起长时间的大举进攻。仅从1940年初到2月中旬的50多天里，杨靖宇就率部与敌作战40多次，一次又一次突破敌人的围攻，但由于敌人力量过于强大，抗联无粮食弹药补充，只能以草根树皮充饥，甚至吞咽身上的棉絮。后来杨靖宇不得不决定各部队化整为零，分散突围，以保存实力，待机重新集结。

　　由于他指挥作战机动灵活，使敌人始终无法掌握他的行踪和去向。后由于叛徒出卖，杨靖宇和六名警卫战士被困于深山。2月23日，敌人在山上发现了杨靖宇。身陷包围的杨靖宇身中数弹，壮烈牺牲，时年35岁。杨靖宇牺牲后，残忍的日军将其割头剖腹，发现他的胃里只有枯草、树皮和棉絮，竟无一粒粮食。

历史上的今天

　　1893年，法国工程师鲁道夫·迪塞尔为其发明的柴油机取得了专利。

《共产党宣言》单行本问世

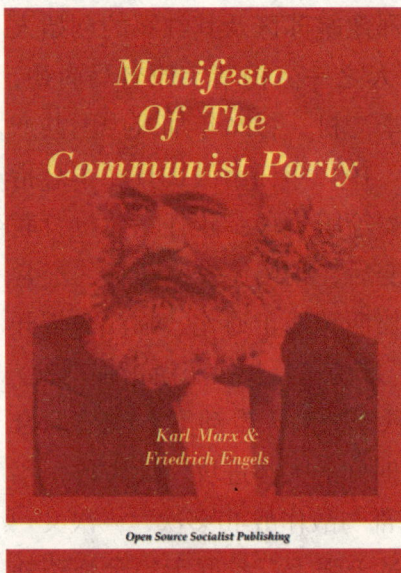

1848年 2月24日

Manifesto Of The Communist Party

Karl Marx & Friedrich Engels

Open Source Socialist Publishing

1848 年 2 月 24 日，《共产党宣言》在伦敦第一次以单行本形式问世。《共产党宣言》是 1847 年 11 月马克思和恩格斯为共产主义者同盟起草的党纲，由马克思执笔写成，是国际共产主义运动第一个纲领性文献，是马克思主义诞生的重要标志。

《宣言》第一次全面系统地阐述了科学社会主义理论，运用辩证唯物主义和历史唯物主义分析了生产力与生产关系、经济基础与上层建筑的矛盾；分析了阶级和阶级斗争，特别是资本主义社会阶级斗争的产生、发展过程，论证了资本主义必然灭亡和社会主义必然胜利的客观规律，指出了共产主义运动已成为不可抗拒的历史潮流。

《宣言》揭示了人类社会发展的客观规律，对中国社会的发展产生了深远的影响。1920 年 8 月，《宣言》的第一个中文译本在共产国际的资助下由上海社会主义研究社正式出版。

历史上的今天

1981年,中国首次参加在西班牙举行的世界大学生冬季运动会。

华沙条约组织宣布解散

1991年

2月25日

　　1991年2月25日，在匈牙利首都布达佩斯举行的华约政治协商委员会特别会议上，华约6个成员国的外长和国防部长分别代表本国在一项议定书上签字，宣布华沙条约组织所有的军事机构从1991年4月1日起全部解散，同时停止一切军事行动。1991年7月1日，华沙条约缔约国政治磋商委员会在布拉格举行会议，与会各国领导人签署了关于华沙条约停止生效的议定书和会议公报，至此华沙条约组织正式解体。

　　1955年5月14日，苏联、捷克斯洛伐克、保加利亚、匈牙利、民主德国波兰、罗马尼亚、阿尔巴尼亚8国针对美、英、法决定吸收德意志联邦共和国加入北约一事，在华沙签订了《友好互助合作条约》。同年6月条约生效时正式成立了军事政治同盟——华沙条约组织，简称华约，总部设在莫斯科。北约、华约两大国际组织的成立，标志着双方以冷战形式的军事对抗正式开始。

1989年 2月26日 中国南极中山站建成

1989年2月26日，中国南极中山站在南极洲拉斯曼丘陵落成。这是继长城站之后中国在南极洲建成的第二个科学考察站。

中国南极中山站是以中国民主革命的伟大先驱者孙中山先生的名字命名的。中山站位于东南极大陆伊丽莎白公主地拉斯曼丘陵的维斯托登半岛上。中山站所在的拉斯曼丘陵，地处南极圈之内，位于普里兹湾东南沿岸，西南距艾默里冰架和查尔斯王子山脉几百千米，是进行南极海洋和大陆科学考察的理想区域。中山站设有实验室，配备有相应的分析仪器设备，可供科学考察人员对现场资料和样品进行初步分析研究。站上的气象观测场、固体潮观测室、地震地磁绝对值观测室、高空大气物理观测室等均配备有相应的科学观测设备和仪器。中山站全年进行的常规观测项目有气象、电离层、高层大气物理、地磁和地震等。

历史上的今天

1913年，严珊珊在《庄子试妻》出演角色，成为中国电影史上的第一位女演员；1936年，德国大众牌汽车问世。

条件反射学说创始人巴甫洛夫逝世

1936年 2月27日

1936年2月27日，俄国生理学家、心理学家、高级神经活动学说的创始人、高级神经活动生理学的奠基人、条件反射理论的建构者巴甫洛夫逝世。

最开始，巴甫洛夫从事的是心血管神经调节的研究，提出了心脏营养神经的概念。1887年，巴甫洛夫逐渐转向消化生理研究。通过动物实验，他发现味觉器官感受到了食物刺激，便会通过神经传给大脑，通过大脑传给迷走神经让胃液分泌。这就是条件反射学说。为此他荣获1904年诺贝尔生理学和医学奖金，成为世界上第一个获得诺贝尔奖的生理学家。从1903年起，巴甫洛夫连续30多年致力于高级神经活动的研究。他创立的动物和人类高级神经活动的学说，为创立科学的唯物主义心理学奠定了基础。

历史上的今天

1933年，为实现法西斯独裁统治，希特勒制造"国会纵火案"。

《中华人民共和国和美利坚合众国联合公报》在上海签订

1972年 2月28日

1972年2月21日至28日，应周恩来总理的邀请，美国总统理查德·尼克松对中国进行了正式访问。2月28日，《中华人民共和国和美利坚合众国联合公报》（《上海公报》）在上海签订。

《公报》指出：中美两国的社会制度和对外政策有本质的区别。但是双方同意，各国不论社会制度如何，都应根据和平共处的五项原则来处理国与国之间的关系。中国方面重申"中华人民共和国政府是中国的唯一合法政府"，"台湾是中国的一个省"，"解放台湾是中国的内政，别国无权干涉"。美国方面声明"在台湾海峡两边所有的中国人都认为只有一个中国，台湾是中国的一部分。美国政府对这一立场不提出异议，并确认从台湾撤出全部美国武装力量和军事设施的最终目标。"《上海公报》为两国关系正常化开辟了新的前景，对缓和亚洲及世界局势作出了贡献，给中美建交奠定了基础。

中美三个联合公报指的是1972年2月28日签订的《中华人民共和国和美利坚合众国联合公报》（《上海公报》）、1979年1月1日签订的《中华人民共和国和美利坚合众国关于建立外交关系的联合公报》（《中美建交公报》）和1982年8月17日签订的《中华人民共和国和美利坚合众国联合公报》（《八一七公报》）。美国在三个联合公报中均强调坚持一个中国原则，这是中美两国关于两国关系以及我国台湾问题的重要历史文件。坚持一个中国政策和中美三个联合公报的原则是中美关系健康发展的政治基础。

历史上的今天

1999年，备受人们尊敬和爱戴的文坛世纪老人冰心（1900－1999）逝世。

3月

历史上的今天

第一届亚洲运动会举行

阿斯匹林上市销售

妇女迎来第一个国际劳动妇女节

我国恢复植树节

伟大的物理学家爱因斯坦诞辰

国际消费者权益日确定

伊拉克战争爆发

"和平"号空间站坠落

我国成功发射"神舟"三号飞船

"地球一小时"点亮环保

······

1954年 3月1日

世界第一颗 "实战"氢弹爆炸成功

氢弹又称聚变弹、热核弹、热核武器，是核武器的一种。它的研制是从第二次世界大战末期开始的。氢弹的杀伤破坏因素与原子弹相同，但威力比原子弹大得多。1954年3月1日，世界上第一个"实战"氢弹在太平洋的比基尼珊瑚礁试验成功。

1949年，当苏联研制成功第一枚原子弹之后，美国加紧了制造氢弹的工作，终于在1952年11月1日，在太平洋上的恩尼威托克岛成功地进行了世界上首次氢弹原理试验。当时所用的氢弹重65吨，体积十分庞大，没有实战价值，直到1954年找到了用固态的氘化锂替代液态的氘氚作为热核装料之后，才缩小了体积和减轻重量，制出了可用于实战的氢弹。

20世纪50年代至60年代，苏联、英国、中国和法国都相继研制成功了氢弹。

历史上的今天

1986年3月1日，第一届亚洲冬季运动会于在日本札幌举行。

世界第一架
协和超音速客机诞生

1969年

3月2日

1969 年，世界上第一架协和超音速客机诞生。协和式客机（Concorde；亦称和谐式客机）是由原英国飞机公司（现并入英国宇航公司）和法国宇航公司合作研制的一种四发超音速客机。协和式客机最大飞行速度可达 2.04 马赫，巡航高度 18000 米。协和式超音速客机是世界上唯一投入跨大西洋航线上运营的超音速商用客机。

协和式客机由于受当时的技术水平局限，设计上存在两个缺陷：一是经济性差；二是起落时噪音太大。虽然协和式客机有着这样那样的缺点，但是由于其具备的高速特性，它仍然成为往返于美国和英、法两国之间的工商界、政界人士等最青睐的交通工具。亲自搭乘协和式客机往返欧美大陆也曾经是许多人的梦想。

协和式客机于 1979 年停产，一共只生产了 20 架。2003 年协和式客机全部退役。

历史上的今天

1972 年，美国发射宇宙飞船对木星进行考察。

国际横穿南极考察队成功到达终点

1990 年 3 月 3 日，"1990 年国际横穿南极考察队" 6 名成员历时 7 个多月，跋涉 5984 千米，终于到达了苏联和平站。

第二次世界大战后，对南极的探险转向科学考察。在南极大陆四周，陆续有 10 多个国家设立了 140 多个考察站。但是，南极大陆的腹地仍旧是个谜。于是，美国和法国联合发起、组织了一支考察队，准备完成人类历史上第一次徒步横穿南极大陆的伟大创举。这支考察队由中、美、苏、英、法五个联合国安理会常任理事国和日本各派一名人员组成。当时，中科院兰州冰川冻土研究所秦大河代表中国加入了"1990 年国际横穿南极考察队"。1989 年 7 月 28 日，考察队从南极半岛的顶端出发，由西向东，开始了他们的艰险征途。这次考察，旨在向全世界宣布，多年来各国在南极考察活动中所遵循的"合作、和平与友谊"的精神将持续下去，以唤起国际社会对地球上最后一块原始大陆的珍爱和关注。

历史上的今天

　　1847 年，美国发明家、企业家，电话发明人亚历山大·贝尔诞辰；1890 年，伟大的国际主义战士诺尔曼·白求恩诞辰；1971 年，我国第一颗科学实验卫星"实践一号"发射成功。

第一届亚洲运动会举行

1951年

3月4日

1951年3月4日，印度首都新德里举行了第一届亚洲运动会。

亚洲运动会(Asian Games)简称亚运会，是亚洲地区规模最大的综合性运动会，也是亚洲体坛最大的盛会。亚运会最初由亚洲运动会联合会主办，1982年，亚洲运动会联合会改名为亚洲奥林匹克理事会，简称"亚奥理事会"。中国于1973年9月18日加入亚奥理事会的前身"亚洲运动会联合会"。

亚运会每四年举办一届，自1951年第一届始，迄今共举办了15届。亚运会的前身是远东运动会，1911年由菲律宾体育协会发起组织，每两年举办一届，1937年因世界大战爆发而中止。1948年，参加世界奥林匹克运动会的亚洲体育界人士协商，倡议恢复远东运动会，并扩大规模，但改称亚洲运动会，每四年举办一届，时间正好与奥运会错开。

历史上的今天

1986年，中国著名女作家中国当代著名的作家、社会活动家丁玲（1904-1986）逝世；2000年，被誉为"中国物理学之父"的著名物理学家吴大猷(1907-2000)逝世。

《人民日报》发表毛泽东题词"向雷锋同志学习"

1963年 3月5日

1963年3月5日，毛泽东等中央领导人题词、发出了"向雷锋同志学习"的伟大号召，全国范围兴起了学雷锋的热潮。此后，每年的3月5日成为"学雷锋纪念日"，"学习雷锋好榜样"，争做好人好事，从此影响了几代人。

雷锋是中国人民解放军全心全意为人民服务的楷模，共产主义战士。雷锋出生于湖南省望城县一个贫穷农民家庭，7岁沦为孤儿。1957年，雷锋了加入中国共产主义青年团。在工作中因工作出色，多次被评为"红旗手"、"劳动模范"、"先进生产者"和"社会主义建设积极分子"等。1960年，雷锋参加中国人民解放军，编入工程兵某部运输连四班，同年加入中国共产党。在入伍不到三年的时间里，雷锋多次立功。他全心全意为人民服务，谦虚谨慎，从不自满自炫，做了好事不留姓名。1962年8月15日，雷锋在执行运输任务时不幸因公殉职。在老一代革命家的积极倡导下，学习雷锋的活动很快从军队向全国各行各业发展，迅速兴起了一个全国范围的学雷锋热潮。如今，雷锋精神已成为中华民族传统美德的一种积淀，成为助人为乐这一高尚品德的代名词。

历史上的今天

1886年，董必武诞辰。1898年，周恩来诞辰。1940年，我国著名教育家蔡元培(1868-1940)病逝。1953年，斯大林(1941-1946)逝世。1990年，我国著名儿童教育家孙敬修(1901-1990)逝世。

阿斯匹林上市销售

1899年

3月6日

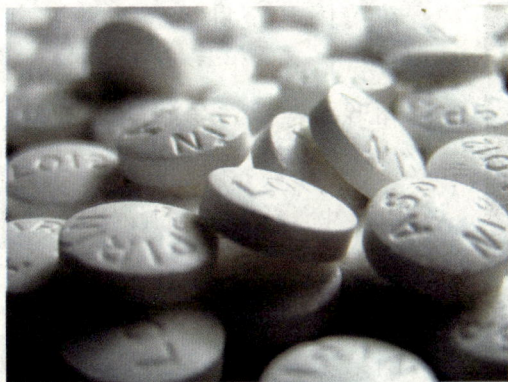

1899年3月6日，阿斯匹林在德国正式上市销售。阿斯匹林是人们现在最常用的药物之一，但鲜有人知道，阿斯匹林竟取材于随处可见的柳树。

在中国和西方，人们自古以来就知道柳树皮具有解热镇痛的神奇功效，但人们一直无法知道柳树皮里究竟含有什么物质，以至于有这样神奇的功效，直至1800年，人们才从柳树皮中提炼出了具有解热镇痛作用的有效成分——水杨酸，由此解开这个谜。1898年，德国化学家霍夫曼（另一种说法是，发明者为犹太化学家阿图尔·艾兴格林）合成了乙酰水杨酸，1899年，德国拜耳药厂正式生产这种药品，取商品名为Aspirin——阿斯匹林。阿斯匹林虽已应用百年，但至今它仍是世界上应用最广泛的解热、镇痛和抗炎药，被称为医药史上三大经典药物之一。近年来，随着医学科学的发展，阿斯匹林越来越多的新用途也逐步被发现。

历史上的今天

1986年，中国美学家、教育家、文艺理论家、中科院院士朱光潜（1897-1986）逝世。

罗斯福实行新政

1932年 3月7日

在美国乃至世界经济发展史上，爆发于1929年至1933年的经济危机和罗斯福总统实施的"新政"给人们留下了极其深刻的印象。

1929年，美国经济陷入了经济危机的泥淖，富兰克林·罗斯福就是在这种情况下取代了胡佛，当选为美国第32届总统。他针对当时的实际，顺应广大人民群众的意志，实施了一系列旨在克服危机的政策措施，历史上被称为"新政"。

从1935年开始，美国几乎所有的经济指标都稳步回升，国民恢复了对国家制度的信心，摆脱了法西斯主义对民主制度的威胁，使危机中的美国避免出现激烈的社会动荡，为后来美国参加反法西斯战争创造了有利的环境和条件，并在很大程度上决定了二战以后美国社会经济的发展方向。到了1939年，美国经济得到缓慢恢复。罗斯福因此成为自亚伯拉罕·林肯以来最受美国公众欢迎的总统。

历史上的今天

1890年，中国气象学家、地理学家竺可桢诞辰；1910年，霍元甲在上海创立精武体育会。1936年，希特勒宣布废除洛伽诺公约，不顾《凡尔赛和约》的规定派出3万德军开进莱茵非军事区，并沿德国西部边界修建起防御工事。

妇女迎来第一个国际劳动妇女节

1911年 3月8日

国际劳动妇女节又称"联合国妇女权益和国际和平日"或三八妇女节。国际劳动妇女节是劳动妇女创造历史的见证。

19世纪末20世纪初，西方各国正处在快速工业化和经济扩张阶段。恶劣的工作条件和低廉的工资使得各类抗议和罢工活动此起彼伏。1857年3月8日，美国纽约的制衣和纺织女工走上街头，抗议恶劣的工作条件和低薪。尽管当局攻击并驱散了抗议人群，但这次抗议活动促成了两年后的第一个妇女工会组织的建立。

接下来的数年里，几乎每年的3月8日都有类似的抗议游行活动。其中最为引人注目的是在1908年，当时有将近15000名妇女走上纽约街头，要求缩短工作时间，增加工资和享有选举权等。1910年8月，国际第二次社会主义者妇女大会决定，以每年的3月8日作为全世界妇女的斗争日。国际劳动妇女节由此确立。

联合国从1975年开始庆祝国际劳动妇女节，1997年，联合国通过了一项决议，请每个国家按照自己的历史和民族传统习俗，选定一年中的某一天宣布为联合国妇女权利和世界和平日。新中国成立后正式将3月8日定为妇女节。

1959年
3月9日

芭比娃娃"诞生"

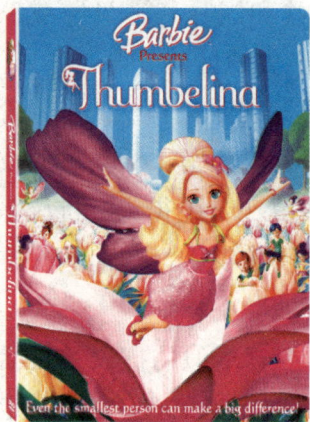

半个世纪以来，美泰公司创办人露丝·汉德勒创造的芭比娃娃(Barbie)几乎已经成为全世界小女孩的心爱之物。

芭比娃娃的诞生全因为露丝的一次偶遇。露丝见女儿很喜欢玩当时流行的一种可以换衣服、换皮包的纸娃娃，便想到设计一款仿真人的立体娃娃。1957年，露丝在德国度假时，无意间发现的德国娃娃"莉莉"，激发了她的灵感。1959年3月9日，世界上第一个金发美女娃娃正式问世，露丝用小女儿芭芭拉的昵称给她取了名字，她就是芭比。在1959年纽约玩具展览会上，芭比一举成名。

从诞生到现在，芭比在种族、国籍、语言、肤色、相貌、服装、发型上经历了各种变化，她被赋予了梦想的理念，总是能跟着女孩子及世界的变化而变化！

现在，"芭比娃娃"已畅销世界150个国家。2009年，全球首家旗舰店落户上海。

历史上的今天

1992年，中国加入《不扩散核武器条约》。

中国大陆第一个试管婴儿诞生

1988年 3月10日

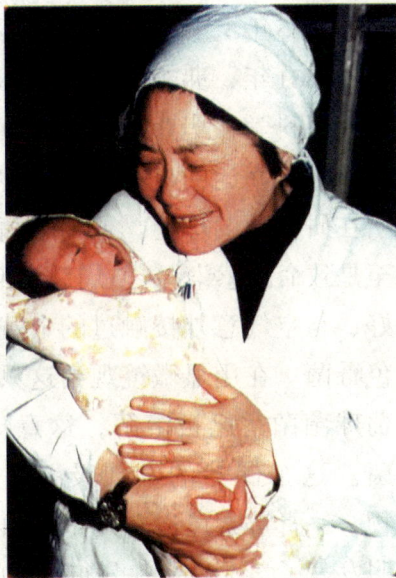

　　1988年3月10日，在北京医科大学第三临床医学院妇产科张丽珠教授等的努力下，中国大陆第一个试管婴儿诞生。这个试管婴儿诞生是我国生殖医学和辅助生育技术向国际先进水平看齐的标志，在我国生殖医学发展史上具有里程碑意义。

　　1987年5月，甘肃礼县的郑老师抱着一线希望赶到京城，希望这千里奔波使她做母亲的愿望得以实现。病史表明，她不育已20年。一生致力于探索人类生殖奥秘和妇女围产期保健的张教授非常理解这位姐妹的心情，郑老师已不是她接待的第一位病人了。她不禁萌生了把自己从1984年就开始的试管婴儿的研究工作用于临床的强烈愿望。1987年6月24日，大陆第一个试管婴儿的培育工作开始进行。7月6日，经过化验，郑老师被确认早孕。1988年3月10日，中国大陆第一个试管婴儿顺利降生。女婴体重3900克、身长52厘米，父母为她取名为郑萌珠。

历史上的今天

1865年，谭嗣同诞辰。

1955年 3月11日 发现青霉素的弗莱明逝世

1955年3月11日，发明青霉素的英国细菌学家弗莱明逝世。

1881年，弗莱明出生在苏格兰的洛克。弗莱明从伦敦圣马利亚医院医科学校毕业后，便一直从事免疫学研究。1928年夏，弗莱明由于一次幸运的过失而有了他的伟大发现——青霉素。当时，弗莱明在研究葡萄球菌。葡萄球菌是一种严重的、导致人体发热的、甚至是致命的感染源。3周后当他回实验室时，注意到一个盖子没有盖好、与空气意外接触过的金黄色葡萄球菌培养皿中长出了一团青绿色霉菌。在用显微镜观察这只培养皿时弗莱明发现，霉菌周围的葡萄球菌菌落已被溶解，这意味着霉菌的某种分泌物能抑制葡萄球菌。这个偶然的发现吸引了他。经过多次试验，证明这种分泌物——青霉素可以在几小时内将葡萄球菌全部杀死。1929年，弗莱明发表了学术论文，公布了他的发现。

1935年，英国牛津大学生物化学家钱恩和物理学家弗罗里实现了青霉素的分离、提纯和强化，使其抗菌力提高了几千倍。同时，通过动物观察试验，青霉素的功效也得到了证明。因青霉素这一造福人类的发现，弗莱明、钱恩、弗罗里于1945年共同获得诺贝尔医学和生理学奖。

至今，青霉素仍是流行最广、应用最多的抗菌素。

历史上的今天

1912年，孙中山颁布《中华民国临时约法》。

我国恢复植树节

1979年
3月12日

孙中山是中国近代史上最早意识到森林的重要意义和倡导植树造林的人。1915年，在孙中山的倡议下，每年清明节为植树节，指定地点，选择树种，全国各级政府、机关、学校如期参加，举行植树节典礼并从事植树。1928年4月7日，为纪念孙中山先生，国民政府通令全国："嗣后旧历清明植树节应改为总理逝世纪念植树式"，即将3月12日定为植树节。新中国成立后的1979年2月，五届全国人大常委会第六次会议根据国务院的提议，通过了将3月12日定为我国植树节的决议。以鼓励全国各族人民植树造林，绿化祖国，改善环境。

据联合国统计，现在世界上已有50多个国家设立了植树节。由于各国国情和地理位置不同，植树节在各国的称呼和时间也不相同，如日本称为"树木节"和"绿化周"；以色列称"树木的新年日"；法国称为"全国树木日"；加拿大称为"森林周"。

历史上的今天

1894年，第一瓶可口可乐开始发售；1898年，《义勇军进行曲》词作者田汉诞辰；1925年，中国革命伟大的先行者孙中山（1866-1925）逝世；1926年，日本军舰炮轰大沽口，中国主权遭践踏。

争议缠身的冥王星被发现

1930年
3月13日

由于一个幸运的巧合，1930年，美国天文学家汤博发现了冥王星。可是，自冥王星被发现的那天起，它便与"争议"二字联系在了一起。

刚被发现时，冥王星被认为是太阳系中的一颗"大"行星，体积、质量比地球还大。很快，冥王星被定为太阳系第九大行星。但是随着时间的推移和天文观测仪器的不断升级，人们发现，当时的估计是一个重大"失误"，因为它不但体积要远远小于当初的估计，直径小于月球，而且质量还要远小于其他行星，甚至在卫星世界中它也只能排在第7、8位左右。

此外，按照国际天文学联合会的定义，一个天体要被称为行星，需要满足3个条件：围绕太阳公转、质量大到自身引力足以使它变成球体，并且能够清除其公转轨道周围的其他物体。冥王星显然不符合。2006年8月，在布拉格召开的国际天文联合会大会上，来自各国天文界的权威代表决定，让冥王星从九大行星中出局，新的身份是"矮行星"。这意味着太阳系还是只有8颗行星。

伟大的物理学家
爱因斯坦诞辰

1879年

3月14日

毫不夸张地说，如果没有爱因斯坦，整个科学文明时代都会姗姗来迟。

1879年3月14日，爱因斯坦出生在德国小城乌尔姆。1933年，在纳粹掌权前1个月，爱因斯坦离开德国。之后，他加入美国国籍。1955年4月18日，爱因斯坦在美国普林斯顿去世。

1905年，年仅26岁的爱因斯坦相继发表了有关量子理论、狭义相对论和布朗运动等方面的5篇论文。相对论的研究对象是超越人们日常经验的高速运动世界和广阔的宇宙。相对论的提出从根本上改变了物理学的面貌。它否定了经典力学的绝对时空论，推倒了牛顿力学的质量守恒、能量守恒、质量能量互不相关、时空永恒不变的基本命题，从本质上修正了由狭隘经验建立起来的时空观，深刻地揭示了时间和空间的本质属性，树立了新的时空观、运动观、物质观。这一理论被后人誉为20世纪人类思想史上最伟大的成就之一。

历史上的今天

1883年，全世界无产阶级和劳动人民的伟大导师卡尔·马克思（1818-1883）逝世；1897年，国画大师潘天寿诞辰。

1983年 3月15日 国际消费者权益日确定

1983年，国际消费者联盟组织确定每年的3月15日为"国际消费者权益日"。

消费者权益保护运动起源于欧洲，第二次世界大战后兴起于各发达资本主义国家。

1962年3月15日，美国总统约翰·肯尼迪在美国国会发表了《关于保护消费者利益的总统特别咨文》，首次提出了著名的消费者的"四项权利"，即：有权获得安全保障；有权获得正确资料；有权自由决定选择；有权提出消费意见。

这四项权利，逐渐为世界各国消费者组织所公认，并作为最基本的工作目标。

中国消费者协会于1984年经国务院批准成立，1987年9月，中国消费者协会被国际消费者联盟组织接受为正式成员。从这一年开始，每年的3月15日，中国消费者协会及地方各级消费者协会都要联合有关部门共同举办宣传活动，用各种方式宣传消费者权利。

历史上的今天

1854年，德国细菌学家、免疫学奠基人埃米尔·阿道夫·冯·贝林诞辰。

南丁格尔
被授予伦敦城自由奖

1908年

3月16日

　　1908年3月16日，英国护理学先驱、妇女护士职业创始人和现代护理教育的奠基人弗洛兰斯·南丁格尔被授予伦敦城自由奖。这是英国历史上国王第一次把这种荣誉授予一个女性。

　　1820年，南丁格尔出生于英国一个富裕家庭，并接受高等教育。31岁时，在家庭和周围人的不理解和反对中，她进入德国一所护士学校学习。1853年，克里米亚战争爆发。南丁格尔组织了一支38人的护士队，开赴战场开展救护。战争中，南丁格尔的工作精神和人格魅力为她赢得了"明灯女士"、"克里米亚的天使"的称号。从此，人们改变了对护士的看法，护士工作的重要性不但为人们所承认，还受到社会的重视。

　　战争结束后的1860年，南丁格尔在伦敦圣托马斯医院创办了世界上第一所护士学校，从而推动了西欧各国以及世界各地的护理工作和护士教育的发展。1907年，英国政府授予南丁格尔最高国民荣誉勋章。1910年8月13日，南丁格尔逝世。为了纪念她，国际护士协会和国际红十字委员会，把她的诞生日5月12日定为国际护士节，并决定以南丁格尔的名字命名最高护士名誉奖，即南丁格尔奖。

历史上的今天

　　1859年，俄国物理学家亚历山大·斯塔帕诺维奇·波波夫诞辰；1961年，陈赓（1903-1961）逝世。

"双子星座"8号宇宙飞船完成首次太空对接

1966年 3月17日

1966年3月16日，"双子星座"8号宇宙飞船在佛罗里达州肯尼迪航天中心顺利升空，这是双子星计划中的第六次载人飞行任务。3月17日，"双子星座"8号的宇航员进行了首次太空对接。之后不久，由于飞船损伤系统突然失灵，宇航员们不得不进行紧急着陆处理。

此次飞行使命计划为期3天，但宇航员尼尔·A·阿姆斯特朗和戴维·R·斯考特在操纵其双子星座密封舱与"阿根纳"号宇宙飞船对接成功的半小时后，双子星号密封舱开始旋转并失去控制。接着，宇宙飞船上12只小型助推火箭中的一只不明原因起火。宇航员随即将其飞行器与阿根纳号分离，并成功地在太平洋上降落。

"双子星座"飞船是美国载人飞船系列。从1965年3月到1966年11月共进行了10次载人飞行。主要目的是在轨道上进行机动飞行、交会、对接和航天员试做舱外活动等，为"阿波罗"号飞船载人登月飞行作技术准备。

巴黎公社革命爆发

1871年

3 月 18 日

　　巴黎公社是法国无产阶级于1871年建立的工人革命政府，是人类历史上第一个无产阶级政权。

　　1870年，法国为争夺欧洲霸权发动了普法战争，结果法军惨败。9月，巴黎革命推翻了第二帝国，第三共和国宣告成立，建立了资产阶级国防政府。当时普军侵占了法国1/3以上的领土，10万普军直逼巴黎。巴黎工人奋起抗战。以工人为主体的国民自卫军在3个星期里就发展壮大到约30万人，还购置了数百门大炮。但国防政府害怕工人武装甚于害怕普鲁士军队。它在镇压了巴黎人民的两次武装起义后，同普鲁士签订了停战协定。1871年2月，梯也尔组织了新政府，继续执行出卖民族利益和反对无产阶级的政策。

　　3月18日凌晨，梯也尔政府派兵偷袭蒙马特尔高地的停炮场，企图解除工人武装。巴黎工人在国民自卫军中央委员会领导下击溃了政府军，举行武装起义，占领了巴黎市政府。梯也尔政府逃往凡

尔赛。巴黎公社革命取得了胜利，国民自卫军中央委员会成为实际上的临时革命政府。但中央委员会没有乘胜向凡尔赛进军，却忙于公社的选举，给反动派以喘息之机，犯下致命的错误。3月28日，新当选的公社委员朗维埃庄严宣布："我以人民的名义，宣告公社成立！"人类历史上第一个无产阶级政权诞生了。

巴黎公社成立后的两个月里施行了许多具有深远影响的重大措施：宣布公社委员会是取代旧政府的唯一政权，新建十个委员会以取代过去政府的各部；取消征兵制和常备军，宣布以工人为主体的国民自卫军是唯一的武装力量；实行民主选举与群众监督相结合的民主制度；废除高薪，实行兼职不兼薪的制度。公社还颁布了一系列保护劳工的法令。这些措施为无产阶级政权建设提供了宝贵经验，丰富和发展了科学社会主义理论。

正当巴黎沉浸在起义胜利的欢乐中时，梯也尔政府重新纠集武装力量，并勾结普鲁士军队于5月21日攻入巴黎市区。经过一周激烈的巷战，5月28日凌晨，巴黎公社战士弹尽粮绝，最后的147名社员在拉雪兹神甫公墓东北角的墙下全部被反动军队屠杀。拉雪兹神甫公墓的这段墙被后人称为"巴黎公社战士墙"，它是巴黎公社精神的永恒历史见证。

巴黎公社虽然失败了，但公社的历史功绩不可磨灭。

历史上的今天

1965年，苏联宇航员列昂诺夫实现人类第一次"太空行走"。

我国著名数学家
陈景润逝世

1996年

3月19日

1996年3月19日，中科院院士、著名数学家、中国科学院数学研究所研究员陈景润逝世，终年62岁。

陈景润1933年5月22日生于福建省福州市。他从小就喜欢数学。演算数学题占去了他大部分的时间。1953年，陈景润毕业于厦门大学数学系。由于他对数论中一系列问题的出色研究，受到华罗庚的重视，被调到中国科学院数学研究所工作。陈景润在高中时代，就听老师极富哲理地讲：自然科学的皇后是数学，数学的皇冠是数论，"哥德巴赫猜想"则是皇冠上的明珠。这一至关重要的启迪之言，成了他一生为之呕心沥血、始终不渝的奋斗目标。

1966年5月，陈景润证明了"任何一个充分大的偶数都是一个素数与一个自然数之和，而后者仅仅是两个素数的乘积"（即"1+2"），成为哥德巴赫猜想研究上的里程碑。该证明结果被国际数学界称为"陈氏定理"。

（哥德巴赫是德国数学家。1742年，哥德巴赫在写给瑞士数学家莱昂哈德·欧拉的信中，提出两个数学猜想。这就是著名的哥德巴赫猜想。哥德巴赫猜想提出至今，许多数学家都不断努力想证明它，但都没有任何实质性进展。目前，国际数学界公认"陈氏定理"是哥德巴赫猜想研究的最佳成果。）

历史上的今天

1858年，清代改良派领袖康有为诞辰；2000年，中国著名作曲家、音乐理论家李焕之（1919-2000）逝世。

伊拉克战争爆发

2003年 3月20日

伊拉克战争又称美伊战争，是美国以伊拉克拥有大规模杀伤性武器（疑似）为由而发动的全面战争。2003年3月20日，在未经联合国安理会授权的情况下，以美国和英国为主的联合部队正式宣布对伊拉克开战。澳大利亚和波兰的军队也参与了此次联合军事行动。4月9日，美军坦克开进了巴格达，萨达姆政权被推翻。5月1日，伊拉克主要战事结束。伊拉克陷入无政府状况。7月13日，伊拉克临时管理委员会成立。12月13日，萨达姆在其家乡提克里特附近被美军抓获。战后的伊拉克满目疮痍，暴力袭击事件不断，安全局势动荡不安。2005年4月，伊拉克组成过渡政府。2006年5月20日，战后首届正式政府在经议会表决批准后宣誓就职。同年12月30日，伊拉克前总统萨达姆被处以绞刑。这场战争造成至少66万伊拉克平民因战火而丧生。这场战争遭到了多个国家和国际组织的批评与谴责。

历史上的今天

1828年，挪威戏剧家易卜生诞辰；1881年，中国现代作家、学者章士钊诞辰；1995年，日本东京地铁发生沙林毒气杀人案。

南非沙佩维尔惨案发生

1960年

3月21日

20世纪50年代末，南非国内黑人反抗斗争日渐高涨。在此形势下，泛非主义者大会于1960年3月21日发起了"反通行证法"运动。当天，南非沙佩维尔的黑人群众为反对南非种族主义政权的种族歧视法令——"通行证法"，举行了大规模的示威游行，成千上万的黑人把通行证放在家里，到警察局门前示威。结果，示威群众遭到了反动当局的残酷镇压和血腥屠杀，80多人被枪杀，300多人被打伤，造成震惊世界的大惨案。

为了纪念1960年3月21日南非沙佩维尔惨案，消除不合理的种族歧视，1966年，第21届联合国大会通过了一项决议，决定把每年的3月21日定为"消除种族歧视国际日"。

（通行证法是当时南非当局颁布的几百项有关种族歧视的法令之一，规定年满16岁以上的非白人必须随身携带通行证，证件不全者随时会遭到逮捕。）

历史上的今天

1986年，苏联宇宙飞船和"和平"号空间站对接成功。

"世界水日"确定

1993年 3月22日

1993年1月18日，第47届联合国大会通过决议，从1993年开始，确立每年的3月22日为"世界水日"。

随着现代社会的人口增长、工农业生产活动和城市化的急剧发展，水资源问题日益严峻。在全球范围内，水质的污染、需水量的迅速增加以及不合理利用，使水资源进一步短缺，水环境更加恶化。据专家预测，水资源问题将成为21世纪人类面临的最重要的自然资源问题。全世界若不尽快重视并解决这一问题，水危机很可能会比粮食危机或石油危机来得更早。

为了唤起公众的水意识，建立一种更为全面的水资源可持续利用的体制和相应的运行机制，第47届联合国大会确定了"世界水日"，以推动对水资源进行综合性统筹规划和管理保护水资源。

现在，世界上缺水情况已相当严重，有28个国家被列为缺水国或严重缺水国。"世界水日"提醒全世界的人们，必须节约用水、合理用水、保护水资源。

历史上的今天

1896年，贺龙诞辰。

历史上的今天

（二）

LISHISHANGDE

JINTIAN

李 铁等／编著

吉林人民出版社

博学成才

BO XUE CHENG CAI

"和平"号空间站坠落

2001年

3月23日

　　2001年3月23日，俄罗斯"和平"号空间站从太空坠落地球，一个航天时代完美结束。

　　"和平"号空间站的设计工作始于1976年。1986年2月20日，"和平"号空间站满载着人类探索太空的梦想从地球飞向太空，它是世界上第一个多舱太空站。1987年，"和平"号空间站正式建成并投入使用。苏联解体后，俄罗斯经济一度陷入困境，不得不大大削减航天开支。"和平"号空间站开始与他国合作，此后，先后有12个国家的100多位宇航员登上"和平"号空间站。15年来，"和平"号空间站完成了24个国际性科研计划，进行了包括生命科学、材料加工与药物生产、空间科学、对地观测等众多领域1700多项、16500个科学实验。帮助15个国家的科学家完成了空间研究，研制产生了600项日后可供工业应用的新技术，培育出了小麦等100多种植物，创造出了直径在5厘米的高纯度砷化镓晶体及一些新的合金材料，生产出了纯度比地面生产的高100倍的干扰素及抗流感制剂等药物，为未来微重力环境的商业应用，特别是实现空间材料加工和空间生物医学工程产业化进行了有益的探索和尝试。

　　1998年8月，俄罗斯政府作出了坠毁"和平"号空间站的第一次决定。12月30日，俄罗斯政府发出坠毁"和平"号空间站的法令。

历史上的今天

　　1950年，《世界气象组织公约》正式生效，这标志着世界气象组织成立；1939年，奥地利心理学家弗洛伊德(1856-1939)逝世。

1999年
3月24日

科索沃战争爆发

　　1999年3月24日，在未得到联合国安理会授权的情况下，以美国为首的北约发动了对南联盟的空中打击，科索沃战争爆发。这场战争粗暴地践踏联合国宪章和国际法准则，因此受到了世界爱好和平的人们的强烈愤慨和谴责。

　　在南斯拉夫联盟共和国时期，科索沃是南联盟所辖塞尔维亚共和国的一个省，居住在这里的人，90%以上是阿尔巴尼亚族，其余是塞尔维亚族、黑山族等。由于历史原因，科索沃的塞、阿两族的民族纠纷和宗教冲突一直未间断过。而随着阿族以独立为目标的科索沃民族主义运动逐步兴起，阿族与塞族的冲突日趋激烈，塞尔维亚当局对阿族的镇压也随之升级。1998年2月开始，科索沃局势急剧恶化。从1998年底起，以美国为首的北约开始介入科索沃危机。谈判失败后，1999年3月24日，北约发动了对南联盟的空中打击，科索沃战争爆发。

　　科索沃战争主要以大规模空袭为作战方式。以美国为首的北约凭借占绝对优势的空中力量和高技术武器，对南联盟的军事目标和基础设施进行了连续78天的轰炸，给南联盟造成了重大财产损失和环境破坏，也造成了无数无辜平民的伤亡。在北约空袭的巨大压力下，经过俄罗斯、芬兰等国的斡旋调停，南联盟最终软化了立场。6月10日，北约正式宣布暂停对南联盟的空袭。2008年2月17日，科索沃正式宣布独立。

我国成功发射"神舟"三号飞船

2002年3月25日晚上10时15分，我国研制的"神舟"三号飞船在酒泉卫星发射中心发射升空并成功进入预定轨道。

"神舟"三号飞船是一艘正样无人飞船，飞船技术状态与载人状态完全一致。飞船上装有人体代谢模拟装置、拟人生理信号设备以及形体假人，能够定量模拟航天员在太空中的重要生理活动参数。飞船拟人载荷提供的生理信号和代谢指标正常，验证了与载人航天直接相关的座舱内环境控制和生命保障系统。

"神舟"三号飞船由轨道舱、返回舱、推进舱和附加段组成。飞船进入太空后，将持续绕地球飞行若干天，进行一系列项目的科学试验。中国科学院将在飞船上进行多种空间应用试验。之后，飞船返回舱将返回地面，轨道舱继续留在太空飞行，直至完成预定的后续科学试验任务。

115

1987年 3月26日

中葡两国政府草签《中葡关于澳门问题的联合声明》

从1986年6月到1987年3月，中葡两国经过4轮会谈形成了解决澳门问题的一致意见。1987年的3月26日，中国和葡萄牙两国政府在北京草签了《中葡关于澳门问题的联合声明》。《联合声明》庄严宣布：澳门地区是中国领土，中华人民共和国政府于1999年12月20日对澳门恢复行使主权。

《联合声明》共7款。主体文件之外，还有两个附件和两个备忘录。附件一为《中华人民共和国政府对澳门的基本政策的具体说明》附件二为《关于过渡时期的安排》。

1987年4月13日，中、葡两国政府总理分别代表本国政府正式签署《联合声明》。同年6月23日，第六届全国人大常委会第二十一次会议批准了《联合声明》。1988年1月15日，中国和葡萄牙两国政府在北京互换了中葡两国对《联合声明》及其附件的批准书，《联合声明》即开始生效。澳门进入政权交接的过渡时期。

历史上的今天

1892年，美国著名诗人沃尔特·惠特曼(1810-1892)逝世；1976年，中国现代作家林语堂(1895-1976)病逝。

"地球一小时"点亮环保

2010年 3月27日

气候变化与环境污染已成为人类共同面临的现实威胁，而这一切与人类活动有着密切联系。"地球一小时"是世界自然基金会（WWF）应对全球气候变化所提出的一项倡议。这个倡议希望个人、社区、企业和政府在三月的最后一个周六的20：30–21：30熄灯1小时，来表明他们对应对气候变化行动的支持。2007年3月31日，该活动在澳大利亚悉尼市首次展开。

2010年的全球熄灯接力活动在3月27日晚8：30–9：30进行。世界125个国家、1200个地标建筑、4000多个城市、近10亿人接力熄灯。可见，"地球一小时"已经从2007年的"悉尼一小时"发展壮大为今天覆盖数千座城市、数亿人口的全球性环保品牌活动。

历史上的今天

1981年，中国现代文学家茅盾(1896–1981)逝世。

第一个无产阶级政权巴黎公社成立

1871年 3月28日

1871年3月28日，世界第一个无产阶级政权——巴黎公社成立。

普法战争后，法国阶级矛盾极其尖锐。1871年3月18日，法国巴黎的无产阶级和人民群众举行武装起义，推翻了资产阶级反动统治。

3月19日，国民自卫军中央委员会完全掌握了巴黎的政权。国民自卫军发表宣言，宣布将由工人通过选举成立公社，并在公社选出后，把政权移交给公社。

3月26日，巴黎公社举行选举，选出公社委员，其中大多数是工人或是公认的工人阶级的代表。

3月28日，公社委员就职，巴黎公社庄严地宣告成立。

历史上的今天

1868年，苏联著名作家高尔基诞辰。

"世界第八大奇迹"
秦始皇兵马俑被发现

1974年

3月29日

　　1974年3月，陕西临潼农民在秦始皇陵东侧1.5千米处打井时偶然发现了与真人真马一样大小的兵马俑。从此，一个埋藏了两千多年的地下宝藏呈现于世人面前。

　　兵马俑被誉为"世界第八大奇迹"、"20世纪考古史上的伟大发现之一"。1979年10月1日，建立在兵马俑坑原址上的、中国最大的古代军事博物馆——秦始皇兵马俑博物馆正式对公众开放。1987年，秦始皇陵及兵马俑坑被联合国教科文组织列入世界文化遗产名

录。

秦始皇是第一个统一中国的皇帝，他的陵墓在西安市临潼区东的骊山北麓。秦始皇兵马俑坑位于临潼区城东6千米的西杨村南，西距秦始皇帝陵1225米，是秦始皇陵园中最大的一组陪葬坑，坑中所埋藏的浩大俑群是秦王朝强大军队的缩影。

秦始皇兵马俑坑由4个大小不同的坑组成，为坑道式地下土木建筑结构。这4个坑分别编号为一号坑、二号坑、三号坑、四号坑，其中，四号坑空无一物。3个俑坑中陶质陪葬武士俑和兵马俑共8000多件，排列成阵，气势壮观。一号坑最大，内有由6000多件陶俑、陶马及50余辆战车组成的长方形军阵；二号坑平面呈曲尺形，为步兵曲型混合军阵；三号坑最小，呈"凹"字形结构，坑中是一、二号坑军团的统帅部。三号俑坑曾遭受过严重的人为破坏。

出土的各类陶俑，按照不同身份分为将军俑、军吏俑、武士俑等几个级别，其服饰、冠带、神姿各不相同，千姿百态，生动逼真，几千件俑没有一张相同的脸。这些按当时军阵编组的陶俑、陶马为秦代军事编制、作战方式、骑步卒装备等研究提供了形象的实物资料。

荷兰画家梵·高诞辰

1853年

3月30日

1853年3月30日，19世纪人类最著名的艺术家文森特·梵·高（Vincent Van Gogh）诞生在荷兰一个乡村牧师家庭。谁也没料想到，这个童年不受父母重视的、性格沉默孤僻的普通男孩会成长为后印象派绘画的三大巨匠之一。

梵·高年轻时在画店里当店员，这算是他最早接受的"艺术教育"。后来他来到巴黎，和印象派画家开始交往，在色彩方面受到启发和熏陶。在受到东方艺术，特别是日本版画的影响后，他形成了自己独特的艺术风格，因此，人们称他为"后印象派"。梵·高全部杰出的、富有独创性的作品，都是在他生命最后的6年中完成的。他最初的作品，情调常是低沉的，可是后来大量的作品却色彩明朗。梵·高代表作有《向日葵》、《吃马铃薯的人》、《两棵丝柏树》、《有乌鸦的麦田》等。

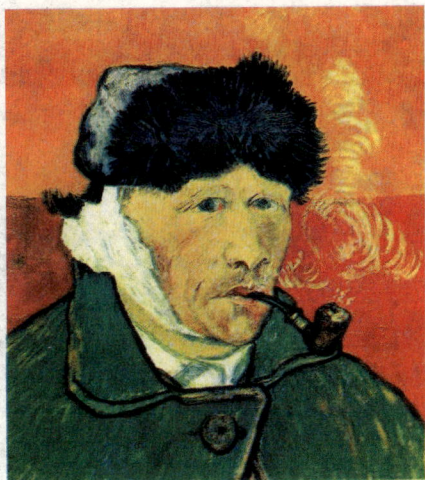

历史上的今天

1979年，实验胚胎学家童第周（1902-1979）逝世。

1889年

3月31日

埃菲尔铁塔建成

如果说，巴黎圣母院是古代巴黎的象征，那么，埃菲尔铁塔（Tour Eiffel）就是现代巴黎的标志。

1889年，法国大革命100周年，巴黎举办了大型国际博览会以示庆祝。博览会上最引人注目的展品便是埃菲尔铁塔。它成为当时席卷世界的工业革命的象征。

埃菲尔铁塔得名于它的设计人——法国著名桥梁工程师居斯塔·埃菲尔。1887年1月28日，埃菲尔铁塔正式开工。1889年3月31日，这座钢铁结构的高塔大功告成。铁塔采用交错式结构，4条与地面成75°角的、粗大的、带有混凝土水泥台基的铁柱支撑着塔身，内设4部水力升降机（现为电梯）。建成后的埃菲尔铁塔高300米，曾是世界最高建筑。

历史上的今天

1993年，《澳门特别行政区基本法》通过。

4 月

第一届现代奥动会举办

容国团成为中国第一个世界冠军

"乒乓外交"开始

"克什米尔公主号"客机失事

人类第一位航天员加加林飞上太空

新中国第一部法规《婚姻法》出台

"泰坦尼克号"沉没

万隆会议召开

我国成功发射首颗人造地球卫星"东方红一号"

井冈山会师

……

美军在冲绳岛登陆

1945年
4月1日

冲绳岛是琉球群岛的最大岛屿，北距九州630千米。1945年初，美军占领吕宋岛及硫磺岛后，为掌握整个琉球群岛的制海权和制空权，建立进攻日本本土的基地，决定攻占冲绳岛。冲绳岛因其在日本本土防御中的重要的战略位置，为誉为日本的"国门"，因此冲绳岛登陆战就被称做"破门之战"。1945年3月18日，美军开始空袭九州，在消灭了日军近海攻击艇队，取得庆良间列岛舰船停泊场和后勤补给基地后，4月1日晨，美军开始在冲绳岛登陆。

冲绳岛战役，从3月18日美军袭击九州开始，至6月22日战斗基本结束，共历时96天，其中在冲绳岛上的激烈战斗就有82天之久，日军包括"大和"号战列舰在内的16艘水面舰艇和8艘潜艇被击沉，日军除9000人被俘外，9万余人战死，日机被毁7830架，其中特攻机2200架，岛上居民死亡约10万人。美军伤亡7万余人，损失飞机763架，驱逐舰以下舰艇400余艘。战役以日军失败告终。冲绳岛战役是美日在太平洋岛屿作战中规模最大、时间最长、损失最重的一次战役。英国首相邱吉尔认为冲绳岛战役将以史诗般的战斗，列入世界上最激烈、最著名的战斗。

历史上的今天

1825年，美国人发明了最早的内燃机；1912年，孙中山解除临时大总统职；1913年，福特公司引入生产线大规模生产T型汽车；1938年，美国通用公司发明荧光灯；2002年，《安乐死与协助下的自杀法》在荷兰正式生效，荷兰成为全世界唯一许可安乐死行为的国家。

丹麦作家安徒生诞辰

1805年

4月2日

1805年4月2日，安徒生出生于丹麦。

安徒生的一生创作了168篇童话和故事，至今还被世界上众多的成年人和儿童所喜爱。由于出身贫寒，他对社会上贫富不均、弱肉强食的现象感受极深，因此他的作品一方面以真挚的笔触热烈歌颂劳动人民，同情不幸的穷人，赞美他们的善良、纯洁等高尚品质；另一方面又愤怒地鞭挞了残暴、贪婪、虚弱、愚蠢的统治阶级和剥削者，不遗余力地批判了社会罪恶。

安徒生最著名的童话故事有《小锡兵》、《冰雪女王》、《拇指姑娘》、《卖火柴的小女孩》、《丑小鸭》等。

1875年8月4日，安徒生因病逝世，终年70岁。

历史上的今天

1983年，著名画家张大千（1899-1983）逝世；1982年，巴金获"但丁国际奖"；1975年，伟大的马克思主义者、杰出的无产阶级革命者、中华人民共和国元勋，党和国家的卓越领导人，中国共产党的创始人之一董必武（1886-1975）逝世。

马歇尔计划正式实行

1948年
4月3日

马歇尔计划是第二次世界大战后美国援助欧洲的计划，也称为欧洲复兴计划。

1947年6月5日，美国国务卿乔治·马歇尔在哈佛大学发表演说时，提出了援助欧洲经济复兴的方案，故称马歇尔计划。他说，当时欧洲经济濒于崩溃，粮食和燃料等物资极度匮乏，而其需要的进口量远远超过它的支付能力。如果没有大量的额外援助，就会面临性质非常严重的经济、社会和政治的危机。他呼吁欧洲国家采取主动共同制订一项经济复兴计划，美国则用其生产过剩的物资援助欧洲国家。1947年7月至9月，英、法、意、奥、比、荷、卢、瑞士、丹、挪、瑞典、葡、希、土、爱尔兰、冰岛16国的代表在巴黎开会，决定接受马歇尔计划，建立了欧洲经济合作委员会，提出了让美国在4年内提供援助和贷款224亿美元的总报告。

1948年4月3日，美国国会通过《对外援助法案》，马歇尔计划正式执行。马歇尔计划是第二次世界大战后美国对外政策中最成功的例子之一。实际上，美国实施这一计划不单是为了西欧的经济复兴和美国的经济利益，更是希望借助欧洲的经济复兴来遏制苏联，以确保美国的霸权地位。

第一届现代奥动会举办

1896年

4月4日

1889年，现代奥运会创始人法国的顾拜旦第一次提出举办类似古奥运会的现代奥动会的主张，在他不懈努力下，1896年4月4日，希腊首都雅典举行了第一届现代奥林匹克运动会。以后每四年举办一次。

奥林匹克运动会起源于公元前776年的古代希腊，但在394年古希腊奥运会被禁止。现代奥运会借用和发展了古代奥运会的某些仪式，但它并不是古代奥运会的延续和翻版。古代奥运会是希腊人献给万神之首宙斯的祭礼赛会，它是宗教节日的一部分。它不但总在同一地点举行，而且运动员必须是纯希腊血统。而现代奥运会则是一个非宗教的体育庆典，它向一切国家、一切地区和一切民族开放，并在世界各地轮流举办，它是全世界人民和平友谊的盛会。古代奥运会采用的是与军事技能紧密相关的体育内容，而现代奥运会采用的则是高度规范化的现代竞技运动内容。古代奥运会不允许妇女参加，而从1900年第二届奥运会开始，妇女便出现在了奥运赛场上。

历史上的今天

1949年，北大西洋公约组织成立；1961年，世界乒乓球锦标赛首次在中国举行；1968年，美国民权运动领导人马丁·路德·金(1929-1968)逝世；1983年，美国"挑战者"号航天飞机首次飞行成功。

容国团成为中国第一个世界冠军

1959年 4月5日

在中国体育运动发展史上，1959年4月5日是一个值得纪念的日子。中国乒乓球选手容国团在第25届世乒赛男子单打决赛中夺得勃莱德杯，成为新中国体育运动发展史上捧获世界冠军奖杯的第一人。

容国团从小喜爱并学习乒乓球，15岁时即开始参加比赛。1958年被选入广东省乒乓球队，立下"三年夺取世界冠军"的誓言，随后他被选为国家集训队队员。他继承和发展了我国乒乓球左推右攻的传统技艺，并创造发转与不转球、搓转与不转球的新技术。他运用战术灵活多变，独具特色，开创了我国乒乓球"快、准、狠、变"的近台快攻技术风格。

容国团是世界乒乓球运动员史上开创中国时代的关键性人物。他不仅推动了我国乒乓球运动发展，而且振奋了中华民族精神，改变了中华民族形象，提高了中国的国际地位。

历史上的今天

1876年，中国著名教育家、南开大学创办人张伯苓诞辰；1882年，近代民主革命家宋教仁诞辰；1908年，世界著名指挥大师卡拉扬诞辰；1975年，蒋介石（1887-1975）病逝。

人类首次徒步到达北极

1909年

4月6日

1909年4月6日，美国北极探险家罗伯特·皮尔里成功到达北极点，成为世界上第一个徒步到达北极的人。

北极点位于北冰洋北极海域的中部。那里终年寒冷，各类浮冰分布面积广，海洋生物种类和数量都十分缺乏，生存环境十分恶劣。也正是由于这样，它吸引了世界上的很多探险家。自从1650年荷兰地理学家瓦烈尼马斯首先独立划分北冰洋起至今，300多年来，人类从未停止过对北极的探险。皮尔里率领的北极探险队对北极一共进行了四次探险，前三次都没有成功。1909年2月22日，皮里率领的探险队从格陵兰岛西北的哥伦比亚角（北纬83° 07′）出发，那儿离北极点约760千米。探险队大体沿西经70°经线经过25天的行进后，到达北纬85° 23′。3月30日，皮里到达了北纬87° 47′。4月6日，探险队到达了北极点。

历史上的今天

1917年,美国对德国宣战;1921年,陈嘉庚创办厦门大学。

我国成功发射"亚洲一号"卫星

1990年
4月7日

1990年4月7日，我国自行研制的"长征三号"运载火箭在西昌卫星发射中心成功地发射了"亚洲一号"卫星。这是我国首次承揽发射的第一颗外国卫星。火箭发射升空后，一、二级火箭先后脱落成功，三级火箭相继两次点火，载着"亚洲一号"卫星在太空飞行。三级火箭工作16分钟以后，星箭分离，卫星进入轨道。

发射"亚洲一号"卫星是"长征三号"火箭连续成功进行的第6次发射。自1984年4月8日"长征三号"火箭首次成功发射我国第一颗通信卫星以来，"长征三号"火箭已成功地将我国自行研制的5颗通信卫星送入地球同步转移轨道。

历史上的今天

1947年，福特汽车公司创始人亨利·福特（1863-1947）逝世；1948年，世界卫生组织成立，世界卫生日定名；1992年，波黑内战爆发；1995年，联合国气候会议通过《柏林授权书》。

现代艺术的创始人
毕加索逝世

1973年
4月8日

　　1973年4月8日，当代西方最有创造性和影响最深远的艺术家、现代艺术(立体派)的创始人和西方现代派绘画的主要代表——巴勃罗·毕加索（Pablo Picasso）逝世，享年92岁。

　　毕加索出生于西班牙。他的一生辉煌之至，他是有史以来第一个亲眼看到自己的作品被收藏进卢浮宫的画家。

　　毕加索是位多产画家，据统计，他的作品总计近37000件。他的作品风格丰富多样，后人用"毕加索永远是年轻的"的说法形容毕加索多变的艺术形式。史学上不得不把他浩繁的作品分为不同的时期——早年的"蓝色时期"、"粉红色时期"、盛年的"黑人时期"、"分析和综合立体主义时期"（又称"立体主义时期"）、后来的"超现实主义时期"等等。1999年12月在法国一家报纸进行的一次民意调查中，他以40%的高票当选为20世纪最伟大的十位画家之首。

历史上的今天

　　1904年，英法条约签订，协约国形成；1946年，国际联盟解散；1984年，中国自行研制的试验通信卫星发射成功；1993年，当时世界上跨径最大的斜拉桥上海杨浦大桥合龙。

131

美国南北战争结束

1865年 4月9日

　　18世纪美国独立战争后，建立了联邦制，由资产阶级与种植园奴隶主联合执政。不过南北两地依旧各行其道：美国南方在种植园经济的基础上发展着黑奴制，北方则发展资本主义的雇佣制。

　　到了19世纪中叶，这两种对立的社会制度之间的矛盾发展到了不可调和的地步。1860年，以呼吁维护联邦统一、反对奴隶制扩张而著称的林肯当选了美国第16届总统。于是，南方蓄意发动叛乱，挑起了国内战争。4月15日，林肯被迫宣布南方为叛乱州，征召志愿军，为恢复联邦统一而战。

　　战争初期联邦军队频频失利。为了改变这一状况，林肯政府及时采取了两项重大改革措施，即颁布《宅地法》及《解放黑人奴隶宣言》。这以后战局发生了根本性的变化，联邦军逐渐掌握了各战场的主动权。

　　1863年夏，联邦军转入反攻。1865年4月3日，联邦军攻克里士满。4月9日，同盟军总司令罗伯特·李将军率部向联邦军投降，美国南北战争以北方的胜利而告结束，美国恢复统一。

　　美国南北战争是美国历史上第二次资产阶级革命，它粉碎了美国政治和社会发展中的最大障碍——奴隶制度，从而使美国在最短的时间内繁荣起来，成为最大的资本主义国家。

历史上的今天

　　1924年，道威斯计划发表；1931年，位于纽约曼哈顿的帝国大厦建成启用，它是当时最高的摩天大厦；1961年，我国第一次夺得世乒赛男子团体冠军。

"乒乓外交"开始

1971年

4月10日

　　1971年4月10日至17日，参加在日本名古屋举行的第31届世界乒乓球锦标赛的美国乒乓球代表团，应中国乒乓球代表团的邀请访问我国，打开了隔绝22年的中美交往的大门，被国际舆论誉为"乒乓外交"。

　　事情的起因源于参加第31届世乒赛的中美两国队员的一次偶遇：4月3日，美国队员科恩在体育馆训练结束后，走出体育馆，却发现找不到自己来时乘坐的汽车了，情急之下，科恩跳上了一辆带有乒乓球世锦赛标志的汽车，上车后，科恩才发现，车里坐着的全是中国队的队员。科恩一时不知如何是好，见此情形中国队员庄则

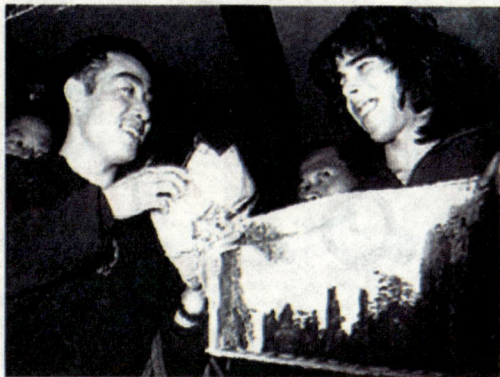

栋主动上前和科恩进行了交谈并赠送了一面杭州织锦作为礼品。当车在爱知县体育馆停下后，庄则栋和科恩一起走下了车。在场记者敏感地捕捉到了这个细节，一时间它便成了爆炸性新闻。中国队员的举动深深触动了美国队的副领队哈里森，当晚他就提出了访华参加乒乓球友谊邀请赛的请求。

　　4月3日，中国外交部以及国家体委就是否邀请美国乒乓球队访华向中央请示。4月6日，在世锦赛闭幕前夕，请示得到批准。次日，美国国务院接到驻日本大使馆《关于中国邀请美国乒乓球队访华的报告》，立即向白宫报告。尼克松在深夜得知这个消息后，马上发电报给美国驻日大使，同意中方的邀请。

　　4月10日，美国乒乓球代表团成员抵达北京。4月14日，在周恩来总理会见美国乒乓球队的同时，尼克松总统发表了有助于改善中美关系的5项具体措施。

　　美国乒乓队的来访，结束了中美两国20多年来人员交往隔绝的局面，使中美关系取得了历史性突破。1972年2月21日，美国总统尼克松访华，使中美关系终于走向了正常化的道路。

历史上的今天

　　1815年，印度尼西亚坦博拉火山爆发，造成92000人死亡；1946年，远东国际军事法庭开始在东京审判日本战犯；1972年，美苏签订《禁止生物武器条约》；1995年，伟大的无产阶级革命家、政治家，杰出的马克思主义者，中国社会主义经济建设的开创者和奠基人之一，党和国家久经考验的卓越领导人陈云（1905－1995）逝世。

"克什米尔公主号"客机失事

1955年 4月11日

1955年，国际反动势力和台湾当局相勾结，阴谋暗害出席亚非会议的中国代表团和周恩来总理，制造了震惊中外的"克什米尔公主号"事件。

1955年4月11日中午12时25分（当地时间），参加亚非会议的中国代表团成员和随同采访的中外记者共11人乘坐印度国际航空公司的包机"克什米尔公主号"从香港起飞途经雅加达转赴万隆。当飞机飞越北婆罗洲沙捞越附近海面上空时爆炸起火，机身坠入海中。机上乘客全部遇难，只有3名机组人员生还。而按原定行程，周恩来总理也将会乘这班飞机率中国代表团参加万隆会议。

据后来的调查，"克什米尔公主号"的失事"是由于放在飞机右翼轮舱处的一个定时炸弹爆炸造成的"。随后，相关调查显示，这是国际反动势力与台湾当局所为。

历史上的今天

1899年，美国占领菲律宾；1983年，人体微循环修氏理论获公认；1991年，联合国安理会宣布海湾正式实现停火。

人类第一位航天员加加林飞上太空

1961年
4月12日

1961 年 4 月 12 日，苏联航天员加加林乘坐世界第一艘载人宇宙飞船"东方1号"从拜科努尔发射场升空，成为第一位进入宇宙空间的人类。"东方1号"的发射成功，开辟了人类航天的新纪元。

人类第一艘太空飞船在宇宙空间共飞行了1小时48分钟，飞行轨道距离地球最近处是181千米，最远处是327千米。在近地轨道飞行一圈后，飞船在加加林的操纵下，利用降落伞顺利平稳地降落在萨拉托夫州。这次航天飞行使27岁的空军少校加加林驰名全球。他不但荣膺了列宁勋章，还被授予了苏联英雄和苏联航天员称号，之后，苏联还以加加林命名了街道，为他建造了纪念碑。

历史上的今天

1861年，美国南北战争正式爆发；1898年，康有为等成立保国会；1981年，世界第一架航天飞机"哥伦比亚"号首次发射升空；1986年，中国开始推行九年制义务教育。

新中国第一部法规
《婚姻法》出台

1950年

4月13日

1950年4月13日，《中华人民共和国婚姻法》经中央人民政府委员会第七次会议通过，同年5月1日开始实施，这是新中国成立后出台的第一部具有基本法性质的法规。

妇女的解放是整个社会解放的一个重要的标志。旧中国的传统婚姻是父母之命，媒妁之言。按照中国的旧传统，结婚生子是妇女的唯一价值，女人的一生也只有"服从"二字。1950年，新中国颁布了《婚姻法》，这部《婚姻法》内容以调整婚姻关系为主，同时涉及家庭关系方面的各种重要问题。规定废除包办婚姻和一夫多妻制，实行婚姻自由和一夫一妻制，提倡男女平等，彻底尘封了包办婚姻，盲婚哑嫁的旧习。"自愿结婚"四个字，向世人宣告无论是谁，都能拥有嫁的权利，娶的自由。

刘巧儿

历史上的今天

1919年，印度发生阿姆利则惨案，死亡1200人；1957年，黄河三门峡水利枢纽工程正式开工；1960年，美国发射世界第一颗导航卫星"子午仪1B"号；1987年，中国和葡萄牙两国政府在北京正式签署《关于澳门问题的联合声明》。

世界第一架航天飞机
"哥伦比亚"号试飞成功

1981年4月12日，世界第一架航天飞机"哥伦比亚"号在美国佛罗里达州的肯尼迪航天中心成功发射升空。4月14日，在太空飞行了54小时，环绕地球飞行了36周之后，航天飞机"哥伦比亚"号成功返回位于加利福尼亚州的爱德华空军基地并安全着陆。

美国在1972年决定研制航天飞机。航天飞机可以说是集火箭、卫星和飞机的技术特点于一身的航天飞行器。它既能像火箭那样垂直发射进入空间轨道，又能像卫星那样在太空轨道飞行，还能像飞机那样再入大气层滑翔着陆。1981年初，经过10年的研制开发，"哥伦比亚"号终于建造成功。这架航天飞机总长约56米，翼展约24米，起飞重量约2040吨，起飞总推力达2800吨，最大有效载荷29.5吨。它主要由轨道器、助推火箭和推进剂外贮箱三个主要部分组成。"哥伦比亚"号第一次飞行的任务只是测试它的轨道飞行和着陆能力。第一次试飞的机组人员是指挥员约翰·杨和驾驶员罗伯特·克里平。

此后，又进行了4次试飞，到1982年才正式服役。

历史上的今天

1894年，托马斯·爱迪生展示了其新发明的活动电影放映机；1981年，中国获第36届世乒赛全部冠军。

"泰坦尼克号" 沉没

1912年

4月15日

　　1912年4月10日，在南安普敦港的海洋码头，英国豪华巨型客轮，"永不沉没"的皇家邮船"泰克尼克号"首航驶往美国纽约，4月14日晚11点40分，当"泰坦尼克号"行至北大西洋纽芬兰岛以南400千米海面时与冰山相撞。2小时40分后，即4月15日凌晨"泰坦尼克号"沉没，由于当时船上只配有20艘救生艇，结果2200余名乘客只有713名乘客获救、1500余人遇难，造成了20世纪最重大的一次海难事故。为此，后来颁布的航海法规定，所有海上轮船必须备有足够的救生船，并保持不间断的无线电监听，以保证安全。

　　当时，"泰坦尼克号"的奢华和精致堪称空前。船上配有室内游泳池、健身房、浴室、图书馆、升降机和一个壁球室。头等舱的公共休息室由精细的木质镶板装饰，配有高级家具以及其他各种高级装饰，并竭尽全力提供了以前从未见过的服务水平。"泰坦尼克号"在许多细节方面模仿了凡尔赛宫……摆满路易十五风格家具的休息室，壁炉上的雕刻作品是《凡尔赛宫的狩猎女神》。还有其他精美的浮雕和艺术作品……上等的柚木和黄铜装饰，吊灯和壁画，印度和波斯的地毯"。甚至三等舱也有大理石的洗漱池和床头取暖设备。

　　1985年9月1日，海洋勘察人员在大西洋底终于发现了已沉睡73年的"泰坦尼克号"部分残骸。

历史上的今天

　　1865年，林肯(1809-1865)遇刺身亡；1891年，加拿大医生班廷发现胰岛素；1986年，美国对利比亚发动大规模空袭；1994年，关贸总协定乌拉圭回合谈判最后文件签署。

1889年 4月16日 喜剧大师卓别林诞辰

卓别林是20世纪最伟大的批判现实主义电影艺术家，世界上最著名的喜剧电影明星。

1889年4月16日，卓别林出生在英国伦敦一个喜剧演员家庭里，受父母影响，他特别希望自己能成为一名演员。不幸的是，父亲去世早，母亲又得了神经病，这使年幼的卓别林后来成了孤儿。卓别林一生主演过80多部影片，他的代表作有《淘金记》、《城市之光》、《摩登时代》、《大独裁者》等。影片多为自制、自编、自导、自演，且多为无声影片。他的表演令人捧腹大笑，但是又使人笑后感到一丝苦味。卓别林最大的贡献是他把为笑而笑的庸俗"闹剧"，提升到批判现实主义艺术的高度。他以独特的喜剧艺术表演风格和辛辣的讽刺，尖锐地批判了资本主义社会的罪恶。1977年圣诞节，卓别林在瑞士家中去世。

历史上的今天

1867年，美国飞机设计师维尔伯·莱特诞辰；1948年，欧洲经济合作组织成立；1961年，欧洲经济合作组织改组为经济合作与发展组织；1992年，我国首次派遣部队参加联合国维持和平行动。

日本发表侵华宣言《天羽声明》

1934年
4月17日

　　九一八事变后，日本加快了侵略中国的步伐。英美等国为保护其在华利益，企图通过扶植中国统治集团中的亲英美势力抵制日本。对此，日本外务省情报部部长天羽英二于1934年4月17日在接见内外记者的例会上发表声明，声称中国必须和日本一同努力完成所谓东亚和平与秩序的使命，如果中国利用其他国家排斥日本，违反东亚和平的措施，或者采取以夷制夷的排外政策，日本不得不加以反对；各国如果对中国采取共同行动，即使在名义上是财政或技术上的援助，日本在原则上也不得不表示反对；如果各国向中国提供武器、军用飞机、派遣军事教官、提供政治借款等，日本对此不能置之不理。

　　声明反映了日本企图独占中国的野心，不仅遭到中国人民的反对和世界舆论的谴责，也引起英美等国的反对。4月20日和26日，日本外务省分别发表声明，重申日本要求与中国分担建设所谓东亚和平秩序的立场，反对各国采取任何形式干涉东亚和平秩序的行动。宣称日本无意侵犯中国的独立和权益，支持各国在中国的门户开放、机会均等的原则。显而易见，两次天羽声明均是日本帝国主义企图强占全中国的最明显的表示。

历史上的今天

　　1790年，美国政治家、科学家本杰明·富兰克林(1706-1790)逝世；1895年，清政府与日本签订《马关条约》；1917年，列宁发表《四月提纲》；1980年，国际货币基金组织正式决定恢复我国的代表权。

1955年 4月18日

万隆会议召开

1955年4月18日至24日，亚非会议在印度尼西亚万隆举行。这是历史上第一次由亚非国家自行发起召开、讨论与亚非各国相关的重大问题的国际会议。

29个国家和地区的304名代表在历时七天的会议中，冲破了帝国主义的阻挠和破坏，取得了诸多重要成果。会议一致通过了《亚非会议最后公报》，公报中《关于促进世界和平与合作的宣言》提出了著名的十项原则，引申和发展了和平共处五项原则，这是亚非国家对国际关系准则的重要贡献。会议形成了亚非各国人民团结一致、反对帝国主义和殖民主义、争取和维护民族独立、保卫世界和平、增进各国人民友谊的万隆精神。

在万隆会议中，周恩来总理率领中国代表团，提出并始终坚持求同存异的方针，为促成会议成功作出了重要贡献。今天，万隆会议的召开，被视为亚洲和非洲广大地区人民觉醒的标志，是亚非民族解放运动史的一个重要转折点，从此，亚非国家作为新兴的重要力量登上了国际舞台。

历史上的今天

1906年，旧金山大地震，千人丧生；1927年，蒋介石在南京建立国民政府；1946年，国际联盟解散；1946年，联合国国际法庭在荷兰首都海牙成立；1955年，伟大的物理学家爱因斯坦(1879-1955)逝世。

伟大的生物学家达尔文逝世

1882年
4月19日

1882年4月19日，19世纪英国杰出的生物学家、物种起源和发展学说的创始人、生物进化论的奠基人查理·达尔文逝世，享年73岁。

达尔文于1809年2月12日出生。他少年时代就爱好博物学和化学等自然科学。1859年11月24日，在经过22年坚持不懈地专心思考和综合研究后，达尔文终于出版了影响历史进程的经典巨著《物种起源》，创立了进化论。达尔文的这一重大发现，对生物学具有划时代的意义，在科学上完成了一个伟大的革命，他找到了生物发展的规律，证明所有的物种都有共同的祖先，结束了生物学领域中唯心主义、形而上学的统治时期，对近代生物科学产生了巨大而深远的影响。

历史上的今天

1775年，美国独立战争第一枪；1971年，苏联成功发射人类第一个空间站"礼炮1号"；1974年，抗日名将傅作义（1895-1974）逝世；1976年，京剧表演艺术家尚小云（1900-1976）逝世。

1949年 4月20日 百万解放军强渡长江

1949年4月20日午夜，随着三颗红色信号弹划破夜空，人民解放军中、东、西三集团从西起湖口，东至江阴长达千里的长江北岸，以木帆船为主要航渡工具，排山倒海地强渡长江。

辽沈、淮海、平津三大战役结束后，国民党军主力已被歼灭。但国民政府仍不甘心失败，一面假和谈，一面部署江防，企图凭借长江天险阻挡人民解放军南进。4月21日，毛泽东、朱德发布了向全国进军的命令，人民解放军百万雄师强渡长江，彻底摧毁了国民党军的长江防线，4月23日占领南京，宣告国民党反动统治的覆灭。

历史上的今天

1930年，反对英帝国主义殖民统治的印度白沙瓦起义爆发；1995年，卢旺达连续发生惨案，约5000人丧生。

1898年

4月21日

美西战争爆发

　　美西战争是19世纪末列强重新瓜分殖民地的第一次帝国主义战争。1898年2月15日，美国派往古巴护侨的军舰"缅因号"在哈瓦那港爆炸，美国遂以此事件为借口，于4月21日对西班牙采取了军事行动，美西战争打响。

　　战争以美国的胜利而告终。1898年12月10日，美西两国签订了《巴黎和约》。和约规定：西班牙承认古巴独立，将波多黎各、关岛和菲律宾转让美国；美国为获得菲律宾向西班牙交付2000万美元作为抵偿。1899年至1901年，美国通过武力把菲律宾变成了它的殖民地。古巴虽然名义上获得了独立，但事实上却是美国利用《普拉特修正案》把古巴变成了美国的"保护国"。美西战争助长了美国的侵略气焰。此后，美国积极参与了列强对远东及太平洋地区霸权的角逐。

历史上的今天

　　1816年，《简爱》的作者英国小说家夏洛蒂·勃朗特诞辰；1910年，美国作家马克·吐温（1835-1910）逝世；1948年，中国签订关税与贸易总协议（GATT）临时性适用议定书，成为关税与贸易总协议缔约国之一。

世界第一个"地球日"

1970年 4月22日

"地球日"活动起源于20世纪60年代的美国，当时的美国人对工厂、企业等大大小小的法人污染者提出了控诉，指责、抨击政府的一系列导致环境污染的政策。1969年，民主党参议员盖洛·尼尔森提议，在全国各校园内举办有关环境问题的讲习会。而听讲的时年25岁的哈佛大学法学院学生丹尼斯·海斯很快就将尼尔森的提议变成一个在全美各地开展大规模社区性活动的构想，并得到了尼尔森和很多学生的热烈支持。

1970年4月22日，第一届"地球日"活动由海斯主持，声势浩大，被誉为二战以来规模最大的社会活动。美国国会当天被迫休会，纽约市长下令繁华的曼哈顿第五大道不得行驶车辆，任由数十万群众在那里集会。这次活动促使美国政府采取了一些治理环境污染的措施。这项活动得到了联合国的首肯。以后，每年4月22日被确定为"世界地球日"。

历史上的今天

1870年，列宁诞辰；1898年，严复译著《天演论》出版；1958年，人民英雄纪念碑建成。

第一种国产喷气式歼击机试制成功

1956年
4月23日

1956年4月23日，我国第一种国产喷气式歼击机在沈阳飞机厂试制成功。

沈阳飞机厂于1955年初开始试制喷气式战斗机。它仿制的是苏联的"米格-17F"，1956年7月19日，试制原型机首次试飞。1956年9月，由中国自行制造的喷气式歼击机"中0101号"试飞成功，通过验收并命名为"56式"，后改称"歼-5"飞机。"歼-5"是单座单发高亚音速喷气式战斗机，主要用于夜间截击，具有一定的对地攻击能力。1956年9月27日，首批10架喷气式歼击机装备部队，从此我国开始了国产作战飞机装备部队的历史。

此后，我国自行制造的"歼-6"型超音速歼击机、"歼-7"型高空高速歼击机、"歼-8"型等全天候高空高速歼击机先后试飞成功，并陆续装备部队。

历史上的今天

1794年，中国近代思想家、文学家魏源诞辰；1877年，近代民主革命家廖仲恺诞辰。

147

1970年 4月24日 我国成功发射首颗人造地球卫星"东方红一号"

1970年4月24日，我国自行研制的"长征一号"运载火箭成功地把我国自行设计、制造的第一颗人造地球卫星"东方红一号"送上地球轨道。它的发射成功，使我国成为世界上第五个独立自主研制和发射人造地球卫星的国家。

"东方红一号"卫星上天，在当时引起了强烈反响，国外纷纷发表评论指出，这颗卫星发射成功，"体现了中国一直在依靠自己的力量为人类的幸福和进步进行宇宙开发"，"表明中国的科学技术和工业进步达到新高度"，"是中国科学技术和工艺方面取得的突出成就"，"中国掌握了先进火箭技术和制造出大型火箭的技能"。

历史上的今天

1919年，"中国铁路之父"詹天佑（1861—1919）逝世；1990年，哈勃太空望远镜由发现号航天飞机发射升空，进入地球轨道；1997年，中国、俄罗斯、哈萨克斯坦、吉尔吉斯斯坦和塔吉克斯坦五国边境裁军协定签署。

中国向联合国递交
《禁止化学武器公约》批准书

1997年
4月25日

1997年4月25日下午，中国正式向联合国递交了中国批准《禁止化学武器公约》的法律文书，从而使中国成为第78个向联合国递交批准书的国家和该公约的原始缔约国。在递交了批准书后，中国即完成了参加该公约的所有法律程序。4月29日这个重要的公约正式生效。

1993年1月13日，国际社会缔结了《关于禁止发展、生产、储存和使用化学武器及销毁此种武器的公约》，简称《化学武器公约》。它是第一个全面禁止、彻底销毁化学类大规模杀伤性武器并具有严格核查机制的国际军控条约，对维护国际和平与安全具有重要意义。当日，中国外长钱其琛代表中国签署了该公约。

历史上的今天

　　1874年，无线电技术发明者意大利发明家马可尼诞辰；2002年，我国发现世界最早有胎盘类哺乳动物化石。

1911年
4月26日

清华学堂正式成立

1900年，八国联军侵略中国，清政府与11国签订了丧权辱国的《辛丑条约》，赔款白银4.5亿两。其中美国分得3200多万两。1904年，经谈判交涉，美国政府决定将赔款的一部分，自1909年起至1940年止，逐年按月"退还"给中国，指定用于文化教育事业。1911年4月26日，利用"庚子赔款"建立的清华学堂正式成立，其性质为留美预备学堂，所有办学方法均照美国学堂实行。

辛亥革命后，清华学堂改名清华学校。1925年设立了大学部开始招收四年制大学生。1928年清华学校改名为"国立清华大学"。第二年旧制全部结束，完成了从留美预备学校到大学的过渡。

新中国成立后，清华大学于1952年进行了院系调整，目前已经成为一所综合性工科大学，为我国培养造就了一批又一批人才。

历史上的今天

1954年，日内瓦会议召开；1979年，世界卫生组织宣布天花已在全世界彻底消灭；1996年，中国、俄罗斯、哈萨克斯坦、吉尔吉斯斯坦和塔吉克斯坦签署在边境地区加强军事领域信任的协定。

空中客车A380首飞成功

空中客车A380（Airbus A380）是欧洲空中客车工业公司研制生产的双层四引擎550座超大型远程宽体客机，投产时它是全球载客量最大的客机，有"空中巨无霸"之称。

2005年4月27日，A380首飞成功，2007年10月25日，全球第一架A380正式投入商业运营。

A380投入服务后，打破了波音747统领35年的纪录，成为世上载客量最大的民用飞机。

研发A380的提议者是法国国防工业界著名企业家让·吕克·拉加迪尔（Jean Luc Lagardère），他被称为"A380之父"。

历史上的今天

1791年，电报的发明者、美国发明家塞缪尔·摩尔斯诞辰；1911年，中国同盟会在广州发动黄花岗起义；1992年，南斯拉夫社会主义联邦共和国解体，南斯拉夫联盟共和国正式宣告成立。

1928年
4月28日

井冈山会师

1928年4月28日，朱德、陈毅率领的湘南起义部队与毛泽东领导的井冈山工农革命军在宁冈砻市胜利会师。

1927年，毛泽东率领秋收起义部队到达井冈山，开始了"工农武装割据"。1928年2月新城战斗胜利后，以宁冈为中心的井冈山根据地初步形成。4月底，湘南起义失败；朱德、陈毅率湘南起义部队到达井冈山，同毛泽东领导的秋收起义部队会师。5月4日，根据湘南特委决定，两部队合编为"工农革命军第四军"（6月4日，根据中共中央指示，改称为"工农红军第四军"），朱德任军长，毛泽东任党代表，陈毅任政治部主任。井冈山会师和工农革命军第四军的成立，对坚持井冈山地区的斗争，建立和扩大农村革命根据地，推动全国革命事业的发展产生了极其深远的影响。

历史上的今天

1897年，叶剑英诞辰；1927年，李大钊（1899–1927）就义；1945年，歌剧《白毛女》在延安首演；1952年，美国结束对日本的占领。

杨浦大桥开始动工兴建

1991年

4月29日

1991 年 4 月 29 日，黄浦江上的第二座大桥，当时世界上最大跨径双塔双索面斜拉桥杨浦大桥开始动工兴建。1993 年 9 月 15 日杨浦大桥建成，1993 年 10 月正式通车。它的建成不但引起国内外同行的注目，更受到国际桥梁专家的高度赞扬。

建成后的杨浦大桥以其线条流畅、动感强烈的设计造型横跨浦江，成为上海的一个门户特征。杨浦大桥全长 7654 米，其中主桥长 1172 米，为一跨过江的双塔双索面斜拉桥，采用钢梁—钢筋砼预制板相结合的叠合梁结构。主孔跨径为 602 米。主塔标高 220 米，采用钢筋砼结构。桥塔两侧各设 32 对共 256 根钢索。主桥桥面宽 30.35 米，为双向六车道。杨浦大桥东与浦东新区的罗山路立交桥相接，西与浦西内环线高架道路相贯通，与南浦大桥一起构成内环线上的两个过江枢纽，它的建成不但改善了上海市区的交通，更加速了浦东的开发。

1971 年，李四光（1889–1971）逝世；1997 年，《禁止化学武器公约》生效。

153

越南战争结束

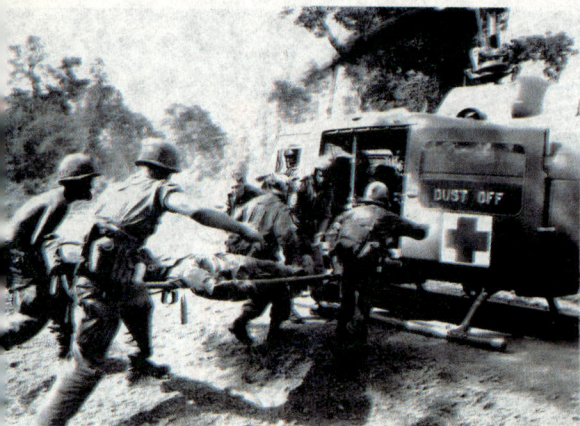

1975 年 4 月 30 日，越南战争结束。

越南战争是二战之后美国充当主角的战争中历时最久、投入兵力最多、损耗最大的一场战争。1961 年 5 月，美国以"防止共产主义扩张"为借口，从其全球战略出发，挑起了入侵越南和老挝、柬埔寨的战争。在越战中，美国使用了除核武器之外的所有现代化武器。越南成了美国最新式武器的试验场。越南战争期间，美国直接投入越南地面战场的兵力最多时达 50 多万人，直接战争总耗费达 4000 多亿美元。美军在越战中的死亡人数达 5 万多人。

越南战争"后遗症"至今仍深刻影响着美国社会。多年来，美国和世界各国关于这场战争的著作和研究报告不计其数。但是，任何史家的研究结论或许都比不上华盛顿决策当事者们的忏悔：美国发动越南战争是"得不偿失的悲剧性错误"，是"在错误的时间、错误的地点发动的一场错误的战争"。

历史上的今天

1789 年，乔治·华盛顿就任美国第一任总统；1939 年，世界首次进行电视直播；1945 年，苏联红军攻克柏林。

5月

历史上的今天

中国社会主义青年团成立

世界上第一批邮票诞生

德国签署无条件投降书

"5·12"汶川大地震发生

中苏两国关系实现正常化

首届电影"百花奖"颁奖仪式举行

西藏和平解放

世界第一份电报诞生

埃及狮身人面像历时10年修复竣工

中俄《瑷珲条约》签订

......

世界第一个国际劳动节

1890年 5月1日

国际劳动节又称"五一国际劳动节"、"国际示威游行日",是世界上大多数国家的劳动节。它是全世界无产阶级、劳动人民共同拥有的节日。

国际劳动节起源于美国,1884年10月,美国和加拿大的8个国际性和全国性工人团体,在美国芝加哥举行一个集会,决定于1886年5月1日举行总罢工,迫使资本家实施8小时工作制。

5月1日,美国2万多个企业的35万工人停工上街,举行了声势浩大的示威游行。为纪念这次伟大的工人运动,1889年7月第二国际宣布将每年的5月1日定为国际劳动节。1890年5月1日,欧美各国的工人阶级率先走向街头,举行盛大的示威游行与集会,争取合法权益。从此,每逢这一天世界各国的劳动人民都要集会、游行,以示庆祝。新中国成立以后,中央人民政府政务院将5月1日定为法定的劳动节。

历史上的今天

1958年,中国第一家电视台北京电视台成立,1978年5月1日,正式更名为中央电视台;1975年,世界第一座海上机场日本长崎机场正式营运。

公车上书

1895年

5月2日

1894年，中日甲午战争中中国败于日本。1895年春，乙未科进士在北京考完会试，正等待发榜。而《马关条约》签订的消息突然传至，在北京应试的举人群情激愤。4月22日，康有为、梁启超写成18000字的"上今上皇帝书"，提出"拒和、迁都、练兵、变法"等主张。5月2日，由康、梁二人带领，18省举人与数千市民聚集"都察院"门前请代奏。汉代以公家车马递送举人赴京，后世因以"公车"为举人入京应试的代称，故史称此举为"公车上书"。

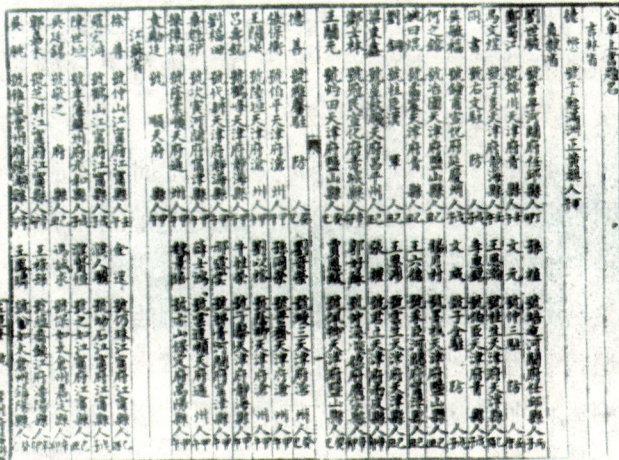

上书被清政府拒绝，但在社会上产生了巨大影响。中国人救亡图存的观念从此被唤醒。

历史上的今天

1842年,英国宪章运动爆发;1945年,苏联红军占领柏林。

世界首创转基因水稻在中国问世

1994年 5月3日

1994年5月3日，中国科学院合肥分院等离子体物理研究所与安徽省农科院联合攻关，终于研究出世界首例转基因水稻，这一重大突破为定向育种开拓了新路。

转基因水稻是这个研究所博士研究生在导师精心指导下进行的研究项目。他们用低能离子束在种子上打孔，穿破种子外皮和细胞壁，再将选定的被转移物带有已知遗传特性的基因片断，用离子束整合到种子细胞的基因组中，从而使该种子具有被转移物已有某些遗传特性。他们育出的转基因水稻，经分子水平检测及多种方法检测，证明外源基因确已存在被测水稻基因中，并且该性状能够进行遗传。

历史上的今天

1928年，"济南惨案"发生；1979年，撒切尔夫人成为第一位英国女首相。

奥斯卡奖设立

1929年

5月4日

　　美国奥斯卡电影金像奖是当今世界上影响最大、历史最悠久的电影奖。它设立于1929年5月4日，由成立于1927年的非赢利性协会组织——美国电影艺术与科学学会负责评选，该奖旨在表彰为电影艺术和技术的发展及业内合作作出突出贡献的人。当时这个奖是电影艺术与科学学院的年度奖，简称"学院奖"。

　　1927年，在美国电影艺术与科学学院成立的宴会上有人建议，为了推动电影艺术的发展，对有成就者应给予奖励。与会者一致同意并由当时参加会议的米高梅公司美工师塞德里克·吉本斯在桌布上画了个草图，后由刚从艺术学校毕业的青年艺术家乔治·斯坦利塑成铜像。这尊铜像是一个手握长剑、站在一盘电影胶片上的男性人体塑像，表面镀金，所以人们又叫它金像奖。1939年，奥斯卡电影金像奖这个名字开始使用。自第一届以来，美国奥斯卡电影金像奖除了1930年和1933年外，每年举办1次。

历史上的今天

　　1825年，英国科学家赫胥黎诞辰；1919年，五四运动爆发；1928年，中国工农红军第四军（红四军）成立。

中国社会主义青年团成立

1922年 5月5日

1922年5月5日至10日，中国社会主义青年团第一次全国代表大会在广州举行。会议通过了《中国社会主义青年团纲领》、《中国社会主义青年团章程》，宣告中国社会主义青年团正式成立。纲领规定青年团是"中国青年无产阶级的组织"，"为完全解放无产阶级而奋斗"，在中国共产党领导下开展青年群众的工作。1925年，中国社会主义青年团改称中国共产主义青年团。1935年11月，中共中央为了团结广大青年参加抗日，决定改组共青团，使它成为广泛的、群众性的青年抗日救国组织。

抗日战争胜利后，为适应人民解放战争形势和任务的需要，党中央在1946年9月提议建立民主青年团，并且在解放区开展试建青年团工作。1949年元旦，中国新民主主义青年团正式成立。此后，青年团跟随中国共产党进入新民主主义向社会主义过渡和社会主义建设时期。

1957年5月，中国新民主主义青年团改名为中国共产主义青年团。

历史上的今天

1818年，马克思诞辰；1821年，拿破仑（1769-1821）逝世；1921年，孙中山在广州宣布就任中华民国非常大总统；1924年，黄埔军校正式开学。

世界上第一批邮票诞生

1840年

5月6日

英国"黑便士"邮票是世界上第一批邮票，因其以黑色印刷，面值为1便士而得名。

"黑便士"邮票的图案为当时的维多利亚女王18岁即位时的侧面像，邮票图案上端中间有"邮资"（Postage）字样，左右两角是交叉十字图形。下端中间是面值"1便士"（one Penny），左右两角是大写英文字母。印刷上选用了凹印，这在当时是最先进的印刷技术。邮票用纸是特制的带王冠水印的纸张。当时没有打孔机，每枚邮票周围没有齿孔，邮局出售单枚邮票时要用剪刀把各枚邮票剪开。当时只有英国发行邮票，可以说是独树一帜。

黑便士邮票流传至今已有140多年，但现在的标价并不很高。一是因为印量大，二是因为存世多。那时英国人没有使用信封的习惯，通常是在信上贴邮票，背面蜡封后邮寄。有些信件被保存了起来，于是信上的邮票也就跟着保留了下来。

历史上的今天

1856年,奥地利心理学家弗洛伊德诞辰。

1997年 5月7日 "中国光明工程"开始实施

1997年5月7日，国家确定的"中国光明工程"进入实施阶段。

"中国光明工程"将通过开发利用风能、太阳能等新能源，以新的发电方式为那些远离电网的无电地区提供能量，为改变当地贫困落后的面貌提供条件。这一计划是我国政府为响应1996年在津巴布韦召开的"世界太阳能高峰会议"上提出的在全球无电地区推行"光明工程"的倡议而制定的。

我国风能、太阳能资源丰富，同时通过自主开发和引进技术，我国已能提供多种配套风能发电设备，这为实施"中国光明工程"奠定了技术基础。"中国光明工程"目标是到2010年利用风力发电为我国有风无电地区的2300万人口供电。

历史上的今天

　　1861年，印度诗人罗宾德拉纳特·泰戈尔诞辰；1945年，德国宣布无条件投降；1973年，华盛顿邮报揭露水门事件。

德国签署无条件投降书

1945年

5月8日

　　1945年4月27日，苏联红军打进柏林市中心。这时希特勒已决定自杀，日期定于5月5日，因为这一天是拿破仑离世的日子。4月29日下午，意大利法西斯独裁者墨索里尼被曝尸在米兰广场的消息传到了希特勒居住的地下室，希特勒知晓末日已至。4月30日，当苏联红军把胜利的红旗插到了帝国国会大厦的屋顶上后，当天下午，希特勒选择了开枪自杀。

　　5月7日，德国宣布无条件投降。5月8日深夜12时，在柏林近郊卡尔斯霍尔特正式举行了德国无条件投降仪式，德国代表在苏、美、英、法四国代表面前签署投降书。投降书第一条宣布："我们，这些代表德国最高统帅部的签字者，同意德国一切陆、海、空军及目前仍在德国控制下的一切部队，向红军最高统帅部，同时向盟国远征军最高统帅部无条件投降。"第二次世界大战欧洲战场以德国的投降宣告结束。此后，5月8日成了"欧洲战胜法西斯日"。

历史上的今天

　　1895年，中日甲午战争期间，在俄国、德国、法国干涉下，日本将辽东半岛还给清朝政府，但索取了3000万两白银赔款；1903年，法国艺术大师保罗·高更（1848-1903）逝世；1952年，珠穆朗玛峰正名。

1950年

5月9日

欧洲一体化

二战后的欧洲刚刚经过战火的洗礼，百废待兴。1947年，美国国务卿马歇尔声称美国将竭尽全力帮助恢复世界经济正常秩序，并提出了旨在重建欧洲经济的马歇尔计划，为欧洲的战后恢复提供经济援助。在军事方面，欧洲10个主要国家和美国、加拿大于1949年共同缔结了北大西洋公约，成立了北大西洋公约组织，以加强北大西洋地区的集体防务，同以苏联为首的东欧集团抗衡。

同时，欧洲人自己也在积极地推进欧洲一体化。1950年5月9日，法国提出了"舒曼计划"，建议把法国和德意志联邦共和国的煤炭和钢铁生产置于一个共同机构管理之下。一些西欧国家（包括意大利、比利时、荷兰、卢森堡）也附和进来，1951年4月18日，他们同法国和德意志联邦共和国一起在巴黎共同签署了《建立欧洲煤钢共同体条约》，该条约也被称之为《巴黎条约》。1852年7月25日，条约正式生效。这个条约是西欧主权国家之间在一体化进程中签订的第一个具有约束力的立法文件。该条约中明确规定煤钢共同体以共同市场、共同目标和共同机构为基础，这"三个共同"实际上是后来的欧共体以及今天的欧盟所确立的长远发展目标的雏形。

历史上的今天

1915年，袁世凯接受日本政府最后通牒，接受耻辱的"二十一条"；1983年，我国加入《南极条约》；1994年，纳尔逊·曼德拉当选南非联邦历史上首位黑人总统。

国画大师张大千诞辰

1899年 5月10日

张大千是著名的国画大师，1899年5月10日，张大千出生于四川内江县一个书香门第的家庭。他原名正权，后改名爰，字季爰，号大千，别号大千居士。他幼时随母亲学画，青年时期师从曾熙、李瑞清，并曾东渡日本学习绘画和印染工艺。

张大千是20世纪中国画坛最具传奇色彩的国画大师，无论是绘画、书法、篆刻、诗词都无所不通。张大千的艺术生涯和绘画风格，经历了"师古"、"师自然"、"师心"的三阶段：40岁前"以古人为师"，40岁至60岁之间"以自然为师"，60岁后"以心为师"。他早年遍临古代大师名迹，从石涛、八大山人到徐渭、郭淳以至宋元诸家乃至敦煌壁画。60岁后在传统笔墨基础上，受西方现代绘画抽象表现主义的启发，独创泼彩画法，那种墨彩辉映的效果使他的绘画艺术在深厚的古典艺术底蕴中独具气息。张大千作品颇丰，有《长江万里图》、《庐山图》等。他50岁以后栖居海外，1983年4月2日，张大千逝世。

历史上的今天

1982年，中国著名经济学家马寅初(1882-1982)逝世；1988年，现代著名作家、历史文物研究家、京派小说代表人物沈从文(1902-1988)逝世。

世界上第一起 交通罚款出现

1901年 5月11日

　　1901年5月11日，美国汽车俱乐部成员在新泽西的莫里斯敦由于超速行驶而被罚款，这是世界上第一起交通罚款。当时，这些司机违反了在全国越野赛期间明文贴出的"每小时限速13千米"的规定。据见证人说，他们的车速竟达每小时48千米。当这些先生们停下车在当地的一家旅店进餐时，莫里斯敦警方对他们处以10美元的罚款，3名司机及1名机械师当场缴付了罚金。

历史上的今天

1905年，音乐家冼星海诞辰；1998年，十五国集团首脑会议举行。

"5·12"汶川大地震发生

2008年
5月12日

2008年5月12日14时28分，四川汶川县发生里氏8.0级地震，震中位于北纬31.986°，东经103.364°，深度33千米，最大烈度11度。汶川地震是中国自建国以来破坏性最强、波及范围最大一次地震，直接严重受灾地区达10万平方公里。据不完全统计，这次灾害截至2008年9月25日12时，已确认69277人遇难，374643人受伤，失踪17923人。为表达全国各族人民对四川汶川大地震遇难同胞的深切哀悼，国务院决定，2008年5月19日至21日为全国哀悼日。自2009年起，每年5月12日为全国防灾减灾日。

四川汶川特大地震发生后，国际社会向中国政府和人民表达了真诚同情和慰问，并提供了各种形式的支持和援助。

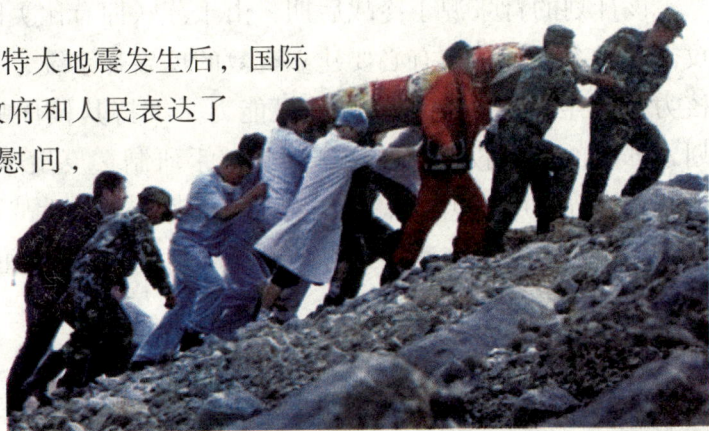

1820年，近代护理学和护理教育创始人弗洛伦斯·南丁格尔诞辰。

167

美国宣布"星球大战时代"结束

1993年5月13日，美国宣布"星球大战时代"结束，美国放弃在空间建立导弹防御系统计划。1985年1月4日，"星球大战"由美国政府立项开发，全称是：反弹道导弹防御系统的战略防御计划，它的核心内容是：以各种手段攻击敌方的外太空的外太空洲际战略导弹和航天器，以防止敌对国家对美国及其盟国发动的核打击。其技术手段包括在外太空和地面部署高能定向武器（如微波、激光、高能粒子束、电磁动能武器等）或常规打击武器，在敌方战略导弹来袭的各个阶段进行多层次的拦截。

该计划的背景源于冷战后期，由于苏联拥有比美国更强大的核攻击力量，美国认为有必要建立有效的反导弹系统，来保证其战略核力量的生存能力和可靠的威慑能力，维持其核优势。对待该计划，苏联的反应投入上千亿美元，着手研制"反星球大战"方法。然而20世纪90年代中期，美国有关方面称"星球大战"计划并未进行实际操作。这使该计划成为冷战中最大一个阴谋，也成为20世纪疯狂军备竞赛的最佳注解。

历史上的今天

1947年，孟良崮战役开始；1954年，官厅水库建成；1998年，十五国集团首脑会议呼吁加强南南合作。

华沙条约组织成立

　　为与当时西方国家已经成立的北大西洋公约组织相对抗，1955年5月14日，以苏联为首的欧洲8个社会主义国家在华沙举行会议，签署了《友好合作互助条约》，简称《华沙条约》，并成立了华沙条约组织，简称"华约"。

　　《条约》宣称：各缔约国致力于"国际和平与安全"，如果其中某个缔约国遭到武装进攻，其他各缔约国要以"一切方式"给予援助，包括使用武装部队，立即对遭受这种进攻的某一个国家或几个国家给予援助。华约的最高权力机构是政治协商委员会，由各成员国的党、政、军首脑组成，通常每隔两年举行一次会议，讨论有关的重大政治和军事问题，并作出相应决议。1991年，东欧事变发生后，华约解体。

历史上的今天

　　1973年，美国发射它的第一个空间站——天空实验室；1992年，杰出的、忠诚的无产阶级革命家、军事家，中国人民解放军的缔造者之一，长期担任党、国家和军队重要领导职务的卓越领导人聂荣臻（1899-1992）逝世。

中苏两国关系实现正常化

1989年 5月15日

1989年5月15日，苏联最高苏维埃主席团主席米哈伊尔·戈尔巴乔夫到达北京。

16日上午，中共中央军委主席邓小平和苏联最高苏维埃主席团主席、苏共中央总书记戈尔巴乔夫宣布，中苏两国关系实现正常化。

1988年秋天，随着牵制中苏关系正常化的"三大障碍"逐步得到消除，作为这一"正常化"标志的中苏高级会见自然就被双方摆到了议事日程上来。

中苏双方商定，两国外长先行互访，为中苏高级会见作准备。

1988年12月1日，钱其琛外长到达莫斯科，开始对苏联进行为期3天的正式访问。这是30多年来中国外交部长首次踏上苏联的领土。这次访问中苏两国外长着重就早日彻底解决柬埔寨问题交换了意见，并达成了一些共识。12月2日，戈尔巴乔夫在克里姆林宫会见了钱其琛外长。1989年2月2日至4日，苏联外长谢瓦尔德纳泽对中国进行了回访。中苏两国外长就早日彻底解决柬埔寨问题继续交换意见，又达成了一些新的共识。2月4日，邓小平在上海会见了谢瓦尔德纳泽外长。2月6日，双方发表了关于柬埔寨问题的声明，同时宣布戈尔巴乔夫将于1989年5月15日至18日正式访问中国。

历史上的今天

1904年，中国红十字会创立；1912年，京师大学堂改称北京大学；1998年，八国集团首脑会议在英国伯明翰举行。

抗日爱国将领
张自忠以身殉国

1940年
5月16日

张自忠是中国抗日战争时期牺牲在战场上的唯一一位集团军总司令。1940年5月16日，他在湖北宜城的抗日战场上以身殉国，年仅49岁。

张自忠，字荩忱，1891年出生在山东临清县，1914年投笔从戎，两年后，转到当时的冯玉祥西北军中任营长、团长。张自忠追随冯玉祥将军多年，深受冯玉祥爱国思想的影响。九一八事变后，西北军被改编，成立了第29军，当时，张自忠将军任第29军38师师长，承担长城防务。1933年日军进逼长城一线，张自忠率领部队在喜峰口狠狠打击了来犯的侵略者，立下赫赫战功。七七事变后，他以誓死报国之志，驰骋在抗日沙场，一战淝水，再战临沂，三战徐州，四战随枣，所向披靡。特别是临沂一战的胜利，奠定了台儿庄大捷的基础。此后，他晋升为第33集团军总司令兼第5战区右翼兵团总指挥，成为国民党的高级将领。

历史上的今天

1787年，德国物理学家欧姆诞辰；1804年，拿破仑一世宣布法国为帝国。

1749年 5月17日 牛痘接种创始人琴纳诞辰

1749年5月17日，爱德华·琴纳于英国出生。在琴纳青少年时期，天花这个可怕的瘟疫正在整个欧洲蔓延，而且还被勘探者、探险家和殖民者传播到了美洲。传染上这种病，轻者脸上或身上就会留下难看的疤痕。重者则会变成瞎子或疯子，甚至死亡。目睹这一切，琴纳13岁时就立下了将来当医生根治这种疾病的志愿。

琴纳20岁时，已经是一名能干的助理外科医生了。在医疗实践中，琴纳发现，牧场挤奶女工感染上牛痘后，就不会染上天花。这一发现给了琴纳巨大启发。经过20多年的探索、研究，1796年5月，天花的克星牛痘疫苗终于研制成功。

牛痘接种的成功，为免疫学开创了广阔的领域。1829年1月26日，伟大的医生琴纳逝世。

历史上的今天

1969年，第一个世界电信日；1973年，美参议院专门小组开始水门事件听证会；1997年，美科学家初步揭示生物钟作用机制之谜。

我国第一颗
远程运载火箭发射成功

1980年
5月18日

1980年5月18日，我国向太平洋预定海域发射第一颗远程运载火箭获得了圆满成功。

运载火箭是把卫星和宇宙飞船运送到预定轨道或把弹头投掷到预定目标的一种运载工具。按照射程的远近，运载火箭分为近程、中程和远程三种。我国这次发射的运载火箭属于远程火箭。这枚运载火箭在高空中顺利完成了火箭级间的分离、发动机关机和火箭头体分离等一系列程序，精确地沿着预定轨道飞完全程，最后在预定区域准确入海。这次远程运载火箭的成功发射，是继我国进行原子弹、氢弹、导弹核武器研究和发射人造卫星成功后，在尖端科学技术领域里取得的又一项重要成就。

历史上的今天

1872年，英国著名逻辑学家罗素诞辰；1990年，中国南京紫金山天文台命名"吴健雄星"。

173

古巴杰出的民族英雄
何塞·马蒂逝世

1895年
5月19日

1895年5月19日，古巴杰出的民族英雄，独立运动的领导人，卓越的思想家、诗人、文学家何塞·马蒂逝世，终年42岁。

1853年1月28日，马蒂出生在古巴的哈瓦那市。马蒂自幼立志为祖国的独立而奋斗。马蒂16岁时，便因一首爱国诗而被殖民当局投入了监狱。1871年，殖民当局将马蒂放逐在西班牙。他寄居马德里，刻苦攻读，1874年获得哲学、文学和法学博士学位。因为殖民当局不准他回古巴，他只能流亡国外。1878年，他被允许回国。1879年8月，古巴爆发两省的人民起义，马蒂在哈瓦那热烈响应，9月，殖民当局逮捕了他，他被再次放逐到西班牙。

马蒂为了战斗和生活，选择以新闻媒体为业，担任"美洲杂志"主编。1892年，他在纽约成立古巴革命党，指导国内革命斗争。1895年4月11日回国，与起义部队会合，投入战斗。5月19日，马蒂在战斗中不幸中弹牺牲。

"五二○"血案发生

1947年 5月20日

随着人民解放战争的胜利发展，国民党统治区爆发了空前严重的经济危机，从而激起了广大人民的不满，反对国民党统治的斗争日益高涨。

1947年5月20日，京沪苏杭地区16个专科以上学校的6000余名学生在南京举行"挽救教育危机联合请愿游行"，并向国民参政会请愿，遭到国民党宪兵、警察、特务的殴打，百余名学生被打伤，20多人被抓走。学生代表向卫戍司令部提出了四项要求，国民参政会出面调解，接受了学生的要求，撤退防线，让学生回校。同日，平津学生也分别举行"反饥饿、反内战"的游行活动，天津学生在示威中遭毒打，50余名学生被军警殴伤，造成震惊全国的"五二○"血案。

"五二○"血案发生后，中国共产党提出"反迫害"的口号，把运动推向新的阶段。上海、南京、天津等60多个城市的学生纷纷行动起来，举行罢课和上街游行示威。6月19日，各地学生代表在上海集会，成立了中国学生联合会。学生运动与工人、农民、市民的斗争结合在一起，形成了反对国民党反动统治的第二条战线，有力地配合了人民解放军的作战。

历史上的今天

1799年，法国作家巴尔扎克诞辰；1991年，安理会通过伊拉克赔偿科威特损失的决议。

我国第一所师范大学湖北师范学堂创立

1902年 5月21日

　　清末，湖广总督张之洞在湖北实施新政业绩卓著，其重教强国创办新学亦卓有成效，随着各类新式学堂的开办，师资问题日显突出。张之洞"查各国中小学教员咸取材于师范学堂，故认师范学堂为教师造端之地，关系至重。"于是，他陆续开办了一批师范学堂，其中，最早的便是位于武昌宾阳门南的湖北师范学堂，创办于1902年5月。

　　湖北师范学堂所设课程除普通中学堂所开设的诸门以外，另开设师范专业必修的教育学、教授法、学校管理法等。学制两到三年。为应付师资急需，又设速成科，一年毕业。在张之洞的倡导下，湖北各属纷纷办起新式中、小学堂。不久，张之洞发现由于合格师资力量不足，小学教育质量不高，于是令各府将所设中学堂一律暂改为初级师范学堂，或先办速成师范，或办师范讲习所。1904年，张之洞还创办了湖北敬节学堂，培养幼儿教师，创办湖北育婴学堂，培养婴儿保育员。

历史上的今天

　　1860年，发明了心电图描记器的荷兰病理学家威廉·爱因托芬诞辰；1982年，中国男子羽毛球队首获汤姆斯杯；1984年，世界上第一台光纤录像电话在法国开始试用。

首届电影"百花奖"颁奖仪式举行

1962年

5月22日

1962年5月22日，首届电影百花奖颁奖仪式在北京举行。百花奖全称为"大众电影百花奖"，创办于1962年，由当时中国发行量最大的电影刊物《大众电影》编辑部主办，各项奖均由读者（群众）投票评出，以得票最多者当选。自2005年起，金鸡奖与百花奖隔年评选一次，百花奖逢偶数年评选。1992年，中国电影家协会在原大众电影百花奖和中国电影金鸡奖颁奖活动的基础上，创办了中国金鸡百花电影节，电影节年年举办。

百花奖和金鸡奖一起通称为"中国电影双奖"。之所以用"百花"命名是为了体现"百花齐放、百家争鸣"的文艺方针。奖杯为铜质镀金花神，表示电影是文艺百花园中的一朵鲜花。百花奖只代表观众对电影的看法和评价，因此又被称为"群众奖"。

第一届百花奖获奖者有：最佳女演员祝希娟，最佳导演谢晋，最佳男演员、最佳配角陈强，最佳编剧夏衍、水华，最佳摄影吴印咸。

历史上的今天

1859年，英国著名小说家、福尔摩斯的创造者、堪称侦探悬疑小说鼻祖的柯南道尔诞辰；1885年，法国积极浪漫主义运动的领袖、世界著名作家维克多·雨果（1802-1885）逝世。

西藏和平解放

1951年 5月23日

1949年，为了使西藏人民获得解放，回到祖国大家庭里，并共同发展政治、经济、文化教育等事业，中央人民政府在命令人民解放军进军西藏之际，通知西藏地方政府派全权代表来北京举行谈判，订立和平解放西藏办法的协议。

中央人民政府全权代表和西藏地方政府全权代表经过谈判之后，对和平解放西藏取得了一致的意见。1951年5月23日，《中央人民政府与西藏地方政府关于和平解放西藏办法的协议》在北京正式签订。同年10月16日，人民解放军根据《协议》进驻拉萨。

西藏的和平解放，促进了全国各族人民的大团结，使西藏人民从此走上了团结、进步、发展的道路。西藏的和平解放，在西藏民族历史上和我国民族关系史上都具有重大意义。

历史上的今天

　　1906年，挪威戏剧家易卜生(1828—1906)逝世；1949年，德意志联邦共和国成立，定都柏林；1990年，首届世界杯乒乓球团体赛落幕。

世界第一份电报诞生

1844年

5月24日

1844年5月24日，是世界电信史上光辉的一页。这一天美国发明家莫尔斯在美国国会大厅里成功发出了世界第一份电报。从此，电报风靡全球。

莫尔斯原是一位画家，一次偶然的机会让他接触到了电磁学，并使他产生了一个想法：既然电流可以瞬间通过导线，那能不能用电流来传递信息呢？为此，他全身心地投入到了研制电报的工作中。他设计了一个又一个方案，绘制了一幅又一幅草图，进行了一次又一次试验，但得到的却是一次又一次失败。1836年，莫尔斯终于想到了一种新方法来发送信号，电流只要停止片刻，就会现出火花。有火花出现可以看成是一种符号，没有火花出现是另一种符号，没有火花的时间长度又是一种符号。这三种符号组合起来可代表字母和数字，就可以通过导线来传递文字了。就这样，著名的"莫尔斯电码"诞生了，而电报——这项工业社会的重要发明也就随之诞生了。

历史上的今天

2002年，俄罗斯总统普京与美国总统布什在莫斯科签署《俄美关于削减进攻性战略力量条约》和《俄美新战略关系联合宣言》。

埃及狮身人面像历时10年修复竣工

1998年5月25日

1998年5月25日，埃及总统穆巴拉克在开罗西郊主持盛大仪式，庆祝狮身人面像（又称"斯芬克斯"）历时10年的修复工程全面竣工。

与金字塔并称为西方古代"七大奇迹"之一的狮身人面像建于公元前2610年，坐落在开罗西南的吉萨大金字塔近旁，代表着古埃及的太阳神，相传是专门护卫古埃及哈夫拉金字塔和周围陵墓的。原来的狮身人面像头戴皇冠，上面雕刻着圣蛇库伯拉的浮雕，两耳侧有扇状的奈姆斯头巾下垂，下颏挂着长须，脖子上围着项圈，一对硕大无比的爪子更是生动形象。然而，由于日晒、风沙等自然因素的作用，石像的胸部、脖颈和左前腿遭到强烈侵蚀。虽然最早的修复工程可追溯到公元前1400年，但前六次工程中技术与用料的失误，使这个人类文明的瑰宝曾面临倒塌的危险。

历史上的今天

1942年，左权（1905-1942）将军在战斗中牺牲；1960年，中国登山队伍胜利登上海拔8848米的珠穆朗玛峰，这是人类历史上第一次从北坡登上世界第一高峰；1961年，美国首次载人宇宙飞船飞行成功；1997年，禁止化学武器组织在荷兰海牙正式成立。

美苏限制战略核武器条约签署

1964年初，美国向苏联提出就限制战略武器问题举行谈判。1969年10月25日，双方达成协议，于1969年11月17日在赫尔辛基会谈。

1972年5月26日，美苏两国首脑在莫斯科签署了《关于限制反弹道导弹系统条约》和《关于限制进攻性战略武器的某些措施的临时协定》和一系列补充协定书，统称为第一阶段限制战略核武器条约。

《条约》规定以各自首都为中心，半径150千米内，双方可以部署不超过100颗反弹道导弹及6部反弹道导弹雷达；在一个半径为150千米的洲防导弹基地附近，可部署不超过100颗反弹道导弹、2部大型反弹道导弹雷达和18部较小的雷达。条约为无限期有效。

历史上的今天

1952年，《波恩条约》签订；1967年，中国首次成功发射地对地中程导弹。

181

现代舞蹈先驱邓肯诞辰

1878年 5月27日

邓肯是舞蹈艺术的伟大革新者，是现代舞蹈的先驱。邓肯于1878年5月27日出生于美国旧金山。父亲是一位诗人，母亲是乐师。由于家境贫寒，邓肯很小就开始给附近的孩子们做舞蹈教师。她和姐姐一起，编创了各种优美的舞姿。她们用舞蹈来表现音乐的旋律、诗歌的意蕴和自然风韵。一次在伦敦的公园里，邓肯展示了她优美的舞姿。一位贵夫人发现了她那优美的舞姿，并把她介绍给上流社会，作私人表演。邓肯逐渐名声远扬，但生活仍旧窘迫。1902年，邓肯到了巴黎，她很快名扬整个巴黎。此后，她到过德国、奥地利、匈牙利，还到过希腊。

"最自由的身体蕴藏最高的智慧"，这是邓肯的艺术目标和准则。她从小就反对传统的芭蕾舞，认为芭蕾舞不是"真正的舞蹈"。邓肯的舞蹈在欧美红极一时，千千万万的观众为她倾倒。她因此而被誉为"一代舞后"和"现代舞之母"的称号。

1927年9月14日，邓肯逝世，时年仅49岁。

历史上的今天

1871年，巴黎公社失败；1907年，黄冈起义失败；1910年，世界病原细菌学的奠基人和开拓者、德国医学家科赫(1843-1910)去世；1942年，中国共产党早期领导人与创始人陈独秀(1879-1942)逝世；1983年，我国首批博士授予学位；1985年，《中英关于香港问题的联合声明》宣告生效。

中俄《瑷珲条约》签订

中俄《瑷珲条约》是沙皇俄国迫使清政府签订的中俄第一个不平等条约。

第一次鸦片战争后，中国开始沦为半殖民地半封建社会，沙俄认为侵吞中国领土的时机已到，便加紧了对我国东北和西北领土的掠夺。沙俄在强占我国黑龙江大片领土后，企图威逼清政府承认既成事实，但遭到清政府的拒绝。沙俄并未死心。1858年在英法联军攻陷大沽、威胁北京之际，沙俄趁机用武力逼迫清政府签订了不平等条约《瑷珲条约》。条约的签订，使黑龙江以北、外兴安岭以南60多万平方千米的中国领土被迫割让给沙俄。

历史上的今天

1919年，孙中山在上海发表《护法宣言》。

183

1953年5月29日

人类首次登上珠穆朗玛峰

1953年5月29日，新西兰登山运动员埃德蒙·希拉里以及他的尼泊尔向导坦新成为首次征服世界最高峰珠穆朗玛峰的人。在此之前，珠穆朗玛峰曾有9次留下了人类的足迹，但他们均未成功地征服峰顶。

1953年5月29日上午11点，他们两人终于到达了珠峰之顶。他们在顶峰仅停留了15分钟，其间，坦新在顶岭插上英国、尼泊尔、印度及联合国的国旗。希拉里则拍了一些有纪念意义的照片。

历史上的今天

1934年，美国放弃在古巴的权利；1981年，中华人民共和国名誉主席宋庆龄（1893-1981）逝世。

五卅惨案发生

1925年

5月30日

五卅惨案因为发生于5月30日而得名，也称五卅血案，是反帝爱国运动五卅运动的导火索。

1925年，在上海的帝国主义者提出了有损中国主权，打击中国民族工商业的"四提案"，引起了包括民族资产阶级在内的上海各阶层人士的强烈反对。中共中央根据运动发展形势，及时决定进一步动员群众开展反对帝国主义的政治斗争。5月30日，上海学生2000余人在租界内散发传单，发表演说，抗议日本纱厂资本家镇压工人大罢工，声援工人，并号召收回租界，结果抗议学生被英国巡捕逮捕100余人。下午万余群众聚集在英租界南京路老闸巡捕房门前，要求释放被捕学生，高呼"打倒帝国主义"等口号。不料英国巡捕竟开枪射击，当场死11人，被捕者、受伤者无数，6月1日，又枪毙3人，伤18人，制造了震惊中外的五卅惨案。帝国主义的暴行，点燃了中国人民郁积已久的对帝国主义侵略的仇恨怒火。从6月1日起，上海全市开始了声势浩大的反对帝国主义的总罢工、总罢课、总罢市。在中国共产党的领导和推动下，五卅运动迅速席卷全国。

五卅运动沉重打击了帝国主义，对中华民族的觉醒和国民革命运动的发展起了巨大的推动作用，大大提高了中国人民的觉悟，揭开了大革命高潮的序幕。

历史上的今天

1966年，美国第一颗在月球上软着陆的探测器从肯尼迪航天中心发射升空。

1931年 5月31日 我国第一辆国产汽车诞生

1931年5月31日，辽宁迫击炮厂在张学良将军的支持下，从美国引进技术，制成了我国国产第一辆汽车——民生牌75型2.5吨载货汽车。

该车载重量1.82吨，采用六缸水冷汽油发动机，65马力，前后轮距4.7米，最高车速为每小时40千米。在全车666种零件中，有464种是自制的，202种是进口的（主要是发动机、电器件、精密齿轮、轴承等），"国产化"率达70%。首辆民生牌汽车在国内引起很大反响。遗憾的是，九一八事变的爆发，使沈阳沦入日寇的铁蹄之下，工厂被日军侵占，即将完成的首批40辆汽车及零部件被日军全部拖走，刚刚萌芽的中国民族汽车制造工业就这样被扼杀了。

历史上的今天

1810年，美国著名诗人，代表作《草叶集》的作者沃尔特·惠特曼诞辰；1906年，罗瑞卿诞辰；1933年，《塘沽协定》签订；1960年，中蒙签订《友好互助条约》。

6月

历史上的今天

"光明天使"海伦·凯勒逝世

美国宇航员爱德华·怀特首次进行太空行走

朱建华三破世界跳高纪录

芬兰长跑奇才鲁米诞生

我国第一颗氢弹爆炸成功

国际奥林匹克委员会成立

人类基因组工作草图公布

美国决定开凿巴拿马运河

复旦公学创建

中国第一部彩色电影开拍

……

"光明天使"
海伦·凯勒逝世

1968年 6月1日

1968年6月1日，海伦·凯勒，这位生活在黑暗中却又给人类带来了光明的伟大女性告别了人世。

1880年6月27日，海伦·凯勒出生于亚拉巴马州北部一个小城镇。她在19个月的时候被猩红热夺去了视力和听力，突然而来的黑暗和寂寞，使她变得性格乖戾，脾气暴躁。7岁那一年，家庭教师安妮·莎莉文（Annie Sullivan）来到了她的身边，在此后半个世纪里，她用爱心和智慧引导海伦·凯勒走出了无尽的黑暗和孤寂，使海伦·凯勒克服了生理缺陷所造成的精神痛苦，学会了用手语和盲文与人沟通。1900年，海伦·凯勒进入哈佛大学学习，四年后她以优异的成绩毕业，并掌握英、法、德、拉丁、希腊5种文字，成为世界上第一个完成大学教育的聋盲人。此后海伦·凯勒走遍美国和世界各地，为盲人学校募集资金，把自己的一生献给了盲人福利和教育事业。海伦·凯勒一生共写了14部巨作，《假如给我三天光明》是海伦·凯勒的散文代表作，她以一个身残志坚的柔弱女子的视角，告诫身体健全的人们应珍惜生命，珍惜所拥有的一切。

英国著名诗人及小说家 托马斯·哈代诞辰

1840年

6月2日

1840年，英国伟大的现实主义作家和诗人托马斯·哈代诞生于英国南部的多塞特郡。哈代是横跨两个世纪的作家，早期和中期的创作以小说为主，继承和发扬了维多利亚时代的文学传统；晚年则以其出色的诗歌开拓了英国20世纪的文学。

他的第一部长篇小说《计出无奈》问世于1871年。成名作是他的第四部小说《远离尘嚣》。从此，他放弃建筑职业，致力于小说创作。主要作品有小说《德伯家的苔丝》、《无名的裘德》、《还乡》，《卡斯特桥市长》等，还有《韦塞克斯诗集》、《今昔诗集》、《时光的笑柄》、《早期与晚期抒情诗》等诗集。

哈代的作品反映了资本主义侵入英国农村城镇后所引起的社会经济、政治、道德、风俗等方面的深刻变化以及人民（尤其是妇女）的悲惨命运，揭露了资产阶级道德、法律和宗教的虚伪性。他的作品承上启下，既继承了英国批判现实主义的优秀传统，又为20世纪的英国文学开拓了道路。

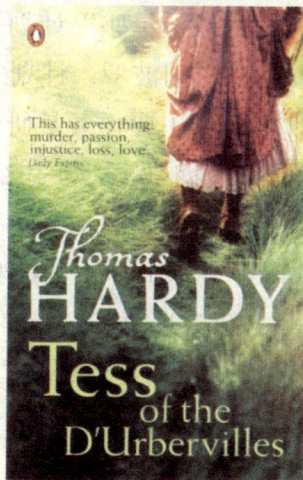

This has everything: murder, passion, injustice, loss, love
Daily Express

Thomas HARDY
Tess of the D'Urbervilles

历史上的今天

1942年，《中美抵抗侵略互助协定》在华盛顿签订，美国支持中国抗日；1966年，美国"探测一号"实现月球软着陆，开始传回月球表面照片；1998年，欧洲中央银行正式成立。

美国宇航员爱德华·怀特首次进行太空行走

1965年 6月3日

1965年6月3日，在苏联宇航员阿列克谢·列奥诺夫成为第一个太空行走者的3个月后，作为"双子星座"4号宇宙飞船的驾驶员，爱德华·怀特成为美国首位进行太空行走的宇航员（人类历史上第二次），并在太空中漂浮了创纪录的21分钟。

"双子星座"计划是美国的第二个载人航天计划。作为从"水星"到"阿波罗"计划之间过渡，美国于1961年至1966年实施了该计划。其主要任务是研究、发展载人登月的技术和训练航天员长时间飞行及舱外活动的能力。该计划历时5年，完成了10次环绕地球轨道载人飞行，取得了许多开创性的成就，也为"阿波罗"登月计划提供了极其宝贵的经验和科学技术成果。

1967年1月27日，停靠在肯尼迪航天中心的"阿波罗"1号宇宙飞船的指令舱突然发生大火，使爱德华·怀特与其他两名宇航员一起不幸遇难。

历史上的今天

1839年，林则徐虎门销烟；1896年，清政府同俄国签订《中俄密约》。从此，沙俄侵略势力进一步深入中国东北三省；1901年，张学良诞辰；1924年，奥地利作家弗朗兹·卡夫卡(1883-1924)逝世；1942年，日美中途岛战役爆发；1947年，英国政府制定的《印度独立方案》，又称《蒙巴顿方案》，印巴分治开始。

中国政府宣布裁军100万

1985年 6月4日

为了适应新时期国防建设的需要，1985年，中国政府宣布进行"百万大裁军"。这是中国的第8次大裁军。这次裁军使我国军队建设实现了由数量规模型向质量效能型、由人力密集型向科技密集型的转变。

十一届三中全会后，中共中央将全党的工作重点转移到了经济建设上来，这就需要争取一个相对和平的国际环境，需要转变国防建设、军队工作的指导思想。在这样的条件下，1985年5月23日至6月6日，中央军委召开扩大会议，确定了军队建设指导思想的战略转移，把军队工作从立足于打核战争的临战准备状态转入和平建设的轨道上来，把重点放在发展武器装备和提高人的素质上来。会上中央军委主席邓小平宣布：解放军减少员额100万。

此次裁军的重点是：精简机关、裁减部队、淘汰陈旧设备、加强部队合成、减少军官数量、改变军兵比例。到1987年，中国人民解放军的总员已由423.8万减少到了323.5万人。经过进一步裁减，到1990年全军员额减少到了319.9万人，总共裁军103.9万人。

历史上的今天

1844年，德国西里西亚纺织工人起义；1928年，皇姑屯事件发生，中国奉系军阀首领张作霖被炸死；1940年，英军和法军从敦刻尔克大撤退。

第三次中东战争爆发

巴勒斯坦解放组织成立并初具规模后，对以色列构成了威胁。削弱阿拉伯联盟的力量，消灭巴勒斯坦解放组织，成为以色列发动第三次中东战争的重要原因。

1967年6月5日早晨，以色列出动了全部空军，对埃及、叙利亚和约旦等阿拉伯国家发动了大规模的突然袭击。第三次中东战争爆发。

在6天的战争中，埃及、约旦、叙利亚三个阿拉伯国家遭受严重损失，伤亡和被俘达6万余人。通过这次战争，以色列占领了加沙地带和埃及的西奈半岛、约旦河西岸、耶路撒冷旧城和叙利亚的戈兰高地共6.5万平方千米的土地，战争中大量平民逃离家园，沦为难民。

历史上的今天

1910年，美国短篇小说大师欧·亨利(1862－1910)逝世；1947年，美国国务卿乔治·马歇尔在哈佛大学发表演讲，提出马歇尔计划。

二战期间
盟军在法国诺曼底登陆

1944年

6月6日

诺曼底登陆战役，是20世纪最大的登陆战役，也是战争史上最有影响的登陆战役之一。

1944年，美、英鉴于苏联战胜德国已成定局，始履行其1943年11月在德黑兰会议上作出的关于在欧洲开辟第二战场的承诺。根据历次登陆作战的经验教训，盟军选择了诺曼底。战役的目的是横渡英吉利海峡，在法国北部夺取战略性登陆场。为实施这一战役，美英盟军共集结了288万兵力，1.37万架飞机和9000多艘舰船。1944年6月5日夜，盟军3个空降师在距海岸10-15千米纵深处实施空降。6日晨，盟军开始在5个地段上强行登陆。至7月18日，盟军完成了诺曼底正面154千米，纵深35千米的登陆战。7月25日后，盟军转入大规模陆上作战。8月，巴黎光复。宣告诺曼底登陆战役结束。盟军的胜利使德国法西斯陷入腹背受敌的困境，从而改变了欧洲战场的态势。

1799年，俄国诗人、现实主义奠基人普希金诞辰；1961年，瑞士著名心理学家、精神分析学家，现代分析精神病学先驱者之一卡尔·古斯塔夫·荣格(1875-1961)在瑞士去世；1981年，被誉为"杂交水稻之父"的袁隆平荣获中国第一个特等发明奖；1982年，以色列对黎巴嫩发动全面入侵。

《孙子兵法》和《孙膑兵法》竹简出土

1974年6月7日，我国文物考古工作者在山东省临沂银雀山发掘西汉前期墓葬时，同时发现了著名的《孙子兵法》和已经失传了1000多年的《孙膑兵法》竹简4000多枚。

这批竹简的发现，证明现有《孙子兵法》源出孙武，完成于孙膑，是春秋末期到战国中期长期战争经验的总结，并不是一个人专著，使《孙子兵法》作者孙武是否实有其人等国内外长期存在的疑案得到解决。特别是失传已久的《孙膑兵法》的发现，为研究我国古代军事思想提供了重要的资料。

《孙子兵法》成书于春秋末期，是我国古代流传下来的最早、最完整、最著名的军事著作，也是中国古籍在世界影响最大、最为广泛的著作之一。其军事思想不但对中国历代军事家、政治家、思想家产生了非常深远的影响，在世界军事史上也具有重要的地位。

历史上的今天

1848年，法国印象派画家保罗·高更诞辰；1956年，举重运动员陈镜开成为中国第一次打破世界纪录的运动员。

德国作曲家舒曼诞辰

1810年
6月8日

　　罗伯特·舒曼（1810-1856）是德国著名作曲家、音乐评论家，是19世纪上半叶德国音乐史上最杰出的人物。舒曼从小喜爱音乐和文学，年轻时的梦想是成为一名钢琴家，后因手指受伤，遂致力于音乐创作与音乐评论。1834年，他创办了《新音乐杂志》，为反对当时陈腐、保守、庸俗的音乐风气，《新音乐杂志》刊发了大量评论文章，成为当时德国音乐生活中革新与进步艺术倾向的喉舌。

　　舒曼的代表作有：钢琴名曲《蝴蝶》、《狂欢节》、《交响练习曲》、《幻想曲集》等；最著名的歌曲集有《桃金娘》、《诗人之恋》、《妇人的爱情和生活》等，他还完成了4部交响曲及《a小调钢琴协奏曲》、《曼弗雷德序曲》等杰出作品。

历史上的今天

1967年，抗日名将蒋光鼐（1887-1967）逝世。

1934年
6月9日

"唐老鸭"首次亮相

1934年6月9日，迪斯尼塑造的"唐老鸭"在电影《聪明的小母鸡》中首次亮相。

唐老鸭（唐纳德/Donald Duck）是迪士尼最著名的卡通形象之一。他的定位非常独特。唐老鸭是个热心肠，但他又非常急躁，爱发脾气（当然他的运气也不怎么样）。他喜欢夸大事实，经常因为生活中的一些不如意的小事而抱怨。和米奇相比，他真是很不完美。可是，观众恰恰喜欢这样唐老鸭，因为这是一种人性的真实体现。唐老鸭这个性格鲜明、活灵活现的动画形象，给了几代人无限的欢乐。在某些国家，某个时期，唐老鸭的流行程度甚至强于米老鼠！

历史上的今天

1781年，近代蒸汽车奠基人斯蒂芬逊诞辰；1870年，英国作家狄更斯（1812-1870）去世；1881年，中国第一条自建铁路唐胥铁路铺轨；1885年，清政府与法国签订《中法新约》；1906年，陆定一诞辰；1969年，久经考验的无产阶级革命家、军事家，党和国家的卓越领导人，中国人民解放军的创建者之一贺龙（1896-1969）逝世；1991年，菲律宾皮纳图博火山喷发，此次爆发是20世纪所有火山喷发中规模和威力最大的一次。

朱建华三破世界跳高纪录

1984年 6月10日

1984年6月10日，在德意志联邦共和国举行的国际跳高比赛中，朱建华以2.39米的优异成绩第三次打破了他自己保持的男子跳高世界纪录。这是他在12个月内第三次打破世界纪录。

朱建华出生于1963年4月1日，上海市人。1973年开始在上海南市区业余体校进行跳高训练。1981年6月，在第4届亚洲田径锦标赛中跳过2.30米，被评为该届田径赛最佳男子运动员，这个成绩打破了倪志钦保持达11年之久的2.29米的亚洲男子跳高纪录，相当于当年世界第5名的水平。

1983年9月22日，在第5届全国体育运动会预赛中，朱建华以2.37米的成绩，首次打破世界纪录，事隔3个多月后的全国体育运动会决赛中，他又以2.38米的成绩再次打破世界纪录。

历史上的今天

1836年，法国物理学家安德烈·玛丽·安培（1775-1836）逝世；1907年，卢米埃尔兄弟发明三色照片制作工艺；1943年，共产国际正式宣告解散；1983年，中国无产阶级革命家、杰出的社会活动家、党和国家的优秀领导人廖承志（1908-1983）逝世。

"戊戌变法"开始

1898年
6月11日

"戊戌变法"是1898年发生在清政府统治时期的一次资产阶级改良主义政治运动。

1898年6月11日，光绪皇帝正式下令宣布变法，接受改良派的政治纲领。在维新派的影响和直接参与下，从6月11日到9月21日，光绪皇帝一连下了几十道实行新政的命令，对封建的政治、经济和文化教育等各个方面进行改革。变法看似轰轰烈烈，但实际上各种顽固守旧的势力已结成了一个反维新的联合阵线。而维新派除了拥有一个毫无实权的皇帝外，丝毫没有与顽固派较量的实际力量。9月21日，慈禧太后发动政变，囚禁光绪皇帝，废除了一切新政法令。大批维新人士惨遭杀害，维新派重要人物康有为、梁启超逃亡国外。这次资产阶级改良主义的政治改革只进行了103天，就在旧势力的反攻下失败了，于是又称"百日维新"。

历史上的今天

1963年，沈钧儒(1875-1963)逝世。

世界上第一种导弹 "V-1"正式投入实战

1944年
6月12日

1944年6月12日，在盟军诺曼底登陆后不久，由德国研制的、世界上第一种导弹"V-1"（Vergeltungswaffe 1，德文Vergeltung，意为报复手段)正式投入实战，目标英国伦敦。

这种设计简单价格低廉的武器是所有巡航导弹的前身。它由一具间歇喷射引擎推动。其航线由罗盘控制，飞行距离则由一个小推进器调节。飞临目标上空时，"V-1"导弹改以急速俯冲的方式飞行，在触地前瞬间爆炸。自6月12日开始攻击之后，德军向英国发射了1万枚左右的"V-1"导弹。其中只有约1/4的地面发射导弹飞到了它们的目标区域。对于空中发射的导弹来说，这个比例大概是1/10。虽然"V-1"导弹这种先进的飞行器给英国造成了很大的损失，但它却没能扭转德国陆军的命运。8月，德军在前线溃败，开始了匆忙撤退。

历史上的今天

1978年，现代著名作家、诗人、戏剧家、历史学家、古文字学家、考古学家、社会活动家郭沫若(1892-1978)逝世；1985年，著名数学家、教育家、社会活动家，中科院院士华罗庚(1910-1985)逝世。

芬兰长跑奇才鲁米诞生

1897年 6月13日

帕沃·鲁米是"长跑之乡"芬兰最杰出的运动员。矗立于赫尔辛基奥林匹克运动场前的鲁米全身塑像、陈列于芬兰博物馆内的美国人赠给鲁米的"金鞋",无不召示着这位传奇式人物取得的辉煌成就。

1897年6月13日,帕沃·鲁米出生于芬兰的一个不大知名的地方洛伊马。作为一名长跑运动员,他17岁开始参加比赛,直到37岁才退役,运动生涯长达20年之久。而在这长长的运动生涯中,他曾先后29次打破世界纪录,其中有22次受到国际田联的正式承认,这在田径史上屈指可数。1973年10月2日,帕沃·鲁米去世。1982年初,芬兰天文学家把他们发现的世界第1941颗太阳系行星命名为"帕沃·鲁米",以此来纪念这位杰出的芬兰人。

历史上的今天

> 1905年,陈云诞辰;1958年,中国第一座实验性原子反应堆开始正式运转。

美国女作家斯托夫人诞辰

1811年
6月14日

比切·斯托夫人是小说《汤姆叔叔的小屋》的作者，是美国废奴作家中最杰出的一位。1811年6月14日，斯托夫人出生于美国康涅狄格州的一个牧师家庭。

斯托夫人青年时随全家迁往距南部蓄奴州只隔一河之遥的辛辛那提，在那里她亲眼看到了南部奴隶主残酷压迫下的黑奴的悲惨生活。在废奴运动达到高潮时，斯托夫人开始在当时一家废奴主义刊物上连载《汤姆叔叔的小屋》。作品通过主人公老黑奴汤姆和其他奴隶的命运声讨了南部蓄奴制的罪恶。小说广泛地描写了美国南部各处奴隶主对黑奴的残酷压迫、剥削，刻画了形形色色的奴隶主的嘴脸。小说也描写了不同类型的奴隶形象，既有屈从于命运的汤姆，也有挺身向奴隶制作斗争的乔治。小说一问世，在国内外引起极大的重视和反响。林肯总统在接见斯托夫人时，曾称她为"写了一部书，酿成一场大战的小妇人"。斯托夫人于1896年去世。

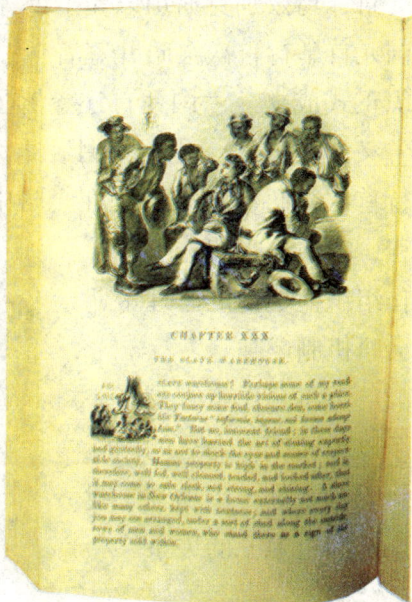

2001年
6月15日

上海合作组织成立

上海合作组织简称上合组织，前身是"上海五国"会晤机制。1996年4月26日，中国、俄罗斯、哈萨克斯坦、吉尔吉斯斯坦、塔吉克斯坦五国元首在上海举行首次会晤。从此，"上海五国"会晤机制正式建立。该机制发源于20世纪80年代末开始的、以中国为一方和以俄、哈、吉、塔四国为另一方的关于加强边境地区信任和裁军的谈判进程的组织。

2001年6月14日至15日，"上海五国"元首在上海举行第六次会晤，乌兹别克斯坦以完全平等的身份加入"上海五国"。次日，六国元首举行首次会晤并签署《上海合作组织成立宣言》，上海合作组织正式成立。六国元首还签署了《打击恐怖主义、分裂主义和极端主义上海公约》。同年9月，上海合作组织成员国总理在阿拉木图举行首次会晤。六国总理在会晤中一致决定启动六国多边经贸合作进程，宣布正式建立上海合作组织框架内的总理定期会晤机制。

上海合作组织是第一个以中国城市命名的国际组织，它进一步加强了我国与周边国家的关系。

历史上的今天

1948年，《人民日报》创刊；1964年，七十七国集团成立。

亨利·福特成立汽车公司

1903年

6月16日

对于上一辈的美国人，福特汽车公司就是亨利·福特及T型车。

1903年6月16日，福特汽车公司在底特律的一间由货车车间改造而成的窄小工厂中宣告成立。其全部财产仅有一些工具、器材、机器、计划书、技术说明、蓝图、专利、几个模型和12位投资者筹措的2.8万美元。1908年，福特汽车公司生产出世界上第一辆属于普通百姓的汽车——T型车，从此，福特汽车率先进入了普通收入阶层。福特使汽车从少数有钱人享用的奢侈手工制品变为大多数人使用的交通工具，世界汽车工业革命也就此开始。

1913年，福特汽车公司开发出了世界上第一条流水线，这一创举彻底改变了汽车工业的外貌。福特因此被尊为"为世界装上轮子"的人。

经过百年的兴衰与荣辱，战争与和平，凭着创始人亨利·福特"制造人人都买得起的汽车"的梦想和卓越远见，如今福特汽车公司已从一个人、一间小修理厂和一辆四轮汽车，发展成为一个促进全球经济繁荣的美国汽车巨头。

历史上的今天

1888年，《国际歌》诞生；1932年，洛桑会议决定停止德国赔款；1963年，世界上第一位女宇航员、苏联宇航员捷列什科娃单独驾驶宇宙飞船"东方六号"进入太空；1977年，德国火箭专家冯·布劳恩(1912-1977)逝世。他先后为著名的V-1、V-2火箭的诞生、美国第一颗卫星的发射成功，以及第一艘载人飞船"阿波罗11号"登上月球作出突出贡献，而美国航天飞机的研制也是自他手中发端。

我国第一颗氢弹爆炸成功

1967年 6月17日

1967年6月17日，我国第一颗氢弹爆炸成功。

从1960年底，我国在大力研制原子弹的同时，已开始摸索氢弹原理。1965年10月，氢弹理论得以突破。1966年12月28日，氢弹原理试验成功；1967年6月17日上午7时，空军徐克江机组驾驶着72号轰炸机，进行氢弹空投试验。沉寂的西部地区戈壁大漠上空，瞬时升起了一颗极为壮观的、烈焰翻滚的巨大蘑菇状烟云。

从第一颗原子弹试验到氢弹原理突破，美国用了七年多，苏联和英国都用了四年半，而中国仅用了两年零两个月。这是一个让全世界为之震惊的速度！

历史上的今天

1900年，八国联军攻陷天津大沽炮台；1972年，"水门事件"使尼克松成为美国历史上第一个被迫辞职的总统；1984年，中国首次参加国际伤残人运动会。

第一次"柏林危机"爆发

1948年
6月18日

柏林危机共有三次，第一次发生于1948年6月18日，又称"柏林封锁"，是冷战开始后最早发生的一次危机。1949年5月11日，苏联宣布解除封锁，危机缓和。

二战德国投降后，苏、美、英、法四国分区占领德国和柏林。1948年，美、英、法等六国召开伦敦外长会议，提出"伦敦建议"：法占区与英美双占区协调经济政策，共同管制对外贸易，并共同制宪，美国提出建立联邦德国，将联邦德国纳入欧洲复兴计划。随着德国重建的开始，美英与苏联在德国的问题上矛盾加深。6月18日，美英法三国宣布由6月21日起西占区实行单方的新货币改革，即发行B记德国马克。这一行动成为第一次柏林危机爆发的导火线。

苏联得知后，提出抗议并于6月22日，在苏占区也实行了货币改革，发行新的D记德国马克，并于6月24日，全面切断西占区与柏林的水陆交通及货运，只保留从联邦德国前往柏林的三条走廊通道。

柏林封锁的主要目的就是对美、英、法三国施加压力，迫使其取消货币改革，甚至阻止联邦德国政府的建立。然而苏联并没有达到自己的目的，柏林正式分裂为东西两个部分。柏林的分裂成为德国分裂的前导。

历史上的今天

1858年，中美《天津条约》签订；1935年，瞿秋白（1899–1935）就义；1936年，苏联作家高尔基（1868–1936）逝世。

1925年

6月19日

"省港大罢工"开始

省港大罢工是广州、香港工人为抗议帝国主义制造五卅惨案，支援上海人民的反帝斗争而举行的政治大罢工。这次大罢工是中华全国总工会直接领导下的，有组织、有准备的罢工。1925年6月19日，香港海员、电车工人、印刷工人首先罢工，接着其他行业的工人也纷纷响应，罢工人数达25万人。6月23日，广州示威群众遭到英、法军队枪击和炮轰，"沙基惨案"发生。惨案发生后，全国人民极为愤怒，积极支援省港大罢工。省港大罢工，不仅在政治上更在经济上沉重地打击了英帝国主义，这对巩固广东革命根据地和准备北伐战争，起了巨大作用。在全国人民的声援和支持下，省港大罢工坚持到1926年10月才结束，历时一年零四个月，是世界工运史上时间最长的一次大罢工。

历史上的今天

1975年，首次世界妇女大会在墨西哥召开；1978年，加菲猫漫画推出。

陕西历史博物馆
正式对公众开放

1991年
6月20日

　　1991年6月20日，被誉为"华夏珍宝库"和"中华文明的瑰丽殿堂"的陕西历史博物馆落成并正式对公众开放。

　　西安自古帝王都，历史上先后有周、秦、汉、唐等13个封建王朝在此建都，地上地下文物非常丰富。形成了陕西独特的历史文化风貌。1973年，周恩来总理来陕西视察时，有感于陕西丰富的文物资源和已有博物馆小而简陋的状况，提出应在陕西建一座新博物馆的指示。1983年，陕西省历史博物馆筹建，1991年6月20日落成正式对公众开放。

　　陕西历史博物馆建成后，集中珍藏了陕西地区出土的37万余件珍贵文物（其绝大多数藏品是前陕西省博物馆移交的），馆藏文物上起远古人类初始阶段使用的简单石器，下至1840年前社会生活中的各类器物，时间跨度长达100多万年，以数量多、种类全、品位高、价值广而著称。

　　馆内比较典型的藏品有以下八大类：青铜器，藏品时代上起商周，下止秦汉。种类有礼器、乐器、兵器、车马器、生活用品和生

产工具。其中最为典型的属商周青铜器，许多器物（如多友鼎、师献鼎等）上铸有史料价值很高的铭文。造型较为典型的有先周凤柱受、西周牛尊、战国鸟盖部壶和汉彩绘雁鱼灯等；唐代墓葬壁画，是1952年至1989年先后从陕西关中地区25座唐墓里揭取的。墓主均系唐代三品以上的皇亲国戚和朝廷重臣。是反映唐代社会的重要形象资料；历代陶俑，藏品时代包括秦、汉、北朝、隋、唐和宋、元、明、清。质地有陶、彩绘陶、釉陶和三彩；历代陶瓷器，有史前仰韶文化彩陶、西周原始青瓷、汉代釉陶、唐三彩、古玻璃、琉璃、唐秘色瓷和宋青瓷等。器物种类包括生活用品、文具和殉葬明器等；历代建材，藏品时代上起两周秦汉，下至唐宋明清。器物种类有陶制的瓦、瓦当、砖、昭尾、水道和石刻建材，以及金属建筑构件等；汉唐铜镜；金银玉器，其中西周玉制礼器、春秋秦公大墓出土的金啄木鸟、西汉皇后玉婆、攀金银竹节铜熏炉和1970年西安何家村唐代窖藏出土的塞金兽首玛瑙杯、八棱乐位金杯、鎏金舞马衔杯纹银壶、赤金走龙等，均属举世罕见的精品；历代货币，有西周贝币、战国刀币、秦半两、西汉金、王五株、王莽时期的各种货币、唐金银币以及稀有的古代外币。除上述八大类外，还有字画、版本、经卷、织物以及近现代文物等。

幼儿园创始人
福禄培尔逝世

被称为"幼儿教育之父"的德国学前教育家、教育理论家里德里奇·福禄培尔生于德国。1836年，福禄培尔在家乡附近的勃兰根堡开办了一所学龄前儿童教育机构，命名为"幼儿园"。他把儿童成长看做是个整体的发展过程，认为儿童的发展是多方面的，所以教育内容也应该是多方面的。他把儿童的发展分为三个时期：婴儿期、童年期、少年期。婴儿期教育的主要任务是照料儿童，发展他们的外部器官。儿童期的主要任务是进一步发展外部器官和发展语言，还要重视儿童的游戏、艺术教育和在大自然中的活动。少年期是学校教育时期，主要是向少年传授知识，锤炼他们的意志，以使他们形成良好的道德品质。

福禄培尔不仅是学前教育理论家，也是一位实践家，他把自己的一生都献给了幼儿教育事业。他建立的学前教育理论，对许多国家的学前教育理论和实践都有重大影响。他在晚年积极参加进步教师集会，呼吁政府拨款促进幼儿园的发展。他的有关幼儿教育的著作，经友人帮忙得以出版，名为《幼儿园教育学》。

历史上的今天

1870年，天津教案发生；1905年，法国存在主义哲学家、剧作家、小说家和评论家让·保尔·萨特诞辰；1942年，隆美尔的非洲军团攻克托布鲁克；1992年，伟大的无产阶级革命家、政治家、军事家，坚定的马克思主义者，党和国家的卓越领导人李先念(1909-1992)逝世。

敦煌莫高窟藏经洞被发现

1900年
6月22日

1900年6月22日，举世闻名的中国甘肃敦煌莫高窟藏经洞被发现。道士王圆箓在清理积沙时，无意中发现了藏经洞，并挖出了公元4世纪至11世纪的佛教经卷、文书、刺绣、绢画、法器等文物5万余件。这一发现为研究中国及中亚古代历史、地理、宗教、经济、政治、民族、语言、文学、艺术、科技提供了数量极其巨大、内容极为丰富的珍贵资料。但由于清政府的腐败无能，后经英、法、日、美、俄等国探险家的盗窃掠夺，藏经洞绝大部分文物不幸流散到世界各地，仅剩下少部分留存于国内，造成中国文化史上的空前浩劫。

历史上的今天

1941年，列宁格勒保卫战爆发；1967年，李立三(1899-1967)逝世；1988年，作家萧军(1907-1988)逝世。

国际奥林匹克委员会成立

1894年
6月23日

1894年6月23日，国际奥林匹克委员会（简称国际奥委会）在巴黎成立。为了纪念这一具有历史意义的日子，国际奥委会于1948年将每年的6月23日定为国际奥林匹克日。

国际奥委会是领导奥林匹克运动和决定有关奥林匹克运动问题的最高管理机构。1914年，第一次世界大战爆发，为了避免战火的洗劫，1915年4月10日，国际奥委会总部迁至瑞士洛桑。

国际奥委会宗旨是鼓励组织和发展体育运动和体育竞赛；在奥林匹克思想指导下，鼓励和领导体育运动，从而促进和加强各国运动员之间的友谊；保证按期举办奥运会。国际奥委会对每四年举办一次的奥运会拥有一切权力。从1924年又开始单独举行冬季奥运会，也是每四年举办一次。国际奥委会还有一个重要任务，就是选定每届奥运会的主办城市。

历史上的今天

1946年，南京"下关惨案"发生。

1882年
6月24日

中国经济学家、教育家、人口学家马寅初诞辰

马寅初（1882-1982）是我国当代著名的经济学家、教育家，早年留学美国，在哥伦比亚大学获经济学博士学位，1915年回国。马寅初教授毕生从事经济学的教学与研究工作，为国家经济建设和经济科学、人口科学学科建设作出了卓越的贡献。

1957年7月15日，马寅初在《人民日报》发表的《新人口论》中指出，人口多、资源少是中国一个很严重的矛盾。他说："人口固然是一个极大的资源，但也是一个极大的负担。"要保住这个大资源，去掉这个大负担，办法是提高人口质量，控制人口数量。他建议国家实行计划生育政策，结果受到错误批判。事实证明，马寅初的观点是正确的。

历史上的今天

1911年，电影首次进入我国民间放映。

世界上第一个
彩色电视节目开始播映

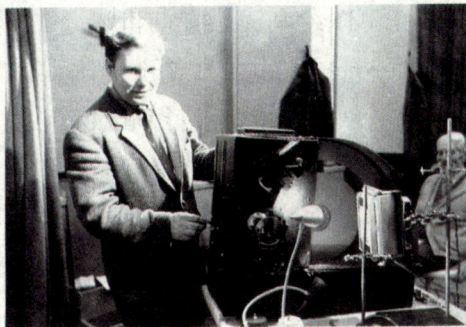

1951年

6月25日

1951年6月25日晚，世界上第一部彩色电视节目播出。这个长达4小时的节目由美国CBS播放，纽约、巴尔的摩、费城、波士顿和华盛顿的居民都可看到。

说起电视，不得不提它的发明者——英国人约翰·洛吉·贝尔德（J. L. Baird，1888－1946）。1906年，18岁的贝尔德着手电视的研究。1924年，贝尔德运用机械扫描方式把一朵"十字花"发射到3米远的屏幕上，虽然图像忽隐忽现、十分不稳定，但是，它却是世界上第一套电视发射机和接收器。1925年10月2日，贝尔德的实验有了突破，他将木偶比尔的图像发射到了屏幕上，图像十分逼真，眼睛、嘴巴都清晰可见。这是第一架有实用意义的机械黑白电视机。1926年1月26日，贝尔德研制的电视第一次公开播送，世人将这一天作为电视诞生的日子。1928年，贝尔德研制出彩色立体电视机，成功地把图像传送到大西洋彼岸，成为卫星电视的前奏。1946年，贝尔德突患肺炎不幸去世。为了感谢他的发明，人们称他为"电视之父"。

历史上的今天

1950年，朝鲜战争全面爆发；1998年，英国不列颠图书馆新馆正式开放。

2000年

6月26日

人类基因组工作草图公布

2000年6月26日，人类基因组工作草图绘制完毕并向世界公布。

人类基因组计划（human genome project，HGP）是由美国科学家于1985年率先提出的，1990年，被誉为"生命登月计划"的人类基因组计划启动，美国、英国、法国、德国、日本和我国科学家共同参与了这一预算达30亿美元的人类基因组计划。按照这个计划的设想，到2005年，要把人体内约10万个基因的密码全部解开，同时绘制出人类基因的谱图。

1999年9月，我国加入这一研究计划，负责测定人类基因组全部序列的1%，也就是3号染色体上的3000万个碱基对，我国因此成为参与这一研究计划的唯一发展中国家。截至2007年，人类基因组计划被认为是成功"完成"。人类基因组研究的目的不只是为了读出全部的DNA序列，更重要的是读懂每个基因的功能，每个基因与某种疾病的种种关系，真正对生命进行系统地科学解码，从此达到从根本上了解认识生命的起源、种间、个体间的差异的原因，疾病产生的机制以及长寿、衰老等困扰着人类的最基本的生命现象目的。

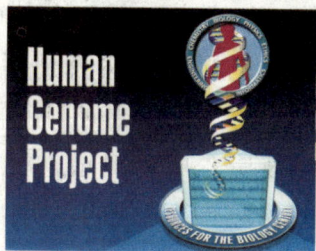

Human Genome Project

历史上的今天

1858年，中英《天津条约》签订；1936年，世界第一架可正常操纵的直升机在德国首次试飞成功；1945年，50国代表在旧金山签署《联合国宪章》；1987年，"国际禁毒日"确定。

中法《天津条约》签订

1858年
6月27日

《天津条约》签订后烟台山成功第一个开埠通商口岸

1856年，为扩大在华权益，英国借口"亚罗号事件"发动了第二次鸦片战争。法国则借广西西林"马神甫事件"派出远征军，与英国共同对中国进行武装侵略。1858年5月，英法联军攻占了大沽口，逼近天津，扬言进攻北京。5月29日，清政府被迫派桂良、花沙纳为全权代表赴天津谈判。6月26日，中英《天津条约》签订；6月27日，中法《天津条约》正式签订。

中法《天津条约》是清政府在法国侵略者的威逼下签订的又一个不平等条约。中法《天津条约》的签订，是法国对中国主权的进一步破坏。通过这个条约，中国被迫开放新口岸，允许内江通航通商，使法国殖民者得以进一步侵入中国进行掠夺，给中国社会政治、经济带来了严重的影响，加速了中国的半殖民地化。

历史上的今天

1895年，傅作义将军诞辰；1935年，中日《秦土协定》签署。

1902年 6月28日 美国决定开凿巴拿马运河

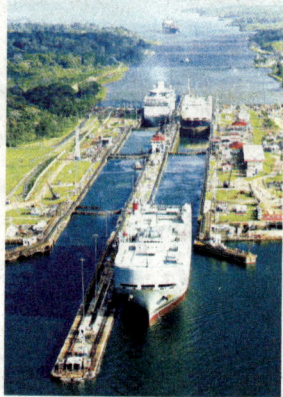

1902年6月28日，美国国会通过了参议员斯普纳的议案，决定开凿巴拿马运河。

巴拿马运河是世界上最具有战略意义的两条人工水道之一（另一条为苏伊士运河），巴拿马运河的通行，改变了由美国东海岸到西海岸之间要绕道好望角的局面，缩短航程约15000千米。由北美洲的一侧海岸至另一侧的南美洲港口也可节省航程多达6500千米。航行于欧洲与东亚或澳大利亚之间的船只经由该运河也可减少航程3700千米。

下令开凿巴拿马运河的是美国第26任总统西奥多·罗斯福，这是他任内的主要功绩，他也因此被美国人雕入拉施莫尔山（即"总统山"）。

自1914年通航至1979年，巴拿马运河一直由美国独自掌控。不过，1979年运河的控制权转交给巴拿马运河委员会（由美国和巴拿马共和国共同组成的一个联合机构），并于1999年12月31日正午将全部控制权交给巴拿马。

巴拿马运河见证了一个国家被侵占的历史。

历史上的今天

1840年，第一次鸦片战争爆发；1861年，清政府与俄国签订《中俄勘分东界约记》；1914年，萨拉热窝暗杀事件发生，成为第一次世界大战的导火索；1919年，《凡尔赛和约》在巴黎签订，中国代表没有在条约上签字。

复旦公学创建

1905年 6月29日

　　复旦公学是复旦大学的前身，是第一所由中国人通过民间集资自主创办的高等学校。

　　1903年3月1日，由近代教育家马相伯捐献大部分家产而建立的教会学校震旦学院开学。1905年3月7日，上海震旦学院140余名学生全体退学，反对法人干预教育，"废英文，重法文，教育各权皆掌之西教习"。震旦学院校董马相伯支持学生的正义行为，宣布出资创办复旦公学。此举得到严复、熊季联、袁希涛等人及原震旦学院部分爱国师生的共同响应。6月29日他们在《时报》刊登广告，宣告震旦学院解散，更名为"复旦公学"。"复旦"二字由马相伯选定，选自《尚书大传·虞夏传》中《卿云歌》"日月光华，旦复旦兮"的名句，意在自强不息。1905年9月13日，复旦公学在上海吴淞正式开学。

　　1917年，复旦公学改名为私立复旦大学。1937年，抗日战争爆发后，学校迁至重庆北碚，并于1941年改为"国立复旦大学"。1946年，学校迁回上海江湾原址。2000年，上海医科大学与复旦大学合并，成立新的复旦大学。

历史上的今天

　　1900年，诺贝尔基金会成立；1920年，中国加入国际联盟；1995年，"亚特兰提斯"号实现了航天飞机与"和平"号空间站的首次对接。

217

中国第一部彩色电影开拍

1948年6月30日，中国第一部彩色电影《生死恨》开拍，此片由费穆导演，梅兰芳主演，李生伟摄影。

《生死恨》是一出严肃的悲剧。剧本是梅兰芳根据刘如山从明代传奇《易鞋记》改编的京剧剧本重新加以整理的。它讲述了北宋末年金兵入侵中原，书生程鹏举和少女韩玉娘被金兵俘虏为奴，并被强配为夫妻。婚后，玉娘鼓励程鹏举逃回故土，投军抗敌，并把自己的一只鞋给程鹏举为信物。玉娘在丈夫逃走后历尽磨难，流落尼姑庵，辗转重返故土。程鹏举以鞋为线索，终于找到了玉娘，但玉娘已病入膏肓，在团圆之日含恨而死。

丰富的电影实践，使梅兰芳成为戏曲艺术家中最懂电影的人，为了适应电影需要，他和费穆对舞台剧本重新加工，使剧情更为集中。一部《生死恨》凝聚了两位艺术家对民族戏曲和民族电影文化的追求与探索。

历史上的今天

1905年，爱因斯坦发表《论动体的电动力学》阐述狭义相对论。

7月

历史上的今天

中英两国政府香港政权交接仪式隆重举行

第一届友好运动会开幕

七七事变发生　日本开始全面侵华

基辛格秘密访华

刘翔以12秒88破110米栏世界纪录

北京申奥成功

中国第一汽车制造厂奠基

世界第一颗原子弹爆炸成功

人类实现登月梦想

世界第一个试管婴儿在英国出生

……

中英两国政府香港政权交接仪式隆重举行

1997年
7月1日

1997年7月1日零点，中华人民共和国国旗和香港特别行政区区旗在香港升起，经历了百年沧桑的香港回到祖国的怀抱，中国政府开始对香港恢复行使主权。

1997年6月30日午夜至7月1日凌晨，香港会议展览中心新翼灯火辉煌，举世瞩目的中英两国政府香港政权交接仪式在这里的五楼大会堂隆重举行。

23时42分，交接仪式正式开始。

在仪仗队行举枪礼之后，英国查尔斯王子讲话。他说，这一重要而特殊的仪式标志着香港在150多年英国统治之后，交还给中华人民共和国。

历 史 上 的 今 天

（三）

LISHISHANGDE

JINTIAN

李 铁 等／编著

吉林人民出版社

中美《望厦条约》签订

1844年

7月3日

1844年7月3日，美国专使顾盛与两广总督耆英在澳门附近望厦村签订中美《望厦条约》。这是美国与中国签订的第一个不平等条约。

中英《南京条约》签订后，美国决定趁火打劫，1844年2月，美国专使顾盛抵达澳门，用战争恫吓和外交讹诈手段胁迫清政府于7月3日正式签订了《中美五口通商章程》和《海关税则》，因签约地在澳门望厦村，所以又称《望厦条约》。

《望厦条约》共34款，并附有海关税则。它是比中英《南京条约》更细致更完备的不平等条约。通过此约，美国不仅获得了英国在《南京条约》及其附约中所攫取的一切特权，而且在许多方面危害中国更厉：美国就此获取了侵害中国主权的领事裁判权；协定关税，进一步剥夺了中国的关税自主权；美国兵船可以任意到中国港口"巡查贸易"。停泊在中国的美国商船，清朝无从统辖，侵犯中国的领海权；规定了12年后可以"修约"的条款。此外，条约还同样规定了片面最惠国待遇。

223

我国历史上最后一次科举考试

1904年 7月4日

科举考试是隋唐到清代的封建王朝分科考选文武官吏及后备人员的制度。由于采用分科取士的办法，所以叫做科举。科举制从隋代开始实行，到清光绪二十七年（1904年）举行最后一科进士考试为止，经历了1300多年。

隋朝统一全国后，为了加强中央集权，于是把选拔官吏的权力收归中央，用科举制代替九品中正制。唐王朝承袭了隋朝的人才选拔制度，并做了进一步的完善。由此，科举制度逐渐完备起来。武则天载初元年二月，女皇亲自"策问贡人于洛成殿"，殿试出现。武则天长安二年，女皇设了武举，从此有了武状元。

明清两代文科只设进士一科，考八股文。明清时期，有三种人是不能够参加科举考试的。第一，戏子本人及子女，不能参加童子试。第二，祖上有作奸犯科的人不能够参加童子试。第三，父亲是主考官的，其子女不能在同年，父亲监考的本地参加童子试。

科举制发展到清代，日趋没落，弊端也越来越多。1904年7月4日，清廷举行了最后一科进士考试，次年宣布废科举。

历史上的今天

1776年，美国独立日；1896年，中国现代著名作家茅盾诞辰；1934年，世界著名科学家居里夫人（1867－1934）逝世；1997年，美国"火星探路者"宇宙飞船成功地登陆火星并释放了一个机器人在火星探察。

第一届友好运动会开幕

1986年

7月5日

由于众所周知的政治原因，1980年的莫斯科奥运会和1984年的洛杉矶奥运会分别受到了美国和苏联等许多国家的抵制。1985年，出于加深相互理解和促进世界和平的愿望，美国时代华纳公司副总裁特德·特纳创议举办一个由美国、苏联及其他国家优秀运动员参加的无政治压力的国际大型综合性运动会——友好运动会，以便使已有10年未在国际大型综合性运动会上碰面的美国和苏联运动员有同场竞技的机会。该运动会原定每四年举办一届，轮流在美国和苏联举办。

经过长达11个月的精心准备，1986年7月5日至20日，第一届友好运动会在苏联首都莫斯科举行。来自79个国家和地区的3000多名运动员参加了为期16天的比赛。

此后，友好运动会举办了4届。2001年12月，友好运动会的创办者——美国时代华纳公司宣布，由于财政原因，该公司决定停办友好运动会。在"冷战"时期曾为世界体育作出过重大贡献的友好运动会，在举办了5届后走到了尽头。

朱德委员长逝世

1976年7月6日下午3时1分，中国共产党中央委员会委员、中央政治局委员、中央政治局常务委员会委员、全国人民代表大会常务委员会委员长朱德，在北京逝世，享年90岁。

朱德同志是伟大的马克思主义者，伟大的无产阶级革命家、政治家、军事家，中国人民解放军缔造者之一，中华人民共和国的开国元勋。

朱德，1886年12月1日生，四川省仪陇人。1909年，考进云南陆军讲武堂，同年加入孙中山领导的革命团体中国同盟会。1911年在云南参加辛亥革命武装起义。1915年参加反对袁世凯复辟帝制的战争。1917年任滇军旅长，在四川参加护法战争。在十月革命和五四运动的影响下，他逐渐接受马克思主义。1922年为寻求革命真理赴德国，在柏林结识周恩来和其他共产党人，加入中国共产党。1925年，因积极从事革命活动两次被德国政府逮捕，并被驱逐出境。随即到苏联学习军事。1926年夏回国，受中共中央派遣到四川军队中进行革命工作。1927年初到江西南昌创办国民革命军第三军军官教育团，培训革命军事干部。

1927年国共合作破裂后，参加领导八一南昌起义，任起义军第九军军长。起义军南下广东后，主力在潮汕地区被国民党军队击败，他率领余部转至湖南南部，发动农民起义，建立苏维埃政权。1928年4月率部上井冈山，同毛泽东领导的部队会合，成立工农革命军（不久改称红军）第四军，任军长。1929年和毛泽东率部向江西南部和福建西部进军，为建立中央革命根据地奠定了基础。1930

年8月任中国工农红军第一方面军总司令、中国工农红军总司令。1931年中华苏维埃共和国临时中央政府成立，任中央革命军事委员会主席。他先后同毛泽东、周恩来一起指挥红军战胜了国民党军队对中央革命根据地的四次"围剿"。

1934年1月在中共六届五中全会上当选为中央政治局委员。同年10月参加长征。1935年1月在遵义会议上，支持毛泽东的正确主张。长征途中他同红四方面军领导人张国焘分裂共产党和红军的活动进行了坚决的斗争。1937年抗日战争爆发后，任国民革命军第八路军总指挥（不久改称国民革命军第十八集团军总司令），率领八路军开赴华北前线对日作战，取得平型关等战斗的胜利，尔后指挥八路军各部深入敌后，开展游击战争，建立和扩大了许多抗日根据地。1940年返回延安，提出"南泥湾政策"，开展大生产运动，以打破国民党对陕甘宁边区的经济封锁。1945年，朱德在党的七大上作《论解放区战场》的军事报告，从理论和实践的结合上系统总结了党领导抗日战争的基本经验。在中共七届一中全会上，当选为中央政治局委员，中央书记处书记。

在解放战争中，任中国人民解放军总司令。1947年他亲临华北前线指导作战，取得了清风店、石家庄战役的胜利。在战略决战阶段，他协助毛泽东组织和指挥了辽沈、淮海、平津三大战役。1949年4月和毛泽东一起发布中国人民解放军渡长江南下的作战命令，最后推翻了蒋介石在中国大陆的统治。

中华人民共和国成立后，历任中央人民政府副主席、中华人民共和国副主席、全国人大常务委员会委员长。在党内曾当选为中央政治局常务委员，并任中共中央副主席、中央军委副主席等职。1955年被授予中华人民共和国元帅军衔。他是以毛泽东为核心的中共第一代领导集体的重要成员。他为发展中国的社会主义经济建设、国防建设、为加强党的纪律检查工作进行了不懈努力，作了大量卓有成效的工作。

主要著作收入《朱德选集》。

七七事变发生
日本开始全面侵华

1937年
7月7日

为实现鲸吞中国的野心，1937年7月7日夜，驻华日军悍然发动了蓄意制造的七七事变（又称卢沟桥事变），日本开始全面侵华，抗日战争爆发。

7月7日夜，卢沟桥的日本驻军在未通知中国地方当局的情况下，径自在中国驻军阵地附近举行所谓军事演习，并诡称有一名日军士兵失踪，要求进入北平西南的宛平县城（今卢沟桥镇）搜查，中国守军拒绝了这一无理的要求。日军竟开始向卢沟桥守军发起进攻，中国守军第29军奋起还击，进行了顽强的抵抗。

七七事变发生后，日军的进攻遭到了中国军队的抵抗。日军见暂时很难占领卢沟桥，便进行"现地谈判"，一方面想借谈判压中国方面就范，另一方面争取调兵遣将的时间。

7月9日、11日、19日，日本华北驻屯军与冀察当局三次达成的协议，都被卢沟桥时断时续的炮声证明是一纸空文。"现地谈判"使日军赢得了增兵华北的时间，但它却蒙蔽了冀察当局的视线，迟缓了第29军布兵应战的准备，给平津抗战带来极大危害。到7月25日，陆续集结平津的日军已达6万人以上。日本华北驻屯军的作战部署基本完成之后，开始大举入侵华北。

卢沟桥位于北平城西南的永定河上，既是南下的要冲，又是北京的咽喉要道，自古以来就是重要的交通枢纽和货物集散地。日军只要能占据卢沟桥，平汉交通为之堵塞，而将使北平进退失据，华北就可以拿下。

历史上的今天

1981年，由美国人史蒂夫·普塔塞克驾驶的世界上第一架用太阳能发动的飞机"太阳挑战者"号成功飞越英吉利海峡；1995年，法国第一颗照相侦察卫星"太阳神—1A"由阿里亚娜火箭发射升空，从而使法国成为继美国、俄罗斯和以色列之后，第四个拥有侦察卫星的国家。

229

"美国石油大王"洛克菲勒诞辰

　　洛克菲勒家族是美国最富有的家族之一。1839年7月8日，这个财富家族的创始人，被誉为"美国石油大王"的美孚石油公司的创始人——约翰·D·洛克菲勒（John D. Rockefeller）出生。他是人类有史以来第一位亿万富翁，他创建的标准石油公司（美孚石油公司）曾是19世纪末全球第一企业，巅峰时期曾垄断全美80%的炼油工业和90%的油管生意。1937年5月23日，98岁的洛克菲勒——这位至今仍被认为是美国历史上最富有的人去世了，他的子孙继承了他的事业。百年过去了，这个家族仍未现颓废和没落的迹象。漫步纽约街头，随处可以体味洛克菲勒家族过往的辉煌：摩根大通银行、洛克菲勒中心、洛克菲勒基金会、现代艺术博物馆、在生命科学领域位居世界前列的洛克菲勒大学。甚至青霉素能够普及成为一种通用药品，也同洛克菲勒及其家族大有渊源。

基辛格秘密访华

1971年7月9日，基辛格以美国国家安全事务助理身份秘密访华，叩开了中美两国关系的大门，为尼克松访华拉开了序幕。

1970年10月，美国总统尼克松要求即将访华的巴基斯坦总统叶海亚转告中国政府，美国准备改善两国之间的关系。1971年4月27日，中国通过巴基斯坦渠道正式送交美国一份照会。照会说："中国政府重申它愿意在北京公开接待美国总统的一位特使（例如基辛格先生），或者美国国务卿，甚或美国总统本人，以便直接进行会晤和讨论。"尼克松获悉后极为高兴，提议由基辛格秘密访华，为访华作准备工作。7月9日，基辛格在访问巴基斯坦期间，秘密登上了直飞北京的飞机，当天12点15分抵达北京。7月9日至11日，周恩来总理同基辛格进行了会谈。7月11日中午，基辛格一行离开了北京。随后，中美双方同时发表公告宣布，美国总统尼克松应邀将于1972年5月以前的适当时候访问中国。消息一出，震惊世界。

历史上的今天

1847年，我国岭南武术界一代宗师黄飞鸿诞辰；1905年，我国第一部影片《定军山》开始拍摄，主演谭鑫培；1986年，中国首次赴北极考察。

231

盟军在西西里岛登陆

1943年 7月10日

西西里岛是地中海最大的岛屿，是意大利南部的重要屏障。第二次世界大战期间，盟军为保证地中海海运安全并最终战胜意大利，于1943年7月至8月间在西西里岛进行了大规模的登陆战役，并成功夺取西西里岛。

盟军地中海战区总司令艾森豪威尔将军担任战役总指挥。为保证西西里岛登陆战的胜利，盟军在战役前发出盟军将在撒丁岛和希腊登陆的诱导信息，致使希特勒下令分散了西西里岛上的德军兵力。

1943年7月9日深夜，盟军以空降登陆打响了西西里岛登陆战役，10日凌晨，在恶劣天气的掩护下，在西西里岛强行登陆。面对盟军的突然袭击，德意军队猝不及防，海岸防线很快被摧毁。8月17日，西西里岛登陆战役以盟军获胜宣告结束。

战役的胜利为盟军打开了直接进攻意大利的大门，也加深了墨索里尼政权所面临的危机，为最终迫使意大利投降创造了条件。

历史上的今天

1856年，世界知名的发明家、物理学家、机械工程师、电机工程师、无线电发明者尼古拉·特斯拉诞辰。

世界50亿人口日

1987年

7月11日

1987年7月11日，前南斯拉夫的一个婴儿降生，被联合国象征性地认定为是地球上第50亿个人，并宣布地球人口突破50亿大关。联合国人口活动基金会（UNEPA）倡议将这一天定为"世界50亿人口日"。1990年，联合国决定将每年的7月11日定为"世界人口日"，以唤起人们对人口问题的关注。

根据联合国开发计划署理事会第36届会议建议，为引起世界各国政府和人民对人口问题的重视，联合国人口基金要求各国政府、民间团体在此期间开展"世界人口日"活动。此后，每年7月11日世界各国都要开展宣传活动。

1999年10月12日，世界人口达60亿，联合国确定这一天为"世界60亿人口日"。

历史上的今天

1992年，伟大的无产阶级革命家、政治家、著名社会活动家、坚定的马克思主义者，党和国家的卓越领导人，中国妇女运动的先驱邓颖超（1904-1992）逝世；2009年，我国著名哲学家、宗教学家、历史学家任继愈（1916-2009）因病逝世；2009年，我国著名的古文字学家、历史学家、翻译家、佛学家、作家季羡林（1911-2009）因病逝世。

刘翔以12秒88破110米栏世界纪录

刘翔
我们的骄傲

2006年7月12日，刘翔以12秒88的成绩获瑞士洛桑田径超级大奖赛金牌，并打破沉睡13年之久由英国名将科林·杰克逊创造的12秒91的世界纪录。这是亚洲男子110米栏的选手迄今为止第一次打破世界纪录。

1983年7月13日，刘翔出生于上海，1998年刘翔开始转向跨栏训练。2004年雅典奥运会上，刘翔以12秒91的成绩平了保持11年之久的世界纪录，成为中国田径项目上的第一个男子奥运冠军。2006年9月9日，在德国斯图加特举行的国际田联田径大奖赛总决赛，男子110米栏决赛中，刘翔以12秒93夺得冠军并打破赛会纪录，中国选手第一次夺得国际田联总决赛冠军。2007年8月31日，在日本大阪的第11届世界田径锦标赛男子110米栏决赛上，刘翔以12秒95获得冠军，成为集奥运会冠军、世锦赛冠军和世界纪录保持者于一身的男子110米栏大满贯得主。

历史上的今天

　　1854年，美国发明家、企业家、柯达照相机与底片的发明者乔治·伊士曼诞辰。

北京申奥成功

2001年

7月13日

2001年7月13日北京时间22时，万众瞩目的2008年奥运会举办城市终于在莫斯科国际奥委会第112次全会中揭晓。中国北京在五个申办城市中脱颖而出，夺得2008年奥运会举办权。

中国国务院副总理李岚清在投票前各申奥代表团作陈述报告时，再次重申中国政府坚定支持北京申办2008年奥运会的立场。他说，中国政府将信守在北京陈述报告中所作的所有承诺，并将尽一切努力帮助北京实现其承诺。北京在首轮投票中获得了44票，多伦多、伊斯坦布尔、巴黎和大阪各得20、17、15和6票。大阪第一轮被淘汰。

在第二轮投票中，北京获得了56票，多伦多为22票，巴黎为18票，伊斯坦布尔为9票。北京以过半数优势赢得了奥运会主办权。

当天共有118名国际奥委会委员参加了投票。首轮14名申办城市委员和萨马兰奇不参加投票，这样实际上有104名委员投票，有效票为102张。第二轮有106名委员实际参加投票，有效票为105张。

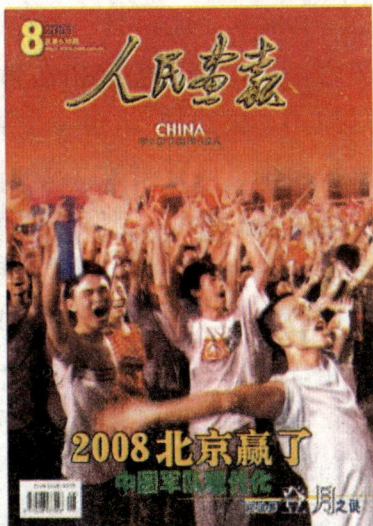

历史上的今天

1930年，第一届世界杯足球赛在乌拉圭举行；1956年，我国第一批解放牌汽车在长春第一汽车厂试制成功。

235

流线型设计先驱
雷蒙德·洛伊去世

1986年
7月14日

　　1986年7月14日，流线型设计先驱、美国工业设计的重要奠基人之一——雷蒙德·洛伊在摩纳哥去世。洛伊生长在法国，1919年移居纽约。雷蒙德·洛伊一生从事工业产品设计、包装设计和平面设计。简练、典雅美观以及通过产品的形状设计巧妙地表达实用功能等都是他的设计原则。20世纪30年代，他开始设计火车头、轮船、汽车、飞机等交通工具，并引入了流线型特征，从而发动了重要的设计运动——流线型运动。雷蒙德·洛伊的设计极具高度专业化和商业化，使他的设计公司成为20世纪全球最大的设计公司。直至今日，他设计的可口可乐瓶，壳牌石油的黄色扇贝标志及许多其他包装和标识都在普遍使用。

　　（流线型起源于空气动力学的实验，流线型是前圆后尖，表面光滑，略像水滴的形状。具有这种形状的物体在流体中运动时所受到的阻力最小，所以汽车、火车、飞机、潜水艇等的外形常设计成流线型。）

历史上的今天

　　1889年，在恩格斯指导下，国际社会主义者代表大会在巴黎召开，第二国际宣告成立，并决议每年5月1日为国际劳动节。

中国第一汽车制造厂奠基

1953年

7月15日

1953年7月15日，由苏联援建的中国第一个大型汽车制造厂——中国第一汽车制造厂在吉林省长春市举行了隆重的奠基典礼。毛主席亲自为一汽奠基题词"第一汽车制造厂奠基纪念"。1956年，一汽建成。它的建成投产，揭开了中国汽车制造工业的第一页。

1956年7月13日，从第一汽车制造厂总装线上，依次驶下第一批12辆由毛主席命名的"解放牌"载重汽车。中国从此结束了不能生产汽车的历史。50年来，长春第一汽车制造厂经过不断建设发展，已发生了巨大变化，由单一品种生产发展到多品种生产，它不仅为国家生产了大批汽车，而且为中国汽车工业的发展积累了宝贵的经验和培养了大批人才。

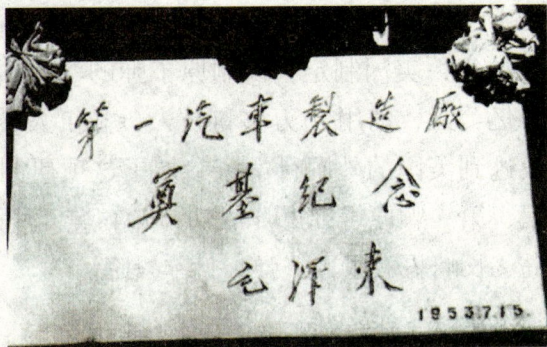

历史上的今天

1904年，俄国作家契诃夫(1860－1904)逝世；1968年，电影艺术家蔡楚生(1909－1968)逝世。

世界第一颗原子弹爆炸成功

1945年
7月16日

　　1945年7月16日，世界上第一颗原子弹在美国新墨西哥州的阿拉默多尔空军基地的沙漠地区爆炸成功。这标志着人类掌握核裂变与核聚变的巨大能量的时代到来了。

　　1939年初，德国物理学家奥托·哈恩和弗里茨·施特拉斯曼利用中子分裂铀原子获得成功。不久，第二次世界大战爆发。二战期间，为防止德国抢先造出原子弹，一些为逃避德国法西斯迫害而移居美国的科学家推举世界著名的物理学家爱因斯坦写信给美国总统罗斯福，建议研制利用核裂变释放能量以制造原子武器。这一建议被罗斯福总统采纳，1941年12月，珍珠港事件发生，促使了美国扩大规模、加速研制原子弹。1942年，美国制定了研制原子弹的"曼哈顿计划"。该计划投资20多亿美元，动用10万多科技人员和工人，一批著名的美国科学家以及逃到美国的外国科学家参加了这项研制工作。1945年7月16日凌晨，第一颗原子弹爆炸成功。1945年8月6日和9日，美国向日本广岛、长崎投放了原子弹，日本投降。

历史上的今天

　　1990年，我国"长征二号"捆绑式运载火箭发射成功；1994年，彗星、木星相撞。

斯大林格勒战役打响

1942年
7月17日

　　斯大林格勒战役，又称斯大林格勒保卫战，是第二次世界大战的转折点，也是人类历史上最为惨烈和规模最大的战役之一。参战双方为苏联和以纳粹德国为首，由意大利、罗马尼亚等国组成的轴心国部队。斯大林格勒战役从1942年7月17日开始至1943年2月2日结束，历时6个多月。

　　1942年5月，德军横扫苏联西南地区，7月，德国法西斯先后动用150多万兵力，企图攻占斯大林格勒，切断伏尔加河并控制高加索地区，然后北攻莫斯科。7月17日，苏德双方在斯大林格勒接近地展开了激烈的交战，会战正式开始。9月，德军攻入市区与苏军展开了激烈的巷战，至11月初，德军终于缓慢地推进到了伏尔加河岸，并占领了整座城市的80%地区，将留守的苏联军队分割成两个狭长的口袋状，但德军始终未能完全占领斯大林格勒。11月19日苏军反攻，12月即完成对敌包围。而在此期间，德军的空运补给越来越少，食物和弹药出现匮乏。1943年1月10日凌晨，苏军开始炮轰陷入包围中的德军。在炮兵的掩护下，苏军的坦克和步兵发起冲锋，德军全线溃退。2月2日，被围困在斯大林格勒城北的德军残部宣布投降。至此，斯大林格勒战役结束。

　　轴心国在战役中损失了其在东线战场的1/4兵力，从此一蹶不振。

历史上的今天

　　1900年，沙俄血洗江东六十四屯；1909年，霍元甲创办精武体操会；1935年，聂耳（1912-1935）逝世；1945年，波茨坦会议召开。

239

南非黑人领袖曼德拉出生

1918年 7月18日

  1918年7月18日，纳尔逊·曼德拉出生于南非特兰斯凯一个部落酋长家庭。曼德拉自幼性格刚强，崇敬民族英雄。他是家中长子而被指定为酋长继承人。但他表示："决不愿以酋长身份统治一个受压迫的部族"，而要"以一个战士的名义投身于民族解放事业"。1944年，他放弃继承其父的酋长身份，参加南非非洲人国民大会。为反对南非种族隔离，曼德拉在狱中度过27年，备受迫害和折磨，但始终未改变反对种族主义、建立一个平等、自由的新南非的坚强信念。

  1990年2月11日，南非当局在国内外强大舆论压力下，被迫宣布无条件释放曼德拉。1993年，曼德拉和时任南非总统德克勒克同获诺贝尔和平奖。1994年4月，非国大在南非首次不分种族的大选中获胜，曼德拉于同年5月成为南非第一位黑人总统。1999年6月卸任后，曼德拉仍然在为世界和平和人类尊严而不懈努力，他大力兴办学校，为南非防治艾滋病投入了大量精力。

历史上的今天

  1853年，创立电子论的荷兰理论物理学家洛伦兹诞辰；1899年，居里夫妇发现"钋"。

普法战争爆发

1870年

7月19日

　　普法战争是普鲁士王国为了统一德国并与法国争夺欧洲大陆霸权而爆发的战争。1870年7月19日，战争由法国率先发动。

　　1870年9月1日至2日，普法两军于色当进行决定性的大战，即色当会战。9月2日，拿破仑三世率法军投降。9月4日，资产阶级于法国国内发动政变，推翻第二帝国，宣布以特罗胥将军为首的国防政府成立。

　　战争初期，德意志人民为实现民族统一而战，但战争后期，普鲁士将战争由自卫战争转化为侵略战争，9月19日，普军包围巴黎，巴黎人民奋起反抗，10月底，被围梅斯的巴赞元帅率17万法军投降，1871年1月，巴黎陷落，威廉一世在凡尔塞宫加冕为德国皇帝。5月10日，德、法正式签定停战和约《法兰克福和约》，宣布了战争正式结束。《法兰克福和约》内容极其苛刻：规定法国割让阿尔萨斯和洛林给德国，并赔款50亿法郎，这为战争的再次爆发埋下了隐患。

241

1987年 7月20日

联合国安理会通过598号决议

　　联合国安全理事会(简称安理会)经过半年的努力，于1987年7月20日全体一致通过了要求伊朗、伊拉克立即停火的决议，即598号决议。

　　决议通过后，两伊相继作出反应。7月23日，伊拉克宣布接受联合国安理会的598号决议。伊朗对决议既未表示接受，也未加以反对。伊朗副外长同联合国秘书长进行了两轮会谈，还同除美、法以外的13个安理会成员国进行了会晤，表示早日结束战争也是伊朗的目标。但伊朗坚持，只有宣布战争是伊拉克发起的，伊朗才愿意接受这一决议。

　　1988年7月18日，伊朗正式声明伊朗接受安理会关于要求两伊停火的598号决议。在联合国秘书长佩雷斯·德奎利亚尔及其助手的多次奔走后，两伊同意从8月20日起全面停战。战争结束时，两国的分界线恢复到了战前的情况。

历史上的今天

1937年，无线电通讯奠基人马可尼(1874—1937)在罗马逝世。

人类实现登月梦想

1969年

7月21日

1969年7月16日，巨大的"土星5号"火箭载着"阿波罗11号"飞船从美国肯尼迪角发射场点火升空，开始了人类首次登月的太空征程。

20世纪60年代以来，美国在人造地球卫星和载人太空技术方面一直落在苏联后面，因而美国制订了人类登月的"阿波罗计划"，加紧了从事人类登月方面的研究与实验。为了阿波罗计划的早日实现，美国方面动员了40多万人、约2万家公司和研究机构、120多所大学参加。整个计划用电子计算机辅助管理，成为美国继研制原子弹的曼哈顿计划之后又一个高度综合性的大工程计划。在1961年至1969年的8年当中，美国先后发射了"徘徊者"系列探测器9个、"勘测者"系列探测器7个，还发射了5个月球轨道环行器，以研究人类究竟能不能在月球安全着陆以及在何时何处着陆为宜。1965年至1966年，为了解决人类在空间环境中能否长期生活、在失重条件下能否工作、在宇宙空间能否自由活动等一系列问题，美国还实验了

243

25次载人宇宙飞行的水星计划和2次不载人、10次载人飞行的双子星座计划，从而为阿波罗飞行提供了宝贵的经验和资料数据。

"阿波罗11号"飞船由指挥舱、服务舱和登月舱三部分组成。7月21日3时51分，登月舱在两名宇航员尼尔·奥尔登·阿姆斯特朗（Neil Alden Armstrong）和巴兹·奥尔德林（Buzz Aldrin）的操纵下，在月球实现软着陆。另一名宇航员迈克尔·科林斯（Michael Collins）则留在指挥舱内，继续沿着环月轨道飞行。阿姆斯特朗爬出登月舱的气闸式舱门后，从5米高的进出口缓慢地走下9级扶梯。4时7分，他的左脚先放到月球表面，静寂的月球尘土上第一次印上了人类的脚印。阿姆斯特朗和奥尔德林在月球上停留了21小时18分钟，除安装大量测试装置外，还采集了月球岩石和土壤样品，然后驾驶登月舱上升级返回环月轨道与母船会合对接，飞向地球。

7月24日，"阿波罗11号"飞船指挥舱在太平洋夏威夷西南海面安全降落，圆满完成了人类第一次载人登月飞行。此后，美国又相继6次发射"阿波罗"号飞船，其中5次成功，共有12名宇航员登上月球。

（阿波罗是古代希腊神话传说中的一个掌管诗歌和音乐的太阳神，传说他是月神的同胞姐弟，曾用金箭杀死巨蟒，替母亲报仇雪恨。）

"现代遗传学之父" 孟德尔诞辰

1822年

7月22日

　　1822年7月22日，孟德尔（1822-1884）出生于原奥地利西里西亚（现属捷克）的一个贫苦农民家庭，他的父亲擅长于园艺技术，在父亲的熏陶和影响之下，孟德尔自幼就爱好园艺。因家境贫寒，他曾被迫中途辍学，后在维也纳大学系统学习了四个学期的课程。

　　1856年，孟德尔开始了长达8年的豌豆杂交试验。经过不懈努力，1865年,他终于发表了《植物杂交试验》的论文，提出了遗传单位是遗传因子（现代遗传学称为基因）的论点，并揭示出遗传学的两个基本规律——分离规律和自由组合规律。这两个重要规律的发现和提出，为遗传学的诞生和发展奠定了坚实的基础，这也正是孟德尔名垂后世的重大科研成果。

　　但令人遗憾的是，由于他那不同于前人的创造性见解，在长达35年的时间里，没有引起生物界同行们的注意。直到1900年，当他的发现被欧洲三位不同国籍的植物学家在各自的豌豆杂交试验中分别予以证实后，才受到重视和公认。

历史上的今天

　　1888年,发现链霉素的美国微生物学家、生物化学家瓦克斯曼诞辰。

中国共产党第一次全国代表大会召开

中国共产党第一次全国代表大会于1921年7月23日在上海法租界秘密召开。出席大会的各地代表共13人，他们代表着全国50多名党员。

党的第一次全国代表大会，前后共开了7次会议。7月30日晚，一大举行第六次会议，原定议题是通过党的纲领和决议，选举中央机构。会议刚开始几分钟，法租界巡捕房密探突然闯入，这次会议被迫中断。于是，最后一天会议的地点，便转到了浙江嘉兴南湖的一艘画舫上。

会议讨论并通过《中国共产党的第一个纲领》，这份简短纲领，确定了党的名称、奋斗目标、基本政策等，兼有党纲和党章的内容，是党的第一个正式文献。大会成立了党的中央机构——中央局，选举陈独秀为书记。

党的第一次全国代表大会正式宣告了中国共产党的诞生，从此，在中国出现了一个完全崭新的无产阶级政党，中国的革命从此焕然一新。

历史上的今天

1968年，汉代"金缕玉衣"在河北满城西陵山中山靖王墓中出土；1987年，伊拉克宣布接受联合国安理会一致通过的、要求两伊立即无条件停战的第598号决议。1988年7月18日伊朗宣布正式接受这项决议。8月20日，长达8年的两伊战争结束。

邹韬奋逝世

1944年

7月24日

1944年7月24日，著名新闻记者、政治家、出版家邹韬奋在上海逝世，年仅49岁。

邹韬奋原名邹恩润，韬奋是他后来主编《生活》周刊时所用的笔名。他曾对好友说："韬是韬光养晦的韬，奋是奋斗的奋。一面要韬光养晦，一面要奋斗。"他选用这个笔名，意在自勉延志。九一八事变后，邹韬奋坚决反对国民党政府的不抵抗政策，他主编的《生活》周刊以反内战和团结抗敌御侮为根本目标，成为国内媒体抗日救国的一面旗帜。1932年7月，他成立了生活书店。短短几年，使其在全国各地的分支机构扩展到了56家，先后出版了数十种进步刊物及千余种图书。1933年1月，邹韬奋参加了中国民权保障同盟，不久被迫流亡海外。

1935年回国后，邹韬奋积极参加抗日救亡运动。1936年11月，因积极宣传抗日，他同沈钧儒等被国民党当局逮捕（史称"七君子事件"）。

1937年，抗日战争爆发后，邹韬奋获释，先后在上海、武汉等地主编《抗战》等刊物。1944年7月24日，邹韬奋在上海病逝。9月28日，中共中央追认他为中国共产党正式党员。

历史上的今天

1923年，《洛桑条约》签订。

247

中日甲午战争爆发

1894年 7月25日

1894年爆发的中日甲午战争，是中国以至世界近代史上的重大事件。

中日甲午战争是1894年7月末至1895年4月日本侵略中国和朝鲜的战争，是日本发动的非正义侵略战争。按中国干支纪年，1894年为甲午年，故称甲午战争。丰岛海战是战争爆发的标志。甲午战争后，清政府迫于日本军国主义的军事压力，签订了继《南京条约》以来又一个最严重的不平等条约——丧权辱国的《马关条约》，它又一次，把中华民族带入了灾难的深渊。

而甲午战争的胜利，则使日本一跃成为亚洲强国，完全摆脱了半殖民地的地位，同时又刺激了列强瓜分中国的野心，使民族危机进一步加深。这之后，中国的国际地位则一落千丈，财富大量流出，国势颓微。甲午战争的失败，对中国社会的震动之大，前所未有，它使中国社会的半殖民地化进一步加深。

世界第一个试管婴儿在英国出生

1978年

7月26日

1978年7月25日，世界上第一个试管婴儿路易斯·布朗在英国奥德海姆中心医院诞生。这是一对伦敦夫妇莱斯利·布朗和她的丈夫约翰的孩子，婴儿重5英磅12盎司，是在通过剖宫产接生的。实施这项技术两位医生——罗伯特·G·爱德华和帕特里克·C·斯特普托也就成了试管婴儿技术的先驱。

试管婴儿的诞生，引起了世界科学界的轰动，甚至被称为人类生殖技术的一大创举，此后该项研究发展极为迅速，技术也日趋完善。

（试管婴儿是采用人工方法让卵细胞和精子在体外受精，并进行早期胚胎发育，然后移植到母体子宫内发育而诞生的婴儿。）

历史上的今天

1945年，中、美、英三国签署发表了《波茨坦公告》。

世界第一架喷气客机"哈维兰彗星"号试飞

1949年7月27日

1949年7月27日，世界第一架喷气客机"哈维兰彗星"号，在英国哈特菲尔德首次试飞。飞行持续了31分钟，巡航速度一下提高到每小时800千米，几乎是活塞式飞机的两倍以上，飞行高度也突破了1万米，可达到1.2万米。

喷气飞机早在1939年便诞生了，但它一直都没有用于民用，而是以喷气战斗机和喷气轰炸机这样的军用姿态出现的，所以，"哈维兰彗星"号喷气式客机的出现，便在世界航空史上具有了里程碑式的意义——英国从此将世界航空运输带进了喷气时代。不幸的是，后来"哈维兰彗星"号喷气式客机由于事故的不断出现，最终退出了历史的舞台。但它呼唤起了更多的后继者，如波音707、DC-8走上了喷气客机的舞台。

历史上的今天

1890年，荷兰后印象派画家文森特·梵·高（1853-1890）逝世；1953年，朝鲜停战协定在板门店签订，朝鲜战争结束；1958年，美国"飞虎队"的总指挥陈纳德将军（1893-1958）逝世；1976年，中国著名作曲家马可（1918-1976）逝世。其代表作品有《咱们工人有力量》、《南泥湾》、《夫妻识字》、《白毛女》、《小二黑结婚》。

第一次世界大战爆发

1914年

7月28日

1914年7月28日，奥匈帝国对塞尔维亚宣战，第一次世界大战爆发。

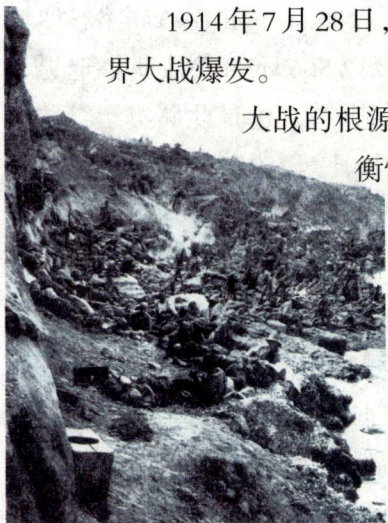

大战的根源在于帝国主义时期资本主义发展不平衡性的加剧，后起的帝国主义国家强烈要求重新瓜分世界。早在1882年，德国即拉拢奥匈帝国和意大利建立"三国同盟"，即同盟国。1892年至1907年，英国、法国、俄国逐步形成"三国协约"，即协约国。两大军事集团的对立，加速了双方扩军备战和争夺战略要地的步伐。巴尔干和地中海成为双方争夺的焦点。随着资本主义经济危机和政治危机的加深，各帝国主义国家统治集团迫切希望从战争中寻求出路。1914年6月28日，奥匈帝国皇位继承人弗兰茨·斐迪南大公被塞尔维亚族青年刺死的事件，成为大战的导火线。奥匈帝国对塞尔维亚宣战。几天后，德、俄、法、英等国，也相继投入战争，从此大战全面展开，30多个国家和地区，约15亿人口卷入战争。

第一次世界大战历时四年零三个月。1919年11月11日，德国投降。第一次世界大战以协约国的胜利告终。

历史上的今天

2004年，中国第一个北极科学考察站中国北极黄河站在北纬78° 55′的挪威斯匹次卑尔根群岛的新奥尔松建成。

许海峰为我国赢得第一枚奥运金牌

1984年
7月29日

1984年7月29日，在第23届洛杉矶奥运会上许海峰以566环的成绩获自选男子手枪60发慢射金牌。这是此届奥运会首枚金牌，也是中国奥运史上的第一枚金牌。它的获得，实现了中国奥运史上金牌"零"的突破。

1957年，许海峰生于福建省漳州市。他从小就喜欢玩弹弓，并未受过射击方面的专业训练，但凭借自己的努力，他仍旧练就了一手高超的射击技术。1982年，他被调入省射击队集训。1983年，他被调入国家队参加第23届奥运会集训。1984年，在第23届奥运会男子手枪60发慢射比赛中他以566环成绩获得个人第一名。这也是他本人第一次获得世界冠军。此后，他在许多国际赛事上都取得了优异的成绩。1995年，他收枪执教，开始了从金牌运动员到金牌教练员的角色转换。

如果把残奥会算在内，中国第一枚金牌是1984年6月24日平亚丽获得的盲人跳远B2级别冠军。

历史上的今天

1836年，法国巴黎凯旋门建成。

中国首次参加奥运会

1932年
7月30日

    1932年7月30日，第十届奥林匹克运动会将在美国洛杉矶举行。7月1日在东北大学体育系毕业典礼上，张学良亲自宣布，刘长春和于希渭（当时的中长跑名将，后未参加第十届奥林匹克运动会）为运动员、宋君复为教练员，代表中国出席第十届奥运会。刘长春成为中国参加世界级运动会的第一人。

    刘长春（1909-1983）是中国当时的短跑名将，出生于辽宁，他曾保持100米10秒7这一成绩达25年之久。九一八事变后，刘长春随东北大学入关到北平。1932年，日本人许以高官厚禄要他代表"伪满"参加第十届奥运会，妄图利用他的影响提高"伪满"声誉。5月，他在关内《大公报》上发表声明，拒绝代表"伪满"参加奥运

中国奥运第一人刘长春

会。此举受到张学良将军的赞赏。之后，张学良将军决定出资派他代表中国首次正式参加第十届奥运会，于是，刘长春也就成了中国参加世界级运动会的第一人。1932年7月8日，刘长春及宋君复自上海搭乘邮轮，出发前往美国洛杉矶。开幕式当天，中国代表团在第八位出场，刘长春高举国旗，走在最前面。他的身后是一支"临时拼凑"的中国奥运代表团：总代表沈嗣良、教练宋君复、中国著名体育教授申国权、留美学生代表刘雪松、托平（美籍）。比赛开始后，刘长春百米预赛成绩居第五位，被淘汰；200米成绩居第四位。论实力，他已具备了世界水平，但由于25天的长途跋涉，他的体力和运动能力都下降了很多。

历史上的今天

1863年，美国汽车工程师、企业家，福特汽车公司的建立者，世界上第一位使用流水线大批量生产汽车的人——亨利·福特诞辰；1923年，中国自行设计生产第一架飞机；1972年，水门窃听事件尼克松败诉，弹劾开始。

8月

历史上的今天

广岛原子弹爆炸

第29届奥运会在北京开幕

第一届戴维斯杯网球赛举办

我国第一次使用"人民解放军"名称

"柏林墙"修筑

日本宣布无条件投降

"长征三号乙"运载火箭发射成功

万国邮政联盟大会首次在北京举行

世界上第一架喷气式飞机试飞成功

马丁·路德·金发表著名演讲：我有一个梦想

……

人民军队迎来第一个建军节

1933年 8月1日

1927年8月1日，南昌起义打响了武装反抗国民党反动派的第一枪，标志着中国共产党独立领导革命战争和创建革命军队的开始。1933年7月11日，中华苏维埃共和国临时中央政府决定将8月1日作为中国工农红军成立纪念日。从此，每年8月1日就成为中国工农红军和后来中国人民解放军的建军节。

1933年年8月1日，在江西瑞金叶坪红军广场举行了第一个"八一"纪念活动并且当日傍晚在瑞金城南竹马岗举行了红军阅兵式和分列式。因此，可以说南昌是军旗升起的地方，而瑞金是八一建军节诞生的地方。

1949年6月15日，中国人民革命军事委员会发布命令，以"八一"两字作为中国人民解放军军旗和军徽的主要标志。

气吞山河
志壮无疆

伊拉克入侵科威特

1990年

8月2日

1990年8月2日凌晨1时（科威特时间），在空军、海军、两栖作战部队和特种作战部队的密切支援和配合下，伊拉克共和国卫队的三个师越过科威特边境，向科威特发起了突然进攻。经过约14小时的城市战斗，下午7时，伊军完全占领了科威特首都。随后继续发展进攻，后续部队源源不断地进入科威特。8月3日中午，伊军占领了科威特全境。8月8日，伊拉克总统萨达姆宣布吞并科威特。

伊拉克武装侵占科威特，引发了海湾危机，成为海湾战争的直接导火索。1991年1月17日，在伊拉克拒不执行联合国安理会第678号决议情况下，在取得联合国授权后，以美国为首的多国部队70万人发动代号为"沙漠风暴"的行动，对科威特和伊拉克境内的伊拉克军队发动军事进攻，从而爆发了中东地区第二次世界大战后规模最大的局部战争——海湾战争。

历史上的今天

1922年，电话发明者、英国发明家贝尔（1847—1922）在加拿大逝世。

德国有机化学家威尔斯太特逝世

1942年 8月3日

1942年8月3日，德国著名有机化学家威尔斯太特（Richard Willstater，1872-1942）逝世于瑞士洛迦诺。威尔斯太特是倡导研究生物化学的第一个人。

1872年8月13日，威尔斯太特出生于德国，1890年入慕尼黑大学，毕业后从事生物碱研究。1894年因研究古柯碱（可卡因）结构获博士学位。在慕尼黑大学成为著名化学家拜耳教授的助手后，他继续从事生物碱结构的研究工作，并成功地合成了几种生物碱。1905年威尔施泰特开始研究叶绿素等植物色素的化学结构,他阐明了叶绿素的结构并指出血红素在结构上与叶绿素中的卟啉化合物结构相似。1912年至1915年，他在任柏林威廉皇家化学研究所所长期间，研究了花果色素，并揭示了花果色素的结构。由于研究叶绿素及其他植物色素结构作出了贡献，威尔斯太特获1915年诺贝尔化学奖。除植物色素外,他在莨菪碱、古柯碱和糖酶、蛋白酶、脂肪酶以及催化剂的研究中均有所建树。

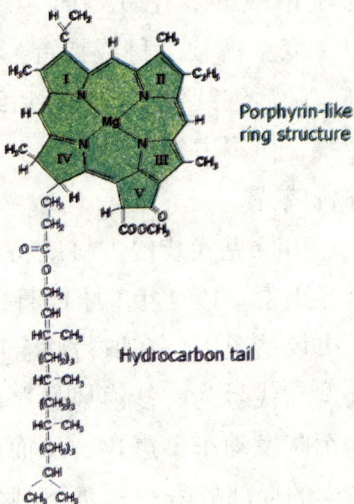

Porphyrin-like ring structure

Hydrocarbon tail

历史上的今天

1978年,久经考验的无产阶级革命家、军事家,党、国家和军队的卓越领导人罗瑞卿（1906-1978）逝世。

中国人首次登顶博格达峰

1998年

8月4日

1998 年 8 月 4 日，中国人第一次踏上了天山山脉东段最高峰、海拔5445 米的博格达峰，而完成这一壮举的是一支来自乌鲁木齐市的业余登山队。

"博格达"是北天山东段的主要山体，它西从乌鲁木齐断裂带崛起，向东一直延伸到巴里坤境内，全长 300 多千米。主峰博格达峰海拔 5445 米，位于东经88.3°，北纬43.8°，坐落在新疆阜康县境内，是天山山脉东段的著名高峰。博格达峰单就海拔高度来讲，在天山山脉之中并不为奇，甚至海拔高度还不及三级登山运动员的考核标准。但它以奇、险著称于世。过去曾有数支外国登山队登上顶峰，但中国的登山队尚无一支登顶。这支由 12 人组成的登山队来自社会各界，为此次攀登，这支登山队于一年前就进行了专项准备工作。业余登山队能登顶，在中国登山史上是一个奇迹。

历史上的今天

1875年,丹麦作家安徒生(1805-1875)逝世。

世界无产阶级的伟大导师和领袖恩格斯病逝

1895年 8月5日

1895年8月5日，德国社会主义理论家及作家，哲学家，马克思主义的创始人之一，马克思的亲密战友，国际无产阶级运动的领袖，世界无产阶级的伟大导师和领袖恩格斯因患喉癌在英国伦敦寓所病逝，终年75岁。

恩格斯于1820年11月28日诞生于德国莱茵省巴门市的一个工厂主家里。他自幼勤奋好学，不愿继承父业，悉心研究社会。1844年，他拜访了当时正在巴黎的马克思。他们各自倾谈了自己的政治理论观点，结成了志同道合的亲密战友。他们合著《神圣家族》，开始了他们之间的伟大合作。从此，他们一起为人类的解放事业奋斗不息，度过了伟大、光辉的一生。

恩格斯一生写过很多著作，这些著作都是马克思主义中的重要一部分，如：1848年2月中旬，马克思和恩格斯完成的国际共产主义运动第一个纲领性文献——《共产党宣言》。1883年，马克思与世长辞后，恩格斯独自肩负起指导国际工人运动的重任、并担负了整理和出版马克思文献遗稿工作，1885年、1894年，先后出版《资本论》第二、三卷，完成了马克思未竟之业。

历史上的今天

1850年，法国小说家莫泊桑诞辰。

广岛原子弹爆炸

1945年

8月6日

　　1945年秋，美国、英国和中国发表了《波茨坦公告》，敦促日本投降。7月28日，日本政府拒绝接受《波茨坦公告》。出于军事和政治的原因，美国政府便决定按照原定计划，对日本使用原子弹。1945年8月6日凌晨2时40分，美军提尼安岛基地的三架B-29超级空中保垒轰炸机准备起飞，机组人员的任务是在几个小时之后在广岛投下了"小男孩"：人类历史上首次使用的核武器——原子弹。

　　广岛是日本当时的军事工业基地，7时刚过，广岛响起空袭警报。一架美国气象观测机飞临广岛上空，7时32分解除警报。刚过8时，三架B-29美机又从高空进入广岛上空。这时很多广岛市民并未进入防空洞，而是在仰望美机。在此以前，B-29已连续数天飞临日本领空进行训练。8时15分，三架飞机中的两架向广岛急转俯冲，一架投下三个小降落伞吊着的一

个金属盒子（爆炸记录仪），一架投下了原子弹。45秒后，原子弹在离地564米上空爆炸。顷刻之间，一个太阳似的火球直冲云霄，膨胀到2000米的直径。火球进出50000℃（比太阳表面温度高8倍）的辐射热，刮起时速800千米的狂风。在爆炸中心1.6千米半径内，钢架软瘫，混凝土化为齑粉，砂子熔结为玻璃体，树木变成焦炭，人体化为灰烬。爆炸发生三分钟后，空中落下粘腻乌黑的辐射雨，带来致命的核尘，它使一些人在以后20年中缓慢地走向死亡。

据后来统计，广岛原子弹爆炸死难者近20万人。如果按当时在城人口计算，伤亡率在60%以上。但是，广岛的悲剧并未使日本立即同意接受波茨坦最后通牒，即无条件投降。8月9日上午11时30分，美国又在日本长崎投下第二颗原子弹。

历史上的今天

1932年，世界上第一个国际电影节威尼斯国际电影节创办。

印度著名诗人泰戈尔逝世

1941年

8月7日

1941年8月7日，印度著名诗人、作家、艺术家和社会活动家泰戈尔在加尔各答逝世，享年80岁。

泰戈尔的一生是在印度处于英国殖民统治的年代中度过的。爱国主义的思想一开始就在他的作品中强烈地表现出来。他曾在民族独立运动高潮时，写信给英国总督表示抗议殖民统治，并高唱自己写的爱国诗歌领导示威游行。他还曾坚决抛弃英国政府所授予的爵位和特权。印度人民尊崇他、热爱他，称他为"诗圣"、"印度的良心"和"印度的灵魂"。

泰戈尔一生创作了大量作品，他的诗在印度享有史诗的地位。其中著名诗集《吉檀迦利》，使泰戈尔获得了诺贝尔文学奖，成为获此殊荣的第一位亚洲作家。泰戈尔不仅是作家、诗人，还是一位颇有成就的作曲家和画家。他一生共创作了2000余首激动人心、优美动听的歌曲。其中《人民的意志》这首歌于1950年被定为印度国歌。

历史上的今天

1904年，日俄在我国辽阳、旅顺展开争夺战；1994年，国画艺术大师刘海粟（1896-1994）辞世。

263

第29届奥运会在北京开幕

2008年 8月8日

2008年8月8日至24日，第29届奥林匹克运动会在中国首都北京隆重举行。

8月8日晚8时，璀璨的焰火点亮了北京奥运会主体育场国家体育场（"鸟巢"）的夜空，弥漫着中国古老文明元素的开幕式在这里热情上演。在这一刻，世界不仅看到了一个拥有五千年历史的文明古国，更看到了一个充满自信、充满力量、充满智慧的现代中国。在开幕式上，"体操王子"李宁点燃了"鸟巢"上空的奥运会主火炬。

此届奥运会的口号是"同一个世界，同一个梦想"，福娃是这届奥运会的吉祥物。

此届奥运会共举行了28个大项，38个分项的比赛，除大部分比赛在北京举行外，帆船比赛在青岛举行，马术比赛在香港举行，部分足球预赛在天津、上海、沈阳和秦皇岛举行。在16天的比赛中，来自204个国家的1万余名运动员，共打破132项奥运会纪录以及43项世界纪录，产生302枚金牌，其中中国获得51枚。

历史上的今天

1961年，京剧艺术大师梅兰芳(1894-1961)病逝；1974年，尼克松因水门事件辞职；1999年，刘国梁在第45届世乒赛男单决赛中勇夺冠军。

中国试制成功第一架水上飞机

1919年

8月9日

1919年8月，中国试制成功第一架水上飞机——"甲型一号"。这是一架100匹马力，拖进式双桴双翼水上教练机，高3.88米，身长9.32米，幅长13.70米，最大时速126千米，空机重量836千克，载重1063千克，装油量114升，飞行高度3690米，可航行3小时，航距340千米，乘员2人，可载炸弹4颗。1918年春，当时北京政府海军部在马尾福建船政局内设立飞机工程，开始水上飞机制造。以留学英、美归国的学生为技术骨干，并在马尾船政局工人中挑选数十人加以训练、掌握制造飞机之工艺。海军飞潜学校飞机制造班的学生均随厂实习。8月，中国第一架水上飞机制造成功。

历史上的今天

1896年，维新派创办《时务报》；1945年，苏联百万大军进攻东北日军；1999年，我国设立国家最高科技奖，获奖金额达500万元人民币。

1900年 8月10日 第一届戴维斯杯网球赛举办

戴维斯杯网球赛是每年一度的世界男子网球团体赛，也是世界网坛层次最高，影响最大的国际性团体赛。1900年8月10日，第一届戴维斯杯网球赛在美国波士顿举办。当时仅有美国队和英国队参加，戴维斯本人既是美国队的队长又是运动员，在这届比赛中他带领美国队以3：0战胜英国队获胜，捧走了他自己捐赠的并以他的名字命名的奖杯。

戴维斯杯网球赛由国际网球联合会主办，是除奥林匹克网球比赛外历史最长的网球比赛。因系美国人戴维斯倡议举办，并捐赠银质奖杯授予冠军队，故名"戴维斯杯网球赛"。

（联合会杯网球赛是每年一度的世界女子网球团体赛，它是1963年为庆祝国际网联成立50周年创办的。联合会杯网球赛是和戴维斯杯网球赛齐名的团体赛事。第一届联合会杯比赛是在伦敦的女子俱乐部进行的，共有16支代表队参加。联合会杯赛每年举办一次。）

历史上的今天

1945年，美国火箭专家、弹道导弹之父罗伯特·戈达德(1882-1945)逝世；1992年，在西班牙巴塞罗那举行的第25届奥运会胜利闭幕，中国队以16枚金牌的优异成绩，进入本届奥运会夺牌四强之列。

我国第一次使用"人民解放军"名称

1945年
8月11日

　　1945年8月中旬，是抗日战争最紧要的关头，朱德总司令连发七道抗日反攻命令，命令各解放区军队迅速前进，实施全线大反攻。8月11日，在朱德发布的第四道反攻命令中，第一次提出"人民解放军"这个名称。

　　中国人民解放军的前身是中国工农红军，诞生于1927年8月1日的南昌起义。1927年秋至1928年春，中国共产党先后发动了南昌起义、秋收起义、广州起义、湘南起义和湖北东部等地区的起义。这些地区起义后保留下来的部队，当时叫中国工农革命军，1928年5月25日，中共中央发布《军事工作大纲》，规定割据区域所建之军队，正式定名为工农红军，并取消工农革命军的称谓。从此以后，各革命根据地的革命武装相继改称中国工农红军，简称红军。

　　抗日战争爆发以后，中国共产党根据与国民党达成的协议，将

红军主力部队改编为国民革命军第8路军（即八路军）。9月11日改称国民革命军第十八集团军。1937年10月2日，中共中央又将湘、赣、闽、粤、浙、鄂、豫、皖8个省13个地区的红军游击队，改编为国民革命军陆军新编第四军，简称新四军。

九一八事变以后，东北人民在中国共产党的号召下奋起抗日，组织了抗日游击队、东北人民革命军、抗日义勇军等抗日武装。到1934年底，中共满洲省委先后把这些抗日武装改编成11个军，并在1936年2月组成东北抗日联军。1945年，同盟国中国战区第二战区司令长官兼八路军总司令朱德批下七道抗日反攻命令，并在其中第四道命令中首次提出"人民解放军"一词。抗日战争胜利后，东北抗日联军与挺进东北的八路军、新四军合并成东北民主联军。

1946年，国共内战爆发，解放区各部队由八路军、新四军、东北民主联军等陆续改称人民解放军。1948年11月1日中央军委发布通令以后，全军各部队统一改称中国人民解放军。通令中明文规定，团和分区以上各部队番号，均须冠以"中国人民解放军"的字样。

历史上的今天

　　1902年，中国第一所专业艺术学校南京两江优级师范学堂成立；1919年，美国"钢铁大王"安德鲁·卡内基（1835-1919）逝世。

世界上最严重的核潜艇事故"库尔斯克"号沉没

2000年 8月12日

　　2000年8月12日23时，俄罗斯海军"库尔斯克"号核潜艇在巴伦支海演习时沉没，艇上118名官兵不幸罹难。这是迄今为止世界上最严重的一次核潜艇事故。1994年建成、1995年服役的"库尔斯克"号核潜艇是专门用来攻击航空母舰的，是当时世界最大的战略核潜艇之一，同时也是俄海军最先进的巡航导弹核潜艇之一。它曾被俄罗斯媒体誉为"航母终结者"。"库尔斯克"号沉没后，俄罗斯立即组织抢救，并邀请挪威和英国救生人员参加救援。8月21日，俄罗斯宣布停止救援工作。关于"库尔斯克"的失事原因目前仍众说纷纭。

　　（核潜艇是核动力潜艇的简称，世界上第一艘核潜艇是美国的"鹦鹉螺"号，1957年1月17日开始试航，它宣告了核动力潜艇的诞生。目前全世界公开宣称拥有核潜艇的国家有六个，分别为：美国、俄罗斯、中国、英国、法国、印度。其中美国和俄罗斯拥有核潜艇最多。核潜艇按照任务与武器装备的不同，可分为：攻击型核潜艇、弹道导弹核潜艇、巡航导弹核潜艇等。）

历史上的今天

　　1848年，火车的发明人与制造者，英国人史蒂芬孙（1781-1848）逝世；1948年，现代著名散文家、诗人、学者朱自清（1898-1948）病逝；1978年，《中日和平友好条约》在北京签订；1981年，IBM公司推出世界上第一台个人电脑。

"柏林墙"修筑

1945年5月，德国投降后，根据雅尔塔协定和波茨坦协定，由苏、美、英、法阵国分区占领德国和柏林，建立了四个占领区，并由四国组成盟国管制委员会接管德国最高权力。1948年5月，美、英、法将三国占领区合并，合并后的西部占领区成立了德意志联邦共和国。同年10月7日，东部的苏占区成立了德意志民主共和国。德国从此正式分裂为两个主权独立的国家，柏林也分裂为东、西柏林两部分。1961年8月13日，德意志民主共和国在东、西柏林间修筑"柏林墙"，正式名称为"反法西斯民主墙"。1989年11月9日，柏林墙拆除。柏林墙的建立，是二战以后德国分裂和冷战的重要标志性建筑。

历史上的今天

1910年，南丁格尔（1820-1910）逝世；1937年，日军进攻上海，"八一三"事变爆发。

八国联军侵占北京

1900年

8月14日

1900年8月14日凌晨，八国联军对北京发动总攻，俄军攻东直门，日军攻朝阳门，美军攻东便门。上午11时东便门被攻破，部分美军最先攻入外城。英军中午始达北京，攻广渠门，至下午2时许攻入。晚9时，俄、日军各自由东直门、朝阳门破门而入。

同日，慈禧太后接连五次召集御前会议，商讨对策，但毫无办法。第二天清晨，她便带着光绪皇帝和亲信仆臣，仓惶逃往西安。

15日，八国联军向北京内城及紫禁城进攻。16日晚，八国联军占领北京全城。

八国联军一进北京城，就疯狂地烧杀抢掠。侵略军还到处屠杀中国人民，见人就开枪，以致"死尸遍地"。侵略军公开准许军队抢劫3天，大量历史文物惨遭毁坏和掠夺。翰林院所藏《永乐大典》，几乎全部散失，其他经史子集等珍本图书，一共损失4.6万多册。经过这次洗劫，中国"自元、明以来之积蓄，上自典章文物，下至国宝奇珍，扫地遂尽。"沙俄侵略军在这次洗劫中特别凶暴残忍，皇宫中凡是拿得走的贵重物品，一概拿走，凡是拿不走的便一概打碎。

继对北京的疯狂洗劫后，1901年9月7日，帝国主义列强强迫清政府签订了丧权辱国的《辛丑条约》。

历史上的今天

1941年，大西洋宪章正式公布；1953年，苏联宣布拥有氢弹；1992年，我国自行研制的"长征二号E"捆绑式运载火箭成功地把美国研制的澳大利亚"澳赛特B1"通信卫星送入预定轨道。

271

1945年 8月15日 日本宣布无条件投降

1945年8月15日，日本宣布无条件投降，中国经过艰苦卓绝的八年抗战，终于取得胜利。

7月26日，《波茨坦公告》促令日本无条件投降。28日，日本首相铃木表示对公告不予理会，期望通过苏联的斡旋，谋求在对日本有利的条件下结束战争。8月6日和9日，美国在日本广岛和长崎分别投下了原子弹。8日，苏联对日宣战，并在《波茨坦公告》上签字。中国军队亦向日军发起全面反攻。

8月14日上午，日本最高首脑在日本皇宫防空室举行御前会议，讨论无条件投降的诏书问题。日本天皇裕仁考虑国内外形势和"彼我双方的国力战力"，决定当日发出停战诏书。8月14日中午，日本天皇裕仁广播《停战诏书》，宣布接受《波茨坦公告》所规定的各项条件，无条件投降。

8月15日晨7时，中、苏、美、英四国在各自首都同时宣布日本投降。

历史上的今天

1878年，我国第一套邮票"大龙"邮票发行；1914年，巴拿马运河开始通航；1922年，孙中山发表护法宣言；1950年，西藏墨脱发生大地震，地震的震级达里氏8.6级。

著名摇滚乐歌手
"猫王"辞世

1977年

8月16日

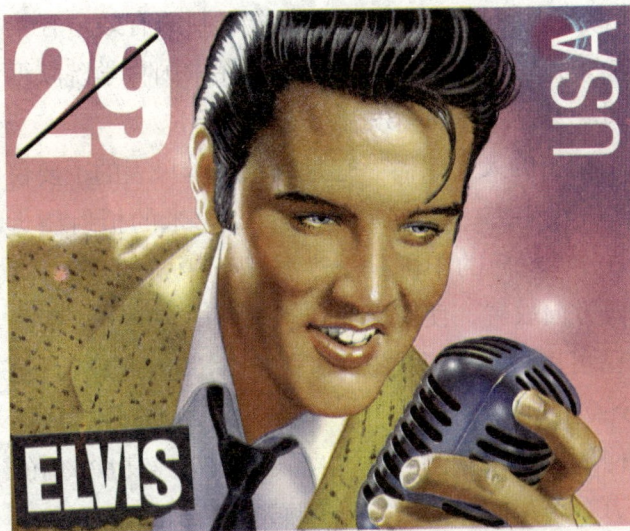

"猫王"埃尔维斯·普莱斯利于1935年1月8日出生于美国密西西比州。1977年8月16日，42岁的美国摇滚乐坛偶像"猫王"辞世。"猫王"（The Hillbilly Cat）这个绰号是狂热的美国南方歌迷为埃尔维斯·普莱斯利取的昵称。20世纪50年代，猫王的音乐开始风靡世界。英俊的容貌，天赋的音乐灵性，富有感召力的舞台表现力成为了猫王的标签，也使他成为世人狂热崇拜的明星。他的音乐将黑人和白人音乐十分自然地融为一体，超越了种族以及文化的疆界，他将乡村音乐、布鲁斯音乐以及山地摇滚乐融会贯通，形成了具有鲜明个性的独特曲风，强烈的震撼了当时的流行乐坛，并让摇滚乐如同旋风一般横扫了世界乐坛。

"猫王"埃尔维斯·普莱斯利与鲍勃·迪伦、披头士乐队成员并称20世纪美国摇滚乐史上最重要、最有影响力的人物，他们共同奠定了现代摇滚乐的基础。

我国建成第一台天文子午环

1990年8月17日，我国与丹麦天文学家合作研制的有效口径为240毫米的世界上最大反射式全自动水平子午环，在中国科学院陕西天文台安装完毕。至此，中国拥有了第一台天文子午环。

子午环曾被誉为最精密的天文仪器。它是编制基本星表的主要仪器。它的主要部分是一架口径15～20厘米、焦距约2米的折射望远镜，其有效视场约为0.3。镜筒的中部是一个坚固而中空的立方体，侧面有水平轴，沿东西方向放置，使镜筒能在子午面内转动。这架子午环经初步调试后，已可用目视测微器观测恒星，对距离地球约782光年的北极星和其他遥远的恒星观测表明，具有良好的稳定性，成像质量良好。正式投入使用后，可观测到比人肉眼极限距离高630倍的天体，全年可观测10万余个星次，提供1万多颗天体精确的位置。

历史上的今天

1996年，俄罗斯发射"联盟TM-24"号宇宙飞船；1999年，土耳其发生强烈地震1.8万人丧生。

国内科技馆
首家数学厅在天津落成

2002年8月18日，由国际数学大师、天津科技馆名誉馆长陈省身先生倡导建立的天津科技馆数学厅在天津落成并对外开放。

这是目前国内科技馆中第一个数学展厅，也是规模最大的一个。它占地1100平方米，展厅分数学史长廊、现代数学、经典数学、趣味数学、计算机与数学的应用等部分，较为系统地介绍了中外数学大事记、著名数学奖和50位中外数学家的生平。

历史上的今天

1950年，第一届自然科学工作者代表会议召开，科学家代表聚会北京；2002年，国内首家民营证券公司民生证券有限责任公司在北京揭牌。

世界上最大、最高的北回归线塔在广州落成

南北回归线是太阳直射点一年中移动的最南及最北的界线，是地球上一条非常重要的地理分界线，被形象地比喻为"太阳转身的地方"。冬至时，阳光直射南回归线，夏至时，阳光直射北回归线。

1985年8月19日，在广州从化太平场落成的北回归线塔，是我国境内北回归线上规模最大、最高的一座标志塔。这座塔位于北纬23°26′28″44，高23.5米，与回归线的纬度数字一致。每年夏至日（6月22日）正午12时26分，阳光从塔顶铜球小孔直射在塔内正中点，人立塔中，有"立竿不见影"之景观。在我国境内，北回归线穿越云南、广西、广东、台湾四省。

北回归线经过的国家和地区，多属沙漠和或离城镇较远的峻岭山区，如北非的撒哈拉沙漠等，都不太适合建立标志碑塔。唯有经过我国的地区，却是"神奇的回归绿带"，故有了得天独厚的建塔条件。

历史上的今天

1819年，发明蒸汽机的英国发明家瓦特(1736-1819)逝世。

"长征三号乙"运载火箭发射成功

  1997年8月20日，我国自行研制、目前运载能力最大的新型捆绑式运载火箭"长征三号乙"，在西昌卫星发射中心成功地将美国劳拉空间系统公司为菲律宾制造的马部海卫星送入预定轨道，这表明长征系列运载火箭具备了能把5000千克的有效载荷送入高轨道的能力。

  "长征三号乙"运载火箭，是我国新研制的三级液体捆绑式运载火箭，是目前我国把卫星发射到地球同步转移轨道运载能力最大的火箭。"长征三号乙"火箭在1996年2月15日进行首次飞行时，由于惯性基准故障，发射失利。事后，中国运载火箭技术研究院会同国内外专家深入调查，查清并公开了故障原因，采取技术改进措施，加强质量控制，使火箭整体性能和可靠性有了新的提高。

历史上的今天

  1905年，中国同盟会在日本东京成立；1988年，两伊战争结束。

红一、四方面军开始穿越草地

1935年8月，红军征服了雪山以后，在毛儿盖、波罗子一带集结休整待命。前面就是纵横数百里、神秘莫测、人烟稀少的水草地。在毛儿盖党中央召开了政治局会议，决定红军第一、第四方面军分别在毛儿盖和卓克基两地集中，混合编为左右两路军，在中共中央统一指挥下，继续北上过草地。右路军在毛泽东、周恩来、徐向前、叶剑英等率领下，从毛儿盖出发，绕过松潘穿过草地向班佑前进。左路军在朱德、张国焘、刘伯承等率领下，由马塘、卓克基出发过草地向阿坝地区开进。

1935年8月21日，右路军在毛泽东等率领下开始向草地进军。经过7天的艰苦努力，右路军历尽千辛万苦，终于走出了人迹罕至、气候变化异常的茫茫草地，于8月27日到达草地尽头的班佑地区，左路军也同时到达阿坝地区。两天后右路军发起包座战斗，歼灭了企图堵截红军的胡宗南部第四十九师，攻占了包座，打开了通向陕西、甘肃的大门，为实现党中央北上的战略方针创造了有利条件。

历史上的今天

1609年，意大利科学家伽利略展出人类历史上第一架按科学原理制造的望远镜。

第21届世界大学生运动会在北京开幕

2001年8月22日

以"青春、友谊、和平"为宗旨的第21届世界大学生运动会，2001年8月22日在北京拉开帷幕，9月1日闭幕。

来自世界各地的运动员参加了田径、体操（艺术体操）、乒乓球、游泳、跳水、水球、网球、柔道、篮球、击剑、排球、足球等12个大项168个小项的角逐。中国体育代表团共派出256名运动员，参加了全部12个大项的比赛。

历时11天的这届大运会，参加国家和地区以及参赛人数均创造了历届大运会之最。比赛共产生171枚金牌，20人3队28次创21项田径和游泳大运会新纪录，1人1次创大运会竞走项目最好成绩。中国代表团以54枚金牌的优异成绩高居榜首，这是中国代表团首次在大运会上取得金牌总数第一的好成绩。美国、俄罗斯以21枚金牌和14枚金牌分列奖牌榜第二和第三。

（世界大学生运动会，简称大运会，由"国际大学生体育联合会"主办，始办于1959年，其前身为国际大学生运动会，原则上每两年举办一届。大运会是只限在校大学生和毕业不超过两年的大学生参加的世界大型综合性运动会，年龄限制为17-28岁。）

历史上的今天

1904年，邓小平诞辰；1922年，《共产党宣言》中译本问世；1990年，"亚运之光"盛大点火仪式在北京举行。

万国邮政联盟大会首次在北京举行

1999年 8月23日

1999年8月23日，第22届万国邮政联盟大会开幕式在北京隆重举行。这是万国邮政联盟成立100多年来，首次在中国举行这样的大会。大会持续到9月15日结束。

万国邮政联盟（简称"万国邮联"）是商定邮政事务的政府间国际组织，也是联合国负责邮政事务的专门机构，总部设在瑞士首都伯尔尼。1840年，英国建立了一套面向公众、统一收费的信函传递系统，并发行了世界上第一枚邮票，开始发展现代意义上的公共邮政事业。

1874年，应瑞士政府的邀请，22个国家的代表在瑞士首都伯尔尼举行第一次国际邮政代表大会，大会结束时签署了"关于创设邮政总联盟公约"（又称"伯尔尼公约"），根据该公约决定成立"邮政总联盟"。1878年，这个组织名称定为"万国邮政联盟"。其宗旨是：组织和改善国际邮政业务，促进发展国际邮政业务合作，并在力所能及的范围内进行各种邮政技术援助活动。

1972年4月13日，万国邮联代表大会通过决议，正式承认中华人民共和国政府是中国在万国邮联中的唯一合法代表，我国政府通知万国邮联，决定参加邮联的一切活动。

历史上的今天

1939年，德国与苏联签订《苏德互不侵犯条约》。

世界烟草与健康大会在北京举行

1997年

8月24日

    1997年8月24日，第10届世界烟草与健康大会在北京人民大会堂隆重举行。来自世界103个国家和地区的1800多名代表参加了这届大会。

    这次大会的主题为"烟草：不断蔓延的瘟疫"，大会围绕这个主题开展了世界烟草流行趋势、控制烟草有效策略等问题的研讨与交流，提出可行的"行动纲领"。

    （世界无烟日的由来：1987年11月，世界卫生组织（WHO）在日本东京举行的第6届烟草与健康大会上建议把1988年4月7日，也就是世界卫生组织成立40周年纪念日作为"世界无烟日"，并提出"要吸烟还是要健康"的口号。1989年，世界卫生组织又把这一天改定在每年的5月31日。）

历史上的今天

    1862年，北京同文馆成立；1925年，刘海粟采用人体模特儿写生引争议；1966年，中国现代小说家、文学家、戏剧家老舍（1899-1966）逝世；1968年，法国在南太平洋试验场爆炸一颗氢弹。

281

英国著名物理学家、化学家法拉第逝世

1867年 8月25日

1867年8月25日，英国著名物理学家、化学家法拉第逝世，按照他的遗愿，墓碑上只刻有他的名字和出生年月。

法拉第（1791-1867）在化学、电化学、电磁学等领域都作出过杰出贡献。

1791年9月22日，法拉第出生于萨里郡纽因顿的一个铁匠家庭。家境贫寒使他从未受过系统的正规教育，但他却在众多领域中作出惊人成就，堪称刻苦勤奋、探索真理、不计个人名利的典范。在电学方面，法拉第研究负载直流电的导体与附近磁场之间的关系，在物理学中建立起磁场这个概念。他发现了电磁感应、抗磁性及电解。另外，他也发现磁场能对光线产生影响，进而发现两者间的基本关系。另外，法拉第还发明了一种依电磁转动的装置，为电动机的前身。

在化学方面，法拉第发现了不同的化学物质，如苯类。化学中的氧化数也出自法拉第之手，另外如阳极、阴极、电极及离子等现今电化学中经常使用的专有名词，也是法拉第推广给世人的。为纪念这位物理学大师，人们选择了法拉作为电容的国际单位。

历史上的今天

1900年,德国思想家尼采(1844-1900)逝世。

《人权宣言》发表

1789年8月26日，法国国民议会通过《人权和公民权利宣言》（简称《人权宣言》）。它是18世纪末法国资产阶级革命初期，为反对封建专治统治，阐明资产阶级社会基本原则而提出的纲领性文献。

《人权宣言》明确宣布自由、平等、财产和安全是天赋的神圣不可侵犯的人权；宣布了"主权在民"的原则；宣布了资产阶级基本的民主权利；宣布了私有财产神圣不可侵犯。《人权宣言》的发表，打碎了君权神授的神话，否定了封建等级制，激发了革命人民的巨大热情，起到了动员、组织人民群众参加反封建斗争的作用。人们高举"人权"的旗帜，给封建特权阶级与封建专制制度以沉重的打击，促进了大革命的深入发展。《人权宣言》成为法国大革命彻底性和典型性的重要标志。

历史上的今天

1743年，现代化学的创始人拉瓦锡诞辰；1901年，陈毅诞辰；1920年，美国妇女获得选举权；1973年，我国第一台百万次计算机试制成功；1980年，我国正式设立经济特区。

世界上第一架 喷气式飞机试飞成功

1939年 8月27日

1939年8月27日，世界上第一架喷气式飞机飞上了天空。这架飞机是德国的亨克尔He-178。

随着航空业的不断发展，人们已不再满足于活塞式飞机，许多飞机设计师都在探索使飞机飞得更快的办法。世界上最早提出喷气推进理论的是法国的马克尼上尉和罗马尼亚的亨利·康达。康达还在1910年前后试制过喷气式飞机，但未能成功。

1936年，德国飞机设计师亨克尔找到研制喷气式发动机的冯·奥海因寻求合作。两人这次合作，一个负责设计飞机，一个负责设计可用于飞行器的燃气涡轮发动机。1939年，纯喷气动力的飞机亨克尔He-178制造出来了，飞机上的发动机为冯·奥海因研制的、经多次改进的Hes3B涡轮喷气发动机。1939年8月27日，亨克尔He-178试飞成功，成为世界第一架喷气纯动力的飞机，从此人类航空史上迎来了喷气飞行时代的到来。

历史上的今天

1770年，德国哲学家黑格尔诞辰；1883年，印度尼西亚喀拉喀托火山爆发，夺走了5万多人的生命；1910年，爱迪生发明有声电影。

马丁·路德·金发表著名演讲·我有一个梦想

1963年
8月28日

　　1963年8月28日，美国著名的民权运动领袖马丁·路德·金在华盛顿林肯纪念堂向25万名示威者发表了著名的演讲"我有一个梦想"。迫使美国国会在1964年通过《民权法案》宣布种族隔离和种族歧视政策为非法政策。1964年，马丁·路德·金获诺贝尔和平奖。

　　马丁·路德·金出生于美国佐治亚州的亚特兰大市的一个黑人神职家庭，他先后获得神学学位和哲学博士学位，职业是一名牧师。1955年，因反对种族歧视制度，他组织了蒙哥马利罢车运动，成为民权运动的领袖人物。不可避免的，此后他经历了牢狱、暗杀等。1968年4月4日，马丁·路德·金在前往孟菲斯市领导工人罢工时被一名种族分子开枪杀害。

　　为纪念这位伟人，1986年1月，里根总统签署法令，规定每年一月份的第三个星期一为美国的马丁·路德·金全国纪念日，并且定为法定假日。

历史上的今天

　　1945年，中国共产党代表团赴重庆谈判；1993年，王军霞获第4届世界田径锦标赛女子10000米金牌；1999年，"和平"号空间站停用。

285

中国近代史上第一个不平等条约《南京条约》签订

1842年 8月29日

1842年8月29日，在英国军舰"皋华丽"号上，中国近代史上第一个不平等条约《江宁条约》签订。江宁就是现在的南京，所以《江宁条约》也称《南京条约》。

1843年，英国政府又强迫清政府订立了中英《五口通商章程》和《虎门条约》作为《南京条约》的附约，其中除了具体的规定《南京条约》的一些细则外，还增加了一些新条款，如攫取领事裁判权、片面最惠国待遇等等。

《南京条约》签订以后，美、法先后强迫清政府订立了中美《望厦条约》和中法《黄埔条约》。从此，各帝国主义国家纷纷效尤，通过各种手段，强迫中国订立了一系列不平等条约。《南京条约》的签订严重破坏了中国的主权和独立，从此中国开始沦为半殖民地半封建社会。

英国物理学家卢瑟福诞辰

1871年
8月30日

1871年8月30日，卢瑟福生于新西兰的一个手工业者家庭。

卢瑟福在研究放射性现象和原子结构方面均有重大成就。1899年，他发现了放射中的两种成分，即α射线和β射线。接着他又发现了新的放射性元素"钍"。1902年，他与英国化学家一起，对铀的放射性进行研究，并提出原子自然蜕变的理论，因此，获得1906年诺贝尔化学奖金。

1911年，根据α粒子的散射实验，他最初发现了原子核的存在，并提出关于原子结构的模型。1919年，卢瑟福用放射性元素钋的α粒子轰击氮原子，获得了氧的同位素，第一次实现了元素的人工嬗变。

1920年，卢瑟福预言了中子的存在。10年之后，中子果然被人们所发现。为了纪念这位原子核物理学家，他的名字被定为为放射性强度的单位。1937年10月14日，卢瑟福逝世。

历史上的今天

1982年，苏联发射核动力海洋监视卫星；1998年，我国兴建首条跨海铁路粤海铁路（广东省湛江—海南省海口）。

287

1965年 8月31日 《联合国宪章》修正案生效

　　联合国成立以后，随着亚非拉民族解放运动的蓬勃发展，一系列新独立的国家相继出现，联合国会员国日益增多，修改宪章已提到自1956年历届联合国大会的议程上来。

　　1956年至1957年，第11届联合国大会收到阿根廷等拉美国家和西班牙的建议，要求修改宪章有关条款，以便扩大安全理事会与经济及社会理事会的成员，增加安理会作出决定所需要的票数。以后的历届联合国大会上，关于修改宪章以扩大安理会和经济及社会理事会席位的建议，屡次被亚非拉国家提出，但均遭到大国的反对。直至1963年第18届联合国大会终于首次通过对宪章第23、27、61条的修正。修正案于1965年8月31日正式生效。修正案反映了亚非拉国家要求扩大它们在联合国主要机构的席位的愿望，使第三世界国家在联合国和国际舞台上的地位进一步提高。

历史上的今天

1907年，英、法、俄三国协约形成。

9 月

历史上的今天

德军突袭波兰 第二次世界大战爆发

1939年 9月1日

1939年9月1日凌晨，德国军队利用夜幕的掩护，在2000多架飞机和2800辆坦克的配合下，对波兰发动突然袭击，波德战争打响，9月3日，英法对德宣战，第二次世界大战全面爆发。

第二次世界大战是以德国、意大利、日本法西斯为轴心国（及芬兰、匈牙利、罗马尼亚等国），以反法西斯同盟和全世界反法西斯力量为另一方进行的第二次全球规模的战争。从欧洲到亚洲，从大西洋到太平洋，先后有61个国家和地区、17亿以上的人口被卷入战争，作战区域面积2200万平方千米。据不完全统计，战争中军民共伤亡9000余万人，死亡者达5500万。

第二次世界大战最后以美国、苏联、中国、英国等反法西斯国家和世界人民战胜法西斯侵略者赢得世界和平与进步而告终。1945年8月15日，日本正式宣布投降，宣告二战结束。

第二次世界大战作为一次世界人民反法西斯的战争，是人类迄今为止规模最大、危害最严重、持续时间最长、参战国最多、波及范围最广的一场战争，给世界造成了非常深远的影响。

历史上的今天

1870年，普法战争结束，法军溃败；1948年，冯玉祥（1882-1948）逝世；1996年，京九铁路建成通车。

日本签署无条件投降书

1945年9月2日，参加对日作战的同盟国代表接受日本投降签字仪式在停泊于日本东京湾的美军战列舰"密苏里"号上举行。

9时整，麦克阿瑟上将从"密苏里"号战舰的指挥舱来到甲板上，在他的身后是美国代表尼米兹上将，英国代表福莱塞上将，苏联代表杰列维亚科中将以及澳、法、加、荷、新等国的代表。中国作为战胜国派出的代表是徐永昌将军。

9时4分，麦克阿瑟来到水兵桌旁边的麦克风前，他说："从这个庄严的时刻起，我们将告别充满血腥和屠杀的过去，迎来一个十分美好的世界。这个世界建立在信仰和谅解的基础上，致力于维护人类的尊严，以实现人类追求自由、容忍和正义的愿望。"然后他宣布："我现在命令日本天皇和日本政府的代表、日本帝国大本营的代表，

在投降书指定的地方签字。"

9时9分，日本外相重光葵代表日本天皇和政府，陆军参谋总长梅津美治郎代表日本帝国大本营在投降书上签字。之后，麦克阿瑟上将以盟军最高司令官的身份签字，接受日本投降。随后，接受投降的美国代表尼米兹海军上将，中国代表徐永昌将军，英国代表福莱塞海军上将，苏联代表杰列维亚科中将，以及澳、加、法、荷、新西兰等盟国代表分别代表本国依次签了字。

9时18分，日本投降签字仪式结束。

日本代表拿着文件的日文副本离开了。这时，1900架战机编队飞过了"密苏里"号战舰的上空，以这种方式庆祝这个具有伟大历史意义的时刻。麦克阿瑟通过广播向全世界说："今天，枪声平息了，巨大的灾难结束了，伟大的胜利实现了……"

至此，三个法西斯轴心国中的最后一个国家日本正式投降，第二次世界大战以法西斯轴心国的失败和反法西斯同盟国的胜利而告结束。

1945年9月9日，中国战区日军投降签字仪式在南京黄埔路陆军总司令部举行。随着侵华日军总司令冈村宁次在投降书上签上自己的名字，中国人民终于赢得了八年抗日战争的胜利。

历史上的今天

1937年，"奥运之父"顾拜旦（1863-1937）病逝于瑞士日内瓦；1960年，古巴人民的反帝宣言《哈瓦那宣言》发表。

意大利宣布投降

1943年

9月3日

1943年1月，美国总统罗斯福、英国首相丘吉尔和法国的戴高乐将军在摩洛哥卡萨布兰卡召开会议，明确了战争的最终目的是迫使轴心国无条件投降。这次会议还制订了攻占西西里岛、向意大利本土进军的计划。

1943年7月初，16万盟军部队在西西里岛东南部强行登陆。防守海岸的意大利军队没有进行什么抵抗就土崩瓦解，8月初，西西里全岛被盟军控制。

意大利在北非、地中海战场屡战屡败，激发了第二次世界大战爆发以来意大利国内以及意德两国之间的各种矛盾，在意大利法西斯党内部也出现了分裂。意大利在内外交困之际，于1943年7月25日发生政变，墨索里尼政府垮台，墨索里尼被囚禁。意大利新政府经过秘密谈判，在9月3日与西方盟军签署停战协定宣布投降，轴心国集团就此开始瓦解。10月，意大利新政府对德国宣战。

历史上的今天

1905年，发现正电子的美国物理学家安德森诞辰。

国共两党进行重庆谈判

1945年 9月4日

1945年8月，为了国家民族的利益，中共中央决定接受蒋介石的邀请，派毛泽东、周恩来、王若飞赴重庆与国民党进行谈判，并于8月25日发表《中共中央对于目前时局的宣言》，提出了"和平、民主、团结"三大口号和六项紧急措施。这一英明决策受到全国人民的欢呼和全世界舆论的赞赏。1945年8月28日，

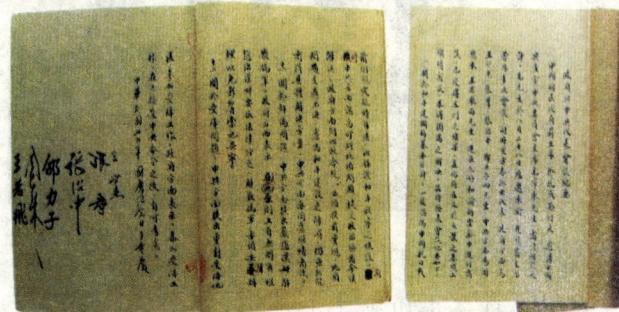

毛泽东率领中国共产党代表团从延安飞抵重庆。9月4日开始，国共两党谈判进入实质性阶段，焦点是军队和解放区问题。经过谈判，国共双方于10月10日签订了《国共双方代表会谈纪要》即《双十协定》。协定规定：和平建国，坚决避免内战，保证人民权利等。但对人民军队和解放区政权的合法地位问题未能达成协议。

但不久，蒋介石便撕毁了《双十协定》，于1946年6月向中原解放区大举进犯，发动了全国规模的反革命内战。

历史上的今天

1995年，联合国第4次世界妇女大会在北京开幕。

日俄战争结束

1905年
9月5日

1905年9月5日，日俄双方在美国经过了长达25天的谈判后，签订了《朴茨茅斯条约》，正式结束了在中国土地上进行的日俄战争。日俄《朴茨茅斯条约》正约十五款，附约两款，内容有：（1）沙俄承认日本在朝鲜享有政治、经济及军事特权，俄国不得干涉。（2）俄国将从中国取得的旅顺口、大连湾的租界权及其附属特权，转让给日本。（3）俄国将其所获之中国南满铁路及其支路、利权、煤矿等，无偿地转让给日本。（4）俄国将库页岛北纬50°以南割让给日本，并同意日民在俄国沿岸的日本海、鄂霍次克海、白令海经营渔业。（5）日俄双方在各自的铁路沿线驻扎护路兵队，每千米不超过15名。日俄两国代表于8月在美国朴茨茅斯开始议和谈判。清政府曾分别向日、俄及其他各国声明，日俄议和条款内倘有牵涉中国事件，凡未经与中国商定者，一概不能承认。清政府还一度想参加和议，然而不但其声明没有被理睬，参会要求也遭到了日俄双方的反对。日俄战争持续了一年半，规模之大，伤亡之惨，均为罕见。日俄战争期间，中国东北是双方陆上交锋的战场，东北人民在长达19个月的时间里惨遭兵燹之灾，丧亡无计其数。可是战争结束时，战败国沙皇俄国"不割寸土，不赔一个卢布"(尼古拉二世语)，却要中国人民去接受战胜者的宰割。

历史上的今天

1944年，张思德(1915-1944)牺牲。

北京2008年奥运会申办委员会成立

1999年
9月6日

1999年9月6日，北京2008年奥运会申办委员会在北京成立，标志着北京申奥各项工作全面展开。

2000年6月20日，北京奥申委秘书长王伟在瑞士洛桑向国际奥委会正式递交申请报告。报告回答了国际奥委会向申请城市提出的22个问题，陈述了关于北京申办2008年奥运会的计划和构想。

申办的竞争是激烈的，且具有挑战性。除北京外，日本的大阪、泰国的曼谷、马来西亚的吉隆坡、法国的巴黎、西班牙的塞维利亚、加拿大的多伦多、古巴的哈瓦那、埃及的开罗和土耳其的伊斯坦布尔等城市也提出了2008年奥运会的承办申请。2000年8月28日，中国北京成为2008年奥运会的候选城市之一。2001年7月13日，在莫斯科举行的国际奥林匹克委员会第112次大会上，经过两轮的投票，国际奥委会主席萨马兰奇郑重地宣布了表决结果：2008年奥运会主办城市——北京。北京终于申奥成功。

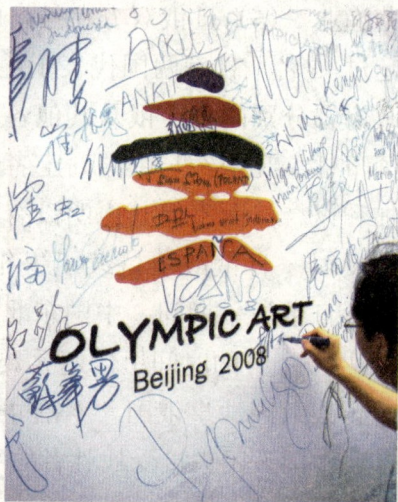

历史上的今天

2000年，联合国成立以来规模最大的重要会议千年首脑会议在纽约召开。本次会议通过《千年宣言》，重申对《联合国宪章》的宗旨和原则的承诺，重申联合国的作用不可或缺，决心致力于实现公正持久的和平和发展。

《辛丑条约》签订

《辛丑条约》，是八国联军攻占北京后强迫清政府订立的丧权辱国条约。它的签订，标志着中国完全沦为半殖民地半封建社会。

1901年（光绪二十七年，辛丑年）9月7日，清政府与英、美、俄、德、日、奥、法、意、西、荷、比11个国家的代表在北京签订了《辛丑条约》。《辛丑条约》约定清政府赔款4.5亿两白银，北京东郊民巷辟为外国使馆区，由外国军队驻防，拆毁从大沽到北京沿线的炮台，从山海关到大沽的战略要地由外国军队驻守等。《辛丑条约》是鸦片战争以来最严重的一个不平等条约，是中国近代史上赔款数目最庞大、主权丧失最严重，从而给中国人民带来空前灾难的不平等条约。从此，清政府成为帝国主义列强统治中国的工具。

历史上的今天

1988年，我国成功发射首枚极轨气象卫星"风云一号A"。

1993年

9月8日

"马家军"狂扫世界纪录

1993年9月，在第七届全国运动会田径赛场上，马俊仁执教的辽宁田径队女队员在比赛中数次打破女子中长跑世界纪录，一时间创造奇迹的"马家军"成为了世界的焦点。

9月8日下午，国家奥林匹克体育中心传来喜讯：辽宁省20岁小将王军霞与云南省26岁老将钟焕娣在七运会女子10000米比赛中分别以29分31秒78、30分13秒37的成绩双双打破30分13秒74的原世界纪录。

而接下来的9月11日，辽宁小将曲云霞和王军霞双双打破了苏联名将卡赞金娜保持13年之久的女子1500米世界纪录，她俩的成绩分别为3分50秒46、3分51秒92，原纪录为3分52秒47。这是七运会比赛中创造的第二个奥运会项目世界纪录。世界几大通讯社和美国CNN有线电视网迅速报道了曲云霞等创世界纪录的消息。

更令人惊喜的是，9月12日，王军霞、曲云霞、马丽艳、张林丽、张丽荣在女子3000米预赛中，均打破苏联名将卡赞金娜保持9年的8分22秒62的世界纪录，创出世界田径史上的奇迹。

历史上的今天

1956年，中国成功试制新型喷气式飞机；1979年，陈肖霞为我国获得第一个跳水世界冠军。

毛泽东主席逝世

1976年

9月9日

　　1976年9月9日零时10分，中国共产党、中国人民解放军、中华人民共和国的主要缔造者，中国各族人民的伟大领袖，中国共产党中央委员会主席、中国共产党中央军事委员会主席、中国人民政治协商会议全国委员会名誉主席毛泽东，在北京逝世，享年83岁。

　　毛泽东同志是伟大的马克思主义者，伟大的无产阶级革命家、战略家和理论家，是领导中国人民彻底改变自己命运和国家面貌的一代伟人。

　　毛泽东1893年12月26日生，湖南湘潭人。早年在湖南第一师范学校求学，和蔡和森等组织革命团体新民学会。五四运动前后接触和接受马克思主义，1920年，在湖南创建共产主义组织。1921年，出席中国共产党建党的第一次全国代表大会，后任中共湘区委员会书记，领导长沙、安源等地工人运动。1923年，出席中共第三次全国代表大会，被选为中央执行委员，参加中央领导工作。1924年国共合作后，在国民党第一、第二次全国代表大会上都当选为候补中央执行委员，曾在广州任国民党中央宣传部代理部长，主编《政治周报》，主办第六届农民运动讲习所。1926年11月，任中共中央农民运动委员会书记。

　　国共合作全面破裂后，在1927年8月提出以革命武装夺取政权的思想，并被选为中央政治局候补委员。同年领导秋收起义，后率起义部队上井冈山，发动土地革命，创立第一个农村革命根据地。1928年，同朱德领导的起义部队会师，成立工农革命军（不久改称红军）第四军，他任党代表、前敌委员会书记。1930年8月，红军

第一方面军成立，任总政治委员。1931年，中华苏维埃共和国临时政府在江西瑞金成立，被选为主席。1933年，被补选为中共中央政治局委员。从1930年底起，同朱德领导红一方面军战胜了国民党军队的多次"围剿"。1934年10月，参加红一方面军长征。1935年1月中共中央政治局在长征途中贵州召开扩大会议（即遵义会议），确立了毛泽东在红军和党中央的领导地位，使红军和党中央得以在极其危急的情况下保存下来，胜利地完成长征，打开了中国革命的新局面。

在日本帝国主义加紧对我国的侵略、民族危机空前严重的关头，以毛泽东同志为首的党中央决定和实行了正确的抗日民族统一战线政策。

1936年12月，毛泽东同周恩来等促使西安事变和平解决，这成为由内战到第二次国共合作、共同抗日的时局转换的枢纽。抗日战争开始后，以他为首的中共中央坚持统一战线中的独立自主原则，努力发动群众，开展敌后游击战争，建立了许多抗日根据地。1942年，领导全党开展整风运动，为夺取抗日战争和全国革命的胜利奠定了思想基础。1943年3月，被选为中共中央政治局主席。1945年，主持召开中共第七次全国代表大会，毛泽东思想在这次大会上被确定为中共的指导思想。从七届一中全会起，他一直担任中共中央主席。

抗日战争胜利后，针对蒋介石的和谈骗局和内战阴谋，他提出"针锋相对"的斗争方针。1945年8月赴重庆同蒋介石谈判。1946年全面内战开始后，毛泽东同朱德、周恩来领导中国人民解放军艰苦奋战，击败了蒋介石的军队，推翻了国民党政府。1949年3月，主持召开中共七届二中全会，并作重要报告，决定把党的工作重心从农村转到城市，规定了解放全中国以后的各项基本政策。7月1日，发表《论人民民主专政》，规定了人民共和国的政权的性质及其对内对外的基本政策。

1949年10月1日，中华人民共和国建立，他当选为中央人民政

府主席。建国以后，他同老一辈革命家领导中国人民进行了革命和建设。1950年10月，迫于形势，进行了抗美援朝战争。1953年，按照他的建议，中共中央宣布了党在过渡时期的总路线，开始有系统地进行社会主义工业化和对生产资料私有制的社会主义改造。1954年，第一届全国人民代表大会第一次会议通过了由他主持起草的《中华人民共和国宪法》，在这次会议上他当选为中华人民共和国第一任主席，任职到1959年。1956年4月，作《论十大关系》的讲话，这个讲话总结了我国社会主义建设的经验，提出了探索适合中国国情的社会主义建设道路的任务。1956年，生产资料私有制的社会主义改造基本完成。同年9月，中共召开第八次全国代表大会，指出全国人民的主要任务已经转变为集中力量发展社会生产力。1957年2月，他作《关于正确处理人民内部矛盾的问题》的讲话，提出正确区分和处理社会主义社会中敌我之间和人民内部两类不同性质矛盾的学说。

1958年，发动"大跃进"和农村人民公社化运动。1958年底到1959年7月中央政治局庐山会议前期，以毛泽东为首的党中央曾经努力领导全党纠正已经觉察到的错误。但是，庐山会议后期，错误地开展了"反右倾"斗争。从1960年冬到1965年，在以他为首的中共中央领导下，对国民经济实行"调整、巩固、充实、提高"的方针，初步纠正"大跃进"和人民公社化运动中的错误，使国民经济得到比较迅速的恢复和发展。

1966年，由于对国内阶级斗争形势作出了错误的判断，他发动了"文化大革命"运动，使党、国家和人民遭到严重的挫折和损失。

毛泽东同志晚年特别是在"文化大革命"中犯了严重的错误，但是由于他对中国革命所建立的永远不可磨灭的功勋，他仍然受到中国人民的爱戴和敬仰。

主要著作收入《毛泽东选集》。

教师节确定为"9月10日"

1985年 9月10日

1985年1月21日，第六届全国人大常委会九次会议同意国务院关于建立教师节的议案，决定每年9月10日为教师节。

尊师重教是中国的优良传统。早在1932年，民国政府时便规定6月6日为教师节，1939年，国民党政府教育部决定以中国教育家孔子的诞辰8月26日为教师节。新中国成立后一段时间里，我国曾将教师节与"五一国际劳动节"合并一起，直到1985年才决定将每年9月10日为教师节。将教师节定在9月10日是考虑到全国大、中、小学新学年开始，学校要有新的气象。新生入学开始，即尊师重教，可以给"教师教好、学生学好"创造良好的气氛。此后，每年9月10日前后，全国各地都要举行教师节庆祝活动，以使尊师重教的传统得以恢复和发扬光大。

世界各国的教师节日期各不一样。1994年，联合国教科文组织将每年的10月5日定为世界教师节。

历史上的今天

1960年，石油输出国组织成立；1988年，吉尔伯特飓风肆虐美洲，死亡逾千人；1996年，联合国大会第50届会议通过《全面禁止核试验条约》。

美国遭受"9·11"恐怖袭击

2001年

9月11日

2001年9月11日，美国遭遇了迄今为止人类历史上最为严重的恐怖袭击。纽约世界贸易中心双塔大楼、美国国防部所在地五角大楼先后遭到恐怖主义分子劫持的波音757、767飞机的猛烈撞击，包括美国纽约地标性建筑世界贸易中心双塔大楼在内的6座建筑被完全摧毁，其他23座高层建筑遭到破坏。此次恐怖袭击共造成3000多人死亡和失踪，经济损失数千亿元。

"9·11恐怖袭击事件"被美国政府称为是其历史上第二次"珍珠港事件"。此后，世界各国都加强了反恐斗争。

历史上的今天

1862年，美国小说家欧·亨利诞辰；1941年，中国国际广播电台开播。

303

集成电路"诞生"

1958年9月12日，美国德州仪器工程师杰克·基尔比（Jack Kilby）成功地将发明的微芯片进行了演示，人类历史上第一块集成电路由此诞生。他的这一发明，确立了整个现代微电子技术领域的概念和技术基础，因此，他被公认为"改变了这个世界的人"。

1923年，基尔比生于美国密苏里州杰斐逊市，大学毕业获电子工程学士、硕士学位。1958年，基尔比加入了德州仪器公司。就在那年的7月，当公司所有的人都去尽情享受传统的双周假期时，他构思并设计出一个电路，将所有有源和无源元器件都集合到只有一块曲别针大小的半导体材料锗上，人类历史上第一块集成电路就此诞生。2000年，基尔比因这一项伟大的发明荣获诺贝尔物理学奖。

基尔比一生摘取了无数奖项。他曾获美国政府颁发的最高科学奖——美国国家科学奖章。1982年，他被列入美国国家发明家名人馆，他的相片与亨利·福特、托马斯·爱迪生、怀特兄弟并列放置于"美国发明展厅"。2003年，基尔比去世，享年81岁。

历史上的今天

1948年，辽沈战役打响，辽沈战役是中国人民解放战争中具有决定意义的三大战役之一；1990年，我国兰新铁路西段与苏联土西铁路在中苏边境的新疆阿拉山口站和苏联德鲁日巴站之间胜利接轨，第二座亚欧大陆桥贯通；1997年，中国宣布再裁军50万。

巴勒斯坦、以色列 签署和平协议

1993年 9月13日

1993年9月13日上午11时，巴勒斯坦以色列和平协议《巴勒斯坦有限自治原则宣言》的签字仪式在白宫南草坪隆重举行，这是中东和平进程中划时代的里程碑。

11时15分，美国总统克林顿、巴解主席阿拉法特和以色列总理拉宾等走上主席台，会场响起了雷鸣般的掌声。

克林顿总统首先讲话说，巴以签署和平协议是历史性的伟大事件。他表示继续支持巴以解决在前进道路上的困难和障碍。11时40分，以色列外长佩雷斯和巴解组织执委会成员阿巴斯代表以色列和巴解组织在原则宣言上签字，中东和谈两主席美国国务卿克里斯托弗和俄罗斯外长科济列夫作为证人也在宣言上签字。签字后，克林顿总统分别与拉宾和阿拉法特握手，接着阿拉法特与拉宾握手。这是两位过去几十年相互视为仇敌的领导人首次握手。

出席签字仪式的还有联合国秘书长加利，美国政要及各界代表等共约3000人。

历史上的今天

1959年，第一届全国运动会在北京举行；1985年，美国反卫星武器进行首次试验。

305

石油输出国组织成立

1960年 9月14日

　　1960年9月，伊朗、伊拉克、科威特、沙特阿拉伯和委内瑞拉的代表在巴格达开会，决定联合起来共同应对西方石油公司，维护石油收入，14日，五国宣告成立石油输出国组织（Organization of Petroleum Exporting Countries，OPEC），简称"欧佩克"。1962年11月6日，欧佩克在联合国秘书处备案，成为正式的国际组织。

　　欧佩克现有11个成员国。随着成员的增加，欧佩克已发展成为亚洲、非洲和拉丁美洲一些主要石油生产国的国际性石油组织。欧佩克总部设在奥地利的维也纳。欧佩克旨在通过消除有害的、不必要的价格波动，确保国际石油市场上石油价格的稳定，保证各成员国在任何情况下都能获得稳定的石油收入，并为石油消费国提供足够、经济、长期的石油供应。

历史上的今天

　　1867年，《资本论》第一卷在德国汉堡出版，这是人类社会思想史和国际共产主义运动史上划时代的重大事件；1927年，美国舞蹈家、现代舞蹈创始人伊莎贝拉·邓肯（1878-1927）逝世。

绿色和平组织成立

1971 年 9 月 15 日，12名怀有共同梦想的人从加拿大温哥华启航，驶往阿拉斯加州安奇卡岛（Amchitka），去阻止美国在那里进行的核试验。他们在渔船上挂了一条横幅，上面写着"绿色和平"。尽管中途遭到美国军方阻拦，但他们的行动却引发了舆论和公众的声援。次年，美国决定放弃在安奇卡岛进行核试验。就是这件事，引发了当今全球最大规模的环保运动——绿色和平运动。

在此后的 30 多年里，绿色和平组织逐渐发展成为全球最有影响力的环保组织之一。现在，绿色和平组织的总部设在荷兰的阿姆斯特丹，并在30多个国家设有分会。绿色和平组织宣称自己的使命是："保护地球、环境及其各种生物的安全及持续性发展，并以行动作出积极的改变。"他们继承了创始人勇敢独立的精神，坚信以行动促成改变。同时，通过研究、教育和游说工作，推动政府、企业和公众共同寻求环境问题的解决方案。

历史上的今天

1916年,坦克在"一战"中首次使用;1975年,现代画家、文学家丰子恺（1898-1975）逝世。

第一个
"世界保护臭氧层日"

　　1995年1月23日，联合国大会考虑到保护臭氧层对地球生命的紧迫性，决定并宣布从当年开始每年的9月16日为"国际保护臭氧层日"。旨在国际社会能按照1987年9月16日签署的《关于消耗臭氧层物质的蒙特利尔议定书》及其修正案的目标，在国家水平上采取具体行动。

　　1985年，英国南极考察队在南极(南纬60°)观测站发现臭氧"空洞"并被"雨云7号"卫星观测数据证实，已出现全球性平流层臭氧浓度下降。多年来的研究表明，平流层臭氧减少1%，紫外线对地球表面辐射量将增加2%。而人类和其他生物有机体在长期演化中，已适应在正常臭氧层保护下的紫外线辐照量。如果臭氧层不断遭到破坏导致紫外线对地球表面辐射量的持续增加，势必对生态环境产生破坏作用。目前，臭氧层的问题已被国际社会公认为与酸雨、温室效应并列的全球性环境问题。

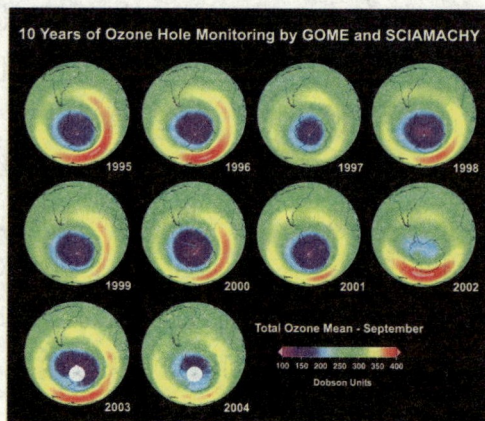

10 Years of Ozone Hole Monitoring by GOME and SCIAMACHY

Total Ozone Mean - September

历史上的今天

　　1908年，美国通用汽车公司成立；1932年，侵华日军制造平顶山惨案；1957年，国画大师齐白石(1864-1957)逝世。

我国首次人工合成结晶牛胰岛素

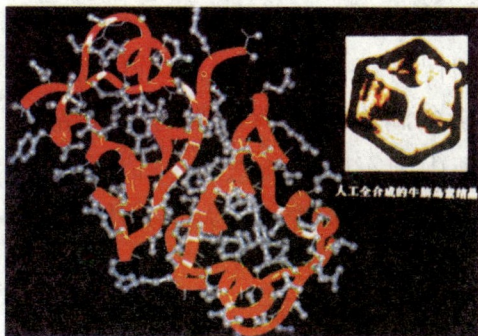

1965年

9月17日

人工全合成的牛胰岛素结晶

1965 年 9 月 17 日，我国首次人工合成了结晶牛胰岛素，这是当时人工合成的具有生物活力的最大的天然有机化合物，实验的成功使中国成为第一个人工合成蛋白质的国家。

牛胰岛素是一种蛋白质分子，它的化学结构于 1955 年由英国科学家桑格测定阐明。

1959 年，在国家科委的组织领导下，北京大学化学系、中国科学院生物化学研究所和上海有机化学研究所等共同组成了一个统一的研究队伍，开始胰岛素合成研究。1965 年 9 月 17 日，中国科学家密切合作，终于完成了结晶牛胰岛素的全合成。经过严格鉴定，它的结构、生物活力、物理化学性质、结晶形状都和天然的牛胰岛素完全一样。结晶牛胰岛素的合成为人类认识生命、揭开生命奥秘迈出了一大步。

历史上的今天

1894 年，中日甲午海战中，致远舰管带邓世昌、经远舰管带林永升壮烈殉国；1949 年，杨虎城被害于重庆"中美合作所"；1997 年，《全面禁止杀伤性地雷公约》签署，美国拒签。

309

九一八事变爆发

1931年9月18日晚上，日本驻中国的侵略军关东军，自行炸毁沈阳北郊柳条湖附近南满铁路的一段路轨，反诬中国军队破坏铁路，并借此突然袭击了东北军驻地北大营和沈阳，随即在几天内侵占20多座城市及其周围的广大地区。从而揭开了对中国乃至对亚洲及太平洋地区进行全面武装侵略的序幕。

九一八事变的发生，是日本帝国主义为了吞并中国、称霸亚洲及太平洋地区而采取的一个蓄谋已久的重要侵略步骤。早在1927年夏，日本内阁就在东京召开"东方会议"，制定了《对华政策纲领》，声称中国东北"在(日本)国防和国民的生存上有着重大的利害关系"。同年7月，内阁首相田中义一向天皇奏呈"田中奏折"，公然宣称："欲征服中国，必先征服满蒙，欲征服世界，必先征服中国"，从而确立了侵华的战略。1931年，日本军部秘密制订了有关侵略我国东北的方针、步骤和措施。周密准备后，日本帝国主义悍然发动了九一八事变。

历史上的今天

1993年，《中国大百科全书》集齐出版；1999年，中共中央国务院中央军委决定表彰为研制"两弹一星"作出突出贡献的科技专家并授予"两弹一星功勋奖章"。

庄泳为我国夺得
首枚奥运游泳奖牌

1988年
9月19日

　　1988年9月19日，在汉城举行的第24届奥运会上，庄泳以55秒47夺得女子100米自由泳银牌，创该项目亚洲最好成绩，这也是我国游泳运动员在奥运会上夺得的首枚奥运游泳奖牌。

　　庄泳1972年出生于上海，7岁进入游泳学校，1984年进入上海队。1985年在第一届全国青少年运动会上，13岁的她崭露头角，一人独获3枚金牌、3枚银牌。1986年，庄泳入选国家游泳集训队。此后，庄泳在各大国际赛事中连创佳绩，并多次刷新女子100米和200米的自由泳亚洲纪录。其中，1990年，在北京举行的第11届亚运会游泳比赛中，庄泳获得100米和200米自由泳、4×100米自由泳接力和4×100米混合泳接力四枚金牌。1992年，在巴塞罗那举行的第25届奥运会上，庄泳以54秒64的成绩击败了当时世界纪录保持者美国选手汤普森，夺得女子100米自由泳金牌，这是中国游泳运动员在奥运会上的首枚金牌。1993年，庄泳退役。

1985年，墨西哥发生里氏7.8级强烈地震。

311

中华人民共和国国徽图案"诞生"

1950年9月20日，毛泽东主席签署中央人民政府命令，公布关于中华人民共和国国徽图案及对该图案的说明等。1951年5月1日，由沈阳第一机床厂铸造出的中国第一枚金属国徽正式悬挂在天安门城楼上。

中华人民共和国国徽中间是五星照耀下的天安门，周围是谷穗和齿轮。在国徽中，天安门图案是民族精神的象征。天安门是五四运动的发源地，又是中华人民共和国成立时举行开国大典的场所，所以用天安门图案作为民族精神的象征。齿轮、麦稻穗象征工人、农民阶级。国旗上的五星，代表中国共产党领导下的全国人民大团结，表现新中国的性质是工人阶级领导的以工农联盟为基础的人民民主专政的社会主义国家。国徽在颜色上用正红色和金红色互为衬托对比，体现了中华民族特有的喜庆的民族色彩和传统，既庄严又富丽。

1946年，法国举行首届戛纳电影节；1954年，《中华人民共和国宪法》颁布实施；1981年，中国首次发射一箭三星成功。

我国飞机设计师
冯如第一次试飞成功

1900年
9月21日

1909年9月21日，冯如在美国成功试飞了由中国人制造的第一架飞机。

冯如是中国第一位飞机设计师、制造者和飞行家。冯如原名冯九如，广东恩平人。12岁时，冯如随父漂洋过海到美国谋生。他目睹了美国先进工业文明，认为国家富强必须依靠工业的发达。于是，他决定功读机械学，经过数年刻苦钻研，冯如不但具备了广博的机械制造知识，更成为了一位小有名气的机器制造家。

1903年，当得知莱特兄弟发明了飞机后，冯如也决心制造一架中国人自己的飞机。在当地华侨的赞助下，1907年他建起了一座飞机制造厂。1909年9月21日，冯如终于成功试飞了由中国人制造的第一架飞机。经测定，冯如这架飞机首飞距离比莱特兄弟的首飞纪录还要远。

1911年2月，冯如谢绝美国多方的聘任，带着助手及两架飞机回到中国，以图报效祖国。辛亥革命后，冯如被广东革命军政府委任为飞行队长。1912年8月25日，冯如在广州燕塘飞行表演中不幸失事牺牲，被追授为陆军少将，遗体安葬在黄花岗，并立碑纪念，被尊为"中国首创飞行大家"。

历史上的今天

1985年，墨西哥发生里氏7.8级大地震，数千人丧生；1989年，首届中国电影节在北京开幕；1990年，久经考验的无产阶级革命家、军事家，中华人民共和国的缔造者之一，长期担任党、国家和军队重要领导职务的卓越领导人徐向前（1901-1990）逝世。

1990年 9月22日

第11届亚运会在北京开幕

1990年9月22日至10月7日，第11届亚运会在北京隆重举办，这是中国第一次举办综合性国际体育大赛，这也是亚运会诞生以来的40年间，第一次由中国承办的亚洲运动会。

1983年，中国向亚洲奥林匹克理事会提出申办1990年亚运会的申请，1984年，在汉城的亚奥理事会代表大会中，北京在申办城市的竞逐中胜出获得承办权。

此届亚运会以"团结、友谊、进步"为主题。吉祥物为熊猫"盼盼"。

亚运会圣火是从西藏海拔7117米的念青唐古拉峰下，由15岁的藏族姑娘达娃央宗采集的。此后，历时1个月的"亚运之光"火炬接力，遍及中国30个省、自治区、直辖市，行程18万多千米，参加者达1.7亿之众。开幕时亚运会圣火由中国第一位奥运金牌选手许海峰及跳水奥运金牌高敏，以及女排队员的张蓉芳共同点燃。

第11届亚运会开幕式上的大型团体操表演《相聚在北京》给来自各国的运动员和宾客们留下了深刻的印象。来自36个国家地区的亚洲奥林匹克理事会会员国，4655名选手参加北京亚运会。除伊拉克和约旦外，其余亚奥委会员国全部出席北京亚运会，使得比赛项目及参赛人员，都打破以往各届亚运会规模。

此届亚运会举办了27种运动308项比赛，还举办了棒球和软式网球两种示范赛。此届亚运会共打破4项世界纪录、40项亚洲纪录及63项亚运会纪录。4项世界纪录中，有3项是韩国选手在射箭比赛中所创造的，另一项则是中国女子自行车选手周玲美在女子1000米计时赛中打破的。

经过16天的竞技，中国囊括了183金、107银和51铜共341枚奖牌，排名第一。韩国以54金、54银、73铜共181枚奖牌，排名第二。日本得到38金、60银、76铜共174枚奖牌排在第三。

历史上的今天

1862年，美国第16任总统林肯发表《解放黑人奴隶宣言》；1980年，两伊战争爆发。战争前后历时7年零11个月，至1988年8月20日结束。两伊战争是20世纪最长的战争之一，也是二战以后伤亡最大的战争之一；1991年，国际呼救信号由GMDSS代替SOS。SOS用做国际呼救信号已长达1个世纪之久；1994年，国际考古学家小组在埃塞俄比亚发现了440万年以前人类最早祖先的遗骨化石，从而填补了人类与类人猿之间进化史上的空白。

精神分析学奠基人弗洛伊德逝世

1939年
9月23日

1939年9月23日，精神分析法创始人西格蒙·弗洛伊德在伦敦逝世，终年83岁。

弗洛伊德1856年生于奥地利库拉维亚，1873年，入维也纳大学攻读医学，1881年，获医学博士学位，任讲师。1895年，弗洛伊德创立精神分析法，提出用精神分析的方法治疗癔病的理论。这个学说对心理学、医学、人类学以及史学、文艺、哲学都产生了程度不同的影响。

弗洛伊德从1902年起一直任教于维也纳大学。1908年，他建立了维也纳精神分析学会，很快欧洲各国的精神分析学会均相继成立，并建立了国际精神分析协会。

1923年，他又将人的心理结构分成三个层次，创立了一个全新的心理学研究领域。1938年，因法西斯德国侵占奥地利他移居英国。

弗洛伊德的主要著作有《癔病研究》（与布洛伊尔合著）、《释梦》、《精神分析的起源和发展》、《梦的解析》等。

历史上的今天

1846年，德国天文学家伽勒第一次观察到海王星；1913年，法国飞行员罗兰·加罗斯用7小时53分驾机从法国飞往突尼斯成功，创下人类第一次飞越地中海的纪录，这也是当时完成的最长距离的海上飞行。

人民大会堂建成

1958年8月，为庆祝建国10周年，中共中央、国务院做出指示，决定在北京兴建一批重大建筑工程，这些工程包括：人民大会堂、中国历史革命博物馆、国家剧院、军事博物馆、艺术展览馆、民族文化宫、农业展览馆等。这些重大建筑必须在1959年国庆节时投入使用。1958年10月，人民大会堂开始动工兴建。1959年9月24日，人民大会堂建成。整个建筑过程仅用了10个多月。

人民大会堂坐落于天安门广场的西侧，西长安街南侧，建筑面积17.18万平方米。人民大会堂正门面对天安门广场，正门门额上镶嵌着中华人民共和国国徽，正门迎面有12根浅灰色大理石门柱，门柱直径2米、高25米。四面门前有5米高的花岗岩台阶。人民大会堂建筑主要由三部分组成：进门是简洁典雅的中央大厅（只是门厅不设座位）。厅后是南北达76米、东西达60米的万人大会堂；大会堂北翼是有5000个席位的大宴会厅，南翼是全国人大常务委员会办公楼。大会堂内还有以全国各省、市、自治区名称命名的，富有地方特色的厅堂。

1884年，我国近代著名科学家、中国近代化学的奠基人徐寿（1818-1884）逝世。

2008年
9月25日

我国成功发射"神舟"七号载人飞船

2008年9月25日21时10分04秒988毫秒，"神舟"七号载人飞船在中国酒泉卫星发射中心由"长征二号"F火箭发射升空，进行载人航天飞行。这一次中国的航天员首次实现了出舱行走，使中国成为第三个有能力把航天员送上太空并进行太空行走的国家。

"神舟"七号载人飞船载有三名宇航员，分别是翟志刚（指令长）、刘伯明和景海鹏。此次飞行的主要任务是实施中国航天员首次空间出舱活动，同时开展卫星伴飞、卫星数据中继等空间科学和技术试验。9月27日16时30分，景海鹏留守返回舱，翟志刚（指令长）、刘伯明分别穿着中国制造的"飞天"舱外航天服和俄罗斯出品的"海鹰"舱外航天服进入"神舟"七号载人飞船兼任气闸舱的轨道舱。翟志刚出舱作业，刘伯明在轨道舱内协助（刘伯明的头部、手部部分出舱），实现了中国航天史上宇航员第一次的太空漫步。9月28日17时37分，"神舟"七号载人飞船成功着陆于中国内蒙古四子王旗着陆场。

历史上的今天

1881年，我国伟大的无产阶级文学家、思想家、革命家，著名的翻译家鲁迅诞辰。

大庆油田被发现

1959年

9月26日

1959年9月26日，中国石油勘探队在地址学家李四光、黄汲清等人的领导下，在东北松辽盆地陆相沉积中找到了工业性油流。时值国庆十周年，于是这个油田便以"大庆"命名。大庆油田的发现，打破了中国是"贫油国"的论调，使中国石油工业从此走进了历史的新纪元。

大庆油田的发现和大庆会战的胜利，刺激着中国石油工业飞速地发展。而华北油田、胜利油田、大港油田、辽河油田的陆续发现，及一场又一场的石油会战见证了中国一步步从贫油国变富油国，从石油进口国变石油出口国的历程。

历史上的今天

1849年，"生理学之父"巴甫洛夫诞辰；1953年，近代著名画家徐悲鸿（1895-1953）逝世；1984年，中、英两国政府在北京草签《关于香港问题的联合声明》和三个附件；1997年，美国和俄罗斯在纽约签署了一揽子裁军协议，以保持两国在削减战略武器方面的平衡，为双方正式履行《第二阶段削减战略武器条约》铺平道路。

1955年

9月27日

中华人民共和国十大元帅授勋

　　1955年9月27日，第一届全国人大常委会第二十二次会议通过了授予中华人民共和国元帅军衔的决议。下午，由国家主席毛泽东主持的授元帅军衔和勋章的典礼在北京中南海怀仁堂举行，朱德、彭德怀、林彪、刘伯承、贺龙、陈毅、罗荣桓、徐向前、聂荣臻、叶剑英十人被授予中华人民共和国元帅军衔。同一天，国务院隆重举行授予将官军衔的典礼，国务院总理周恩来发布命令状，授予粟裕等十人大将军衔。中国人民解放军著名的"十大元帅"与"十大大将"由此确立。

　　军衔制度产生于15世纪的欧洲。随着战争规模的扩大，指挥机构中总参谋部的出现，军、师、旅、团、营等建制的形成，使得与其规模相对应的元帅、将、校、尉等军衔等级应运而生。军衔制打破了按出身门第封官晋爵的世袭旧军制，而以战功评价报酬和地位，因此广泛吸引了农民、平民等各阶层的人士。我国正式实行军衔制是在1955年，之后，中国人民解放军军衔制经历了取消、恢复以及多次修改。

历史上的今天

　　1825年，世界第一条铁路在英国正式通车；1932年，谱写《国际歌》的法国工人作曲家皮埃尔·狄盖特(1848—1932)逝世；1988年，我国核潜艇水下发射运载火箭成功。

法国化学家巴斯德逝世

1895年 9月28日

    1895年9月28日，法国微生物学家、化学家路易斯·巴斯德（1822-1895）逝世。巴斯德是近代微生物学的奠基人，他所提出的疾病细菌学说和发明的预防接种免疫法均对人类产生了深远的影响。

    巴斯德最初进行的是对物质光学性质的研究。1854年后，他逐步地转向了微生物学领域的研究，开始潜心研究发酵问题，他证明了发酵过程是某种微生物作用的结果并发表"关于乳酸发酵记录"的经典论文。同时他发明了一种加热灭菌的方法（叫做巴斯德氏消毒法，这个方法至今仍在使用，市场上出售的消毒牛奶就是用这种办法消毒的）。之后，巴斯德又开始潜心研究炭疽——一种侵袭牛和许多其他动物包括人在内的严重传染病。巴斯德证明有一种特殊的细菌是这种病的致病因素。但是远比这更为重要的是他发明了一种弱株炭疽杆菌，用这种弱株给牛注射，会使这种病发作轻微，而无致命危险，并且还会使牛对此病产生免疫力。巴斯德公开演示证明了他的方法会使牛产生免疫力，引起了巨大的轰动。人们很快就意识到他的这种方法可用于许多其他传染病的预防。1880年，巴斯德又成功地研制出鸡霍乱疫苗、狂犬病疫苗等多种疫苗。

历史上的今天

    1898年，"戊戌六君子"被处死；1992年，中国当代最杰出的漫画家之一、"三毛之父"张乐平（1910-1992）逝世；1994年，"爱沙尼亚"号客轮在芬兰近海沉没，这是自第二次世界大战以来发生在欧洲最严重的一次海难事故。

我国与日本建立外交关系

1972年 9月29日

1972年9月29日，我国与日本正式建立外交关系，从此，两国关系翻开了新的一页。

1972年9月25日，日本首相田中角荣抵达北京，开始了对中国的正式访问。在田中角荣首相访华期间，周恩来总理同他共进行了四次会谈。在28日下午的第四次会谈中，双方就外长级进行磋商的联合声明的内容达成了最后协议，一致同意于9月29日建立两国间外交关系。会谈中，周恩来总理引用了中国《论语》中的"言必信，行必果"，赞扬田中角荣首相和大平正芳外相使两国的和平友好有了良好的开端。田中角荣首相则引用了日本旧宪法中的"信为万事之本"，表示了恪守诺言的决心。9月29日，周恩来总理和日本国首相田中角荣代表两国政府在北京签署了《中日联合声明》，宣布自该声明公布之日起，两国之间"迄今为止的不正常状态宣告结束"，中、日两国正式建立外交关系。声明中"日本国政府承认中华人民共和国政府是中国的唯一合法政府"，"中国政府重申：台湾是中华人民共和国领土不可分割的一部分。日本国政府充分理解和尊重中国政府的这一立场，并坚持遵循波茨坦公告第八条的立场"。声明中"日本方面痛思日本国过去由于战争给中国人民造成的重大损失的责任，表示深刻的反省"；"中国政府宣布，为了中日两国人民的友好，放弃对日本的战争赔偿要求"。

历史上的今天

1913年，中国第一部电影故事片《难夫难妻》在上海放映；1957年，我国第一座天文馆北京天文馆开馆；1974年，中国第二大油田胜利油田建成。

纽伦堡国际法庭对纳粹战犯宣判

1946年

9月30日

　　第二次世界大战期间，德、日、意法西斯帝国主义者的暴行，激起了全人类的义愤，从而促进了在国际法中建立惩治战争犯罪的国际责任制度。1943年10月30日，苏、美、英三国莫斯科外长会议签署的《莫斯科宣言》作出了关于追究和惩治法西斯战犯的决议，即战后将把战犯押往犯罪地点，由受害国根据国内法审判。1945年8月8日，苏、美、英、法在伦敦签订了《关于控诉和惩处欧洲轴心国家主要战犯的协定》及附件《欧洲国际军事法庭宪章》。进一步规定，由四国各指派一名法官和一名预备法官组成国际军事法庭，对无法确定其具体犯罪地点的纳粹德国首要战犯进行统一审判。截至1945年末，加入上述协定的国家除苏、美、英、法外，还有澳大利亚、比利时、捷克斯洛伐克、丹麦等十余个国家。这些国家就是法庭的原告，并且这些国家各指派了一名检察官，组成侦查和起诉委员会。1946年1月19日，远东盟军最高统帅部公布了《远东国际军事法庭宪章》。根据伦敦协定和欧洲、远东国际军事法庭宪章，在纽伦堡、东京分别对德、日法西斯战犯进行审判。

　　1945年10月18日，国际军事法庭第一次审判在柏林举行，自1945年11月20日移至德国纽

伦堡城。向纽伦堡法庭提起控诉的被告有6个犯罪组织和22名德国首要战犯。法庭自1945年11月20日开始审讯，结束于1946年8月31日，于9月作出判决，并于9月30日至10月1日宣布了判决书。

法庭对24名被告中的22人作了宣判：戈林等12人被处绞刑。其中10人被执行(戈林刑前自杀，博尔曼被缺席审判)。冯克等3人被判无期徒刑，希拉赫纽赖特等4人被判10年至20年不等的有期徒刑，沙赫特、巴本和弗立茨等3人无罪并予以释放。 在被起诉的组织和团体中，党卫军、特别勤务队和盖世太保以及纳粹党元首兵团被宣布为犯罪组织。

历史上的今天

1862年，德国首任宰相俾斯麦实行"铁血政策"；1938年9月29日至30日，英国首相张伯伦、法国总理达拉第、纳粹德国元首希特勒和意大利首相墨索里尼参加了在德国慕尼黑举行的关于割让捷克斯洛伐克的苏台德领土给德国的四国首脑会议；1941年，莫斯科保卫战开始；1949年，人民英雄纪念碑奠基；1993年，印度发生里氏6.4级强烈地震。

324

10月

历史上的今天

开国大典

京张铁路全线通车

分裂45年的德国重新统一

苏联发射人类第一颗人造地球卫星

第一届上海国际电影节开幕

辛亥革命爆发

我国成功发射"神舟"六号载人飞船

我国第一颗原子弹爆炸成功

联合国成立

中国恢复在联合国的合法席位

……

1949年
10月1日

开国大典

　　1949年9月21日，由中国共产党发起召开的，由各民主党派、各人民团体、各地区、人民解放军、各少数民族、国外侨胞和爱国人士代表参加的中国人民政治协商会议第一届全体会议在北京隆重开幕。会议通过了具有临时宪法作用的《中国人民政治协商会议共同纲领》，制定了《中国人民政治协商会议组织法》和《中华人民共和国中央人民政府组织法》等重要文件，会议决定中华人民共和国定都北平，自即日起北平改名为北京；采用公元纪年；以《义勇军进行曲》为代国歌；国旗定为五星红旗。9月30日，在最后一次会议上，一致决议宣布中华人民共和国正式成立。

1949年10月1日，这是一个永远为中国人民所纪念的日子。这一天，北京30万军民聚集在天安门广场上举行了中华人民共和国中央人民政府成立典礼即开国大典。人群和旗帜、彩绸、鲜花、灯饰，汇成了喜庆的锦绣海洋。下午3时，毛泽东和朱德两位伟人一前一后，沿着城楼西侧的古砖梯道，最先登上了天安门城楼。当林伯渠宣布典礼开始后，中央人民政府主席、副主席和委员就位。领袖毛泽东走到麦克风前庄严宣布："中华人民共和国、中央人民政府，今天，成立了!"这个洪亮的声音震撼了北京城，震撼了全国，震撼了全世界。

之后，毛泽东亲手按动电钮，一面鲜艳的五星红旗在广场上冉冉升起。与此同时，军乐队高奏《义勇军进行曲》，当人们注目五星红旗时，代表着54个民族的54门礼炮齐鸣28响，它标志着中国共产党领导中国人民英勇奋斗28年，终于取得了中国新民主主义革命的最后胜利。

升旗之后，毛泽东宣读了《中华人民共和国中央人民政府公告》，紧接着举行了规模浩大的阅兵式和群众游行。庆祝活动到晚上9时结束，但欢乐的人群依然抑制不住内心的兴奋。

中华人民共和国的成立是20世纪世界历史进程中的重大事件。新中国的成立冲破了帝国主义的东方战线，壮大了世界和平、民主和社会主义的力量，鼓舞了世界被压迫民族和被压迫人民反帝、反殖斗争和民主革命运动，引领了二战后广大发展中国家争取国家独立和民族解放运动。

1909年
10月2日

京张铁路全线通车

　　1909年10月2日，中国人自行设计和施工的第一条铁路干线京张铁路（北京—张家口）全线通车。京张铁路的建成不但是中国人民和中国工程技术界的光荣，更是中国近代史上中国人民反帝斗争的一个胜利。负责设计和修建这条铁路的是我国杰出的铁路工程专家詹天佑。京张铁路现为北京至包头铁路线的首段。

　　清末，帝国主义疯狂争夺中国铁路建筑权。具重要战略地位的京张铁路建筑权，更是英国和沙俄激烈争夺的目标。英、俄各自向清朝提出威胁：中国若不能用自己的钱和工程师来建筑京张铁路，就必须由他们来修筑。在这重重压力下，1905年，詹天伯承担了修筑京张铁路的任务。詹天佑毕业于美国耶鲁大学，在京张铁路修建中他因地制宜运用"人"字形线路，减少工程数量，并利用"竖井施工法"开挖隧道，打通了长达1091米、闻名世界的八达岭隧道。1909年8月11日，京张铁路建成，10月2日，全长约200多千米的京张铁路全线通车。

历史上的今天

　　1869年，印度民族解放运动领袖甘地诞辰；1925年，英国发明家贝尔德发明电视；1997年，欧盟正式签署《阿姆斯特丹条约》。

分裂45年的德国重新统一

1990年
10月3日

1990年10月3日零时，在柏林帝国议会大厦前，伴随着德意志联邦共和国的国歌声，黑红黄三色的德意志联邦共和国国旗徐徐升起。这一仪式向全世界宣告，分裂长达45年之久的德国重新统一了。

第二次世界大战后，德国分裂为德意志民主共和国和德意志联邦共和国两个国家。1955年，两国分别加入华沙条约组织和北大西洋公约组织。1989年底，德国民主共和国政局发生急剧变化。1990年3月，德意志民主共和国实行大选，"基民盟"德梅齐埃上台组阁，两德统一步伐大大加快。5月18日，两德签署了关于建立两德货币、经济和社会联盟的国家条约。经过一系列的努力，9月12日，两德外长与美、苏、英、法外长签署最后解决德国问题的条约，使德国的统一得到前战胜国的同意。1990年10月3日，德国民主共和国正式加入联邦共和国，两德实现统一。

历史上的今天

1950年，中国人民大学正式成立；1972年，美苏限制战略核武器条约生效；1994年，联合国确认卢旺达发生大屠杀。

1957年
10月 4 日

苏联发射人类第一颗
人造地球卫星

1957年10月4日，世界上第一颗人造地球卫星"斯普特尼克"1号由苏联发射成功，人类从此进入了利用航天器探索外层空间的新时代。

"斯普特尼克"1号的主要探测项目为：测量200~500千米高度的大气密度、压力、磁场、紫外线和X射线等。"斯普特尼克"1号升空后在轨道中度过了92天，绕地球飞行了约1400圈。1958年1月4日，"斯普特尼克"1号坠入大气层烧毁。

人造卫星是环绕地球在空间轨道上运行（至少一圈）的无人航天器。人造卫星基本按照天体力学规律绕地球运动，但因在不同的轨道上，受非球形地球引力场、大气阻力、太阳引力、月球引力和光压的影响，实际运动情况非常复杂。

人造卫星是目前发射数量最多、用途最广、发展最快的航天器，约占航天器发射总数的90%以上。

历史上的今天

1991年，《南极环保议定书》通过；1992年，阿姆斯特丹空难发生。

"超级计算机之父"
西摩·克雷逝世

1996年10月5日，"超级计算机之父"西摩·克雷（Seymour Cray）因车祸在美国逝世，终年71岁。

超级计算机是计算机中功能最强、运算速度最快、存储容量最大的一类计算机，多用于高科技领域和尖端技术研究，其研制水平是国家科技发展水平和综合国力的重要标志，而美国人克雷则是当之无愧的"超级计算机之父"。时至今日，全世界400多台超级计算机中，有220台出自克雷公司，美国国防部称他为"美国民族的智多星"。1958年，克雷设计建造了世界上第一台基于晶体管的超级计算机，成为计算机发展史上的重要里程碑。同时，他对精简指令(RISC)高端微处理器的产生也有重大的贡献。作为高性能计算机领域中最重要的人物之一，他亲手设计了Cray全部的硬件与操作系统，其中作业系统也是他用机器码编写出来的。

（超级计算机，通常是指由数百数千甚至更多的处理器组成的、能计算普通PC机和服务器不能完成的大型复杂课题的计算机。）

历史上的今天

1938年，德军占领苏台德地区；1998年，我国在联合国总部签署《公民权利和政治权利国际公约》。

1927年 10月6日 世界第一部有声电影首映

1927年10月6日，美国华纳兄弟公司出品的、世界上第一部有声故事片《爵士歌王》在纽约首映。从此，电影告别了"默片时代"。

1895年，电影诞生后，由于受声音技术的局限，在很长一段时间内电影是无声的。为了弥补这个缺憾，人们想了种种办法。刚开始时，电影院在放映影片的时候让配音演员站在幕后说话。这种方法采用了一段时间后就被淘汰了。后来，有人又想出一个办法：在电影放映现场进行音乐伴奏。这个办法比较受欢迎，曾风行了将近30年。到了1910年8月27日，大发明家爱迪生宣布了他的最新一项发明：有声电影。而后，美国华纳兄弟公司成功地运用了爱迪生的发明，在1926年推出了第一部带有声音的影片《唐璜》，但这部影片中的声音还只限于一些音乐。次年，华纳又推出了《爵士歌王》，这部影片不仅有音乐，还加入了一部分对白，所以被看做是电影史上第一部有声片。

历史上的今天

1905年，俄国铁路工人大罢工；1973年，第四次中东战争（又称十月战争）爆发；1976年，我国粉碎"四人帮"。

历史上的今天

（四）

LISHISHANGDE

JINTIAN

李 铁 等／编著

吉林人民出版社

第一届
上海国际电影节开幕

1993年
10月7日

1993年10月7日，我国第一个国际电影节"上海国际电影节"拉开了帷幕。

上海国际电影节由中国国家广播电影电视总局和上海市人民政府主办，上海市文化广播影视局和上海文化广播影视集团共同承办。电影节成功创办后的第二年即获得了国际电影制片人协会的认证，被归类于国际A类电影节。目前国内只有它是A类国际电影节。上海国际电影节的活动主要有四项，即金爵奖国际影片评选、国际电影展览放映、国际电影交易，及金爵国际电影论坛暨亚洲新人奖评选。上海国际电影节的最高奖"金爵奖"下设最佳影片、最佳导演、最佳男女演员、评委会特别奖等八个奖项，都由来自各国的国际评委评审产生。

上海电影节开始时，每两年举办一届，从第5届（2001年）起改为每年举办一届。

历史上的今天

1860年，英法侵略军火烧圆明园；1936年，红军三大主力胜利会师，长征结束；2001年，阿富汗战争爆发，世界反恐战争开始。

333

中国选手在世界体操锦标赛上首次夺得个人全能冠军

1995年
10月8日

1995年10月8日，在日本鲭江举行的第31届世界体操锦标赛中李小双获男子个人全能冠军，这是中国选手在世界体操锦标赛中首次夺得个人全能冠军。

李小双1973年生于湖北仙桃一个普通的工人家庭，6岁开始练体操，1983年9月进省队，1989年进国家队。1983年至1989年间，因身体条件并不出众，他曾三进两出国家队。1995年，在日本鲭江举行的世界体操锦标赛男子个人全能比赛中，李小双以57.998分的成绩夺得冠军，成为第一位夺得体操世锦赛个人全能金牌的中国选手。1996年，李小双在亚特兰大第26奥运会上再次夺取个人全能金牌，这枚金牌是我国体操史上第一块个人全能奥运金牌。

历史上的今天

1998年，哈勃发现迄今最遥远的星系。

世界著名发明家
托马斯·爱迪生逝世

1931年
10月9日

　　1931年10月9日，被誉为"世界发明大王"的美国著名发明家托马斯·爱迪生离开人世，终年84岁。

　　爱迪生是人类的文明和进步作出了巨大的贡献的发明家。1847年2月11日，爱迪生出生于美国俄亥俄州的米兰。爱迪生一生约有2000项创造发明，除了在留声机、电灯、电话、电报、电影等方面的发明和贡献外，在矿业、建筑业、化工等领域也有不少的创造和发明。

　　爱迪生一生勤奋好学，善于思考，努力工作。当有人称爱迪生是位"天才"时，他却解释说："天才就是2%的灵感加上98%的汗水。"在他75岁时，他还每天准时到实验室上班。他每天工作十几个小时，晚间还要在书房读三至五小时的书，若用平常人一生的活动时间来计算，他的生命已经成倍的延长了。因此，爱迪生在79岁生日那天，曾骄傲地对人们说："我已经是135岁的人了"。

历史上的今天

　　1874年，万国邮政联盟成立；1912年，第一次巴尔干战争爆发；1967年，拉美游击革命家切·格瓦拉（1928-1967）被害。

辛亥革命爆发

1911年10月10日，武昌起义一声枪响，标志着辛亥革命的全面爆发。

1911年10月10日夜，武汉地区的革命志士在湖北武昌发动了起义，至12日凌晨，革命军先后占领了武汉三镇（武昌、汉阳、汉口），武昌起义宣告胜利。消息传出，全国和全世界为之震动。之后的短短一个多月内，全国各省革命力量纷纷响应，15个省陆续宣布脱离清室独立，清王朝的统治顿时呈土崩瓦解之势。

1912年1月1日，孙中山在南京正式宣布中华民国成立，并宣誓就任临时大总统。中华民国以南京为临时首都，以五色旗为国旗，改用公历，以中华民国纪年，1912年为中华民国元年。1912年2月12日，清宣统皇帝退位，清王朝正式宣告灭亡。同时在中国实行了两千多年的封建君主专制制度也宣告结束。

因1911年为中国农历的辛亥年，所以这场伟大的资产阶级民主革命被称为"辛亥革命"。

历史上的今天

1913年，巴拿马运河开通；1934年，红军开始长征。

布达拉宫维修工程开工

1989年
10月11日

布达拉宫在西藏有着至高无上的历史、宗教、文化地位。1989年，为保护中华民族文化瑰宝，弘扬伟大祖国和藏族人民的历史文化，国务院拨出专款决定对布达拉宫进行重点维修。经藏族传统历算和占卦，选择10月11日13点30分为开工良辰吉日。

土、木、石结构的布达拉宫矗立于西藏拉萨市中心海拔3700米的红山之上，初建于公元7世纪，现在的规模为17世纪重建。布达拉宫占地总面积36万余平方米，主建筑总面积13万余平方米，建筑高约115米，共13层，其中宫殿、灵塔殿、佛殿、经堂、僧舍、庭院等一应俱全，是当今世界上海拔最高，集宫殿、城堡、寺院、藏汉建筑风格于一体的规模最大的宫殿式建筑群。此次较全面的维修进行了近5年，1994年8月8日，布达拉宫维修工程竣工。

历史上的今天

1957年，世界最大的望远镜在英国建成；1986年，美苏首脑雷克雅未克会晤。

我国成功发射
"神舟"六号载人飞船

2005年
10月12日

2005年10月12日上午9时，搭载"神舟"六号载人飞船的长征二号F型运载火箭在我国酒泉卫星发射中心成功发射，将费俊龙和聂海胜两名航天员送入太空。这是中国继发射"神舟"五号载人飞船后发射的第二艘载人飞船，也是中国第一艘执行"多人多天"任务的载人飞船。

10月12日17时29分，航天员费俊龙打开了"神舟"六号载人飞船返回舱与轨道舱之间的舱门，进入轨道舱开展空间科学实验。在此次绕地飞行中，"神舟"六号载人飞船的轨道舱与返回舱分离后，还将继续在轨飞行6个月时间，进行一系列科学实验。完成预定飞行任务后，10月17日4时33分，"神舟"六号载人飞船在内蒙古四子王旗主着陆场成功着陆。工作人员打开返回舱门后，航天员费俊龙、聂海胜先后自行出舱，并向现场工作人员挥手。此次，两名航天员在太空飞行了115.5个小时，圆满地结束了"多人多天"的任务。

历史上的今天

1968年，墨西哥举行的第19届奥运会第一次进行了性别和兴奋剂检查；2001年，中国科学院、国家发展计划委员会、科技部在北京联合宣布，中国水稻(籼稻)基因组"工作框架图"和数据库已经完成，并将公布数据，供全球无偿共享。它的完成，标志着我国已成为世界上第二个具有独立完成大规模全基因组测序和组装分析能力的国家。

格林尼治标准时间确定

1884年

10月13日

"格林尼治标准时间"（GMT, Greenwich Mean Time）直译可译为"格林尼治平时"。格林尼治皇家天文台从1675年就开始了计时工作，1884年10月13日，国际经度会议通过决议，以通过格林尼治天文台的经线为本初子午线，即零度经线，以此计算地球上的经度；以格林尼治为世界时区的起点；以格林尼治天文台的计时仪器来校准时间。

1979年末，在日内瓦举行的世界无线电行政大会上通过决议，决定用"世界协调时"取代格林尼治标准时间，作为无线电通讯领域内国际标准时间。原因是格林尼治标准时间是以地球自转为基础的时标，但是，人们发现地球的自转有逐渐变慢的趋势，并有季节性的变化和突然的不规则变化，因而导致了自转时间与格林尼治标准时间存在误差。为纠正这种误差，国际地球自转研究所根据地球自转的实际情况对格林尼治标准时间进行增减闰秒的调整，与国际度量衡局时间所联合向全世界发布标准时间。北京时间比世界协调时早8小时，所以北京时间为：UTC＋8小时。

历史上的今天

1928年，河南省安阳商代晚期都城遗址殷墟被科学发掘。殷墟确证了中国商王朝的存在，把有记载的中华文明史向前推进了近五个世纪。殷墟出土的甲骨文是目前中国文字体系最早的证据；1949年，少先队的前身中国少年儿童队成立；1997年，超音速的喷气式汽车试车成功；1998年，科索沃危机爆发。

1947年
10月14日

飞机首次实现"超音速"

1947年10月14日，美国火箭飞机"X-1"成功地进行了世界上第一次超音速飞行，创造了人类航空史上的一大进步。

最初的飞机，是螺旋桨飞机，这种飞机，虽然经过科学家们不断地探索和改进，但直到1939年，它的飞行速度也只能达到每小时755千米。当飞行速度超过这个极限时，飞机前面的空气会引起剧烈的波动，使飞机阻力加大，机身也会抖动起来，极易出现机毁人亡，以致有一段时期，音速成了飞行速度难以逾越的障碍，被称做"音障"。

科学家们一直在探索着怎样才能使飞机飞得更快。经过一段时间的研究，他们从飞机发动机上找到了解决办法，发明了喷气式航空发动机。即利用发动机本身高速喷射的燃气流的反作用力，以推进飞行器的航空发动机。这种发动机推力大，重量轻，迎面尺寸小，适于高空高速飞行。科学家们又对飞机的外型进行改进，把机身设计成又细又长，头部很尖，机翼改成燕子翅膀似的后掠式的，这样就能减少阻力。经过反复试验，终于制成超音速的飞机。

我国成功发射"神舟"五号载人飞船

2003年
10月15日

2003年10月15日，负载着"神舟"五号载人飞船的"长征二号"F型运载火箭在我国酒泉卫星发射中心成功发射，将航天员杨利伟送入太空。从这一天起，在浩渺的宇宙间飘动的旗帜中有了中国的五星红旗。

"神舟"五号载人飞船是"神舟"系列飞船之一，是中国首次发射的载人航天飞行器。"神舟"五号载人飞船这一次的任务主要是考察航天员在太空环境中的适应性，所以没有空间科学实验操作。

10月15日9时10分左右，"神舟"五号载人飞船进入预定轨道。从这一刻起，杨利伟成为进入太空的第一位中国航天员。10月15日9时31分许，停泊在南太平洋的"远望"二号测量船捕获到飞船信息。"神舟"五号载人飞船的舱内图像清晰地显示在了北京航天指控中心的大屏幕上。杨利伟在与医学监督医生通话时显得相当沉稳，他说："我感觉良好！" 10月16日5时35分，北京航天指挥控制中心成功向正在太空运行的"神舟"五号载人飞船发送返回指令。10月16日6时23分，"神舟"五号载人飞船在内蒙古主着陆场成功着陆。返回舱完好无损，杨利伟自主出舱，我国首次载人航天飞行圆满成功。

"神舟"五号载人飞船在太空中飞行了21个小时，绕地球14圈。"神舟"五号载人飞船的成功发射标志着中国成为继苏联和美国之后，第三个有能力独自将人类送上太空的国家。

历史上的今天

1957年，武汉长江大桥通车。

1964年 10月16日 我国第一颗原子弹爆炸成功

1964年10月16日下午3时，中国在西部地区成功地爆炸了第一颗原子弹。从此，中国成为继美国、苏联、英国、法国之后世界上第五个拥有核武器的国家。

当晚，中央人民广播电台连续播放了《新闻公报》、《中华人民共和国声明》。人民日报印发了号外。美联社和路透社也相继进行了报道。国内、国际上引起了一场不小的震动。

中国政府在《新闻公报》中明确表示：中国进行必要而有限制的核试验，发展核武器，完全是为了防御，其最终目的就是为了消灭核武器。我们郑重宣布，在任何时候，任何情况下，中国都不会首先使用核武器。

历史上的今天

　　1973年，石油危机爆发；1988年，北京正负电子对撞机对撞成功；1991年，钱学森获"国家杰出贡献科学家"殊荣。

电影《三毛流浪记》拍摄

1948年

10月17日

1948年10月17日，上海昆仑影业公司开始拍摄儿童片《三毛流浪记》。影片是由阳翰笙根据漫画家张乐平创作的连续性漫画《三毛》改编的，由赵明、严恭导演，韩仲良摄影。

《三毛流浪记》通过三毛的种种遭遇，无情地鞭挞了旧社会人与人之间的冷酷、残忍、欺诈，形象地塑造了在极度凄苦无依的困境中，依然意志坚强、乐观、善良、机敏、幽默的三毛。影片采用了讽刺喜剧的手法，三毛由王龙基扮演。

张乐平是位造诣很高的艺术家，一生创作了大量漫画，并获得了巨大的成功，其代表作是《三毛流浪记》。张乐平也因此被誉为"三毛之父"。

历史上的今天

1919年，南开大学创办；1989年，美国旧金山发生大地震。

沉睡112年
卡卡瓜尔火山再次猛烈喷发

1992年
10月18日

1992年10月18日，哥伦比亚卡卡瓜尔火山沉睡112年之后于当地时间下午1点突然喷发，大量熔岩造成至少有10人死亡、20多人失踪、100多人受伤。

卡卡瓜尔火山位于距哥伦比亚首都圣菲波哥大西北500千米的安蒂奥基亚省境内。这种超级火山喷发所造成后果是，很大一片地域会被熔岩覆盖，而且撒向大气层的尘土和灰烬将会使不少阳光到达不了地球表面，这无疑会使全球性的气候发生变化。

（火山喷发是岩浆等喷出物在短时间内从火山口向地表的释放。由于岩浆中含大量挥发成分，加之上覆岩层的围压，使这些挥发分溶解在岩浆中无法溢出，当岩浆上升靠近地表时，压力减小，挥发分急剧被释放出来，于是形成火山喷发。火山喷发是一种奇特的地质现象，是地壳运动的一种表现形式，也是地球内部热能在地表的一种最强烈的显示。）

历史上的今天

1984年，非洲面临前所未有的旱灾，埃塞俄比亚最重；1989年，美国发射"伽利略号"木星探测飞船；1992年，哥伦比亚发生7.2级地震；1995年，全球首家网络银行在美国开业。

著名作家鲁迅病逝

1936年
10月19日

1936年10月19日，我国近代著名作家鲁迅，因肺病医治无效，病逝于上海，终年56岁。

鲁迅，浙江绍兴人，原名周树人，字豫山、豫亭。是中国新文化革命的主将，被人民称为"民族魂"。1918年，鲁迅先生在《新青年》杂志上发表了他的第一篇白话小说，也是中国最早的现代白话小说《狂人日记》，这是他第一次用"鲁迅"这个笔名发表文章。

鲁迅一生的著作和译作近1000万字，其中杂文集共16本。其代表作品为：《呐喊》、《彷徨》、《故事新编》、《狂人日记》、《朝花夕拾》等。

鲁迅故里
LUXUN NATIVE PLACE

历史上的今天

1987年，华尔街金融风暴爆发，世界股市狂跌。

悉尼歌剧院建成

1973年10月20日，澳大利亚悉尼歌剧院建成。悉尼歌剧院被誉为当代建筑史上的"稀世之作"、20世纪最美丽的建筑物之一，也被公认为20世纪世界七大奇迹之一。

悉尼歌剧院坐落在悉尼港的贝利朗角（Bennelong Point）。悉尼歌剧院，构思独特，设计超群。白色的帆状屋顶由10块大"海贝"组成，最高的一块高达67米。悉尼歌剧院每年都吸引着世界各地的旅游者前往观光游览。

悉尼歌剧院的设计者为丹麦设计师约恩·乌松（Jorn Utzon），但很少有人知道，悉尼歌剧院的建造过程充满了曲折坎坷，这个梦幻般的建筑物的设计蓝图当初差一点被埋没在废纸篓里，还好，人们还是幸运地看到了它。

（20世纪世界七大奇迹：美国的征服太空计划，英、法联合研制的协和式超音速客机，埃及阿斯旺水坝，纽约帝国大厦，悉尼歌剧院，旧金山金门大桥以及英吉利海峡海底隧道。）

历史上的今天

1944年，贝尔格莱德解放；1952年，志愿军战士黄继光（1931-1952）英勇牺牲。

亚太经合组织第九次领导人非正式会议在上海举行

2001年
10月21日

2001年10月21日，亚太经济合作组织（Asia-Pacific Economic Cooperation，简称APEC）第九次领导人非正式会议在上海举行。

时任国家主席江泽民主持了会议，并与其他领导人就全球及地区宏观经济形势、人力资源能力建设以及APEC的未来发展方向等议题进行了务实友好、坦诚热烈的讨论。与会各成员领导人就上述问题达成了广泛共识，通过并发表了《领导人宣言》，同时，还发表了《亚太经合组织领导人反恐声明》。

APEC

Asia-Pacific Economic Cooperation

APEC是亚太地区最具影响的经济合作官方论坛，成立于1989年。1989年1月，澳大利亚总理霍克访问韩国时建议召开部长级会议，讨论加强亚太经济合作问题。1989年11月5日至7日，澳大利亚、美国、加拿大、日本、韩国、新西兰和东南亚国家联盟六国在澳大利亚首都堪培拉举行亚太经济合作会议首届部长级会议，这标志了亚太经济合作会议的成立。1993年6月，改名为亚太经济合作组织。

历史上的今天

1833年，瑞典著名化学家、发明家诺贝尔诞辰。

古巴导弹危机爆发

1962年
10月22日

古巴导弹危机是1962年冷战时期在美国、苏联与古巴之间爆发的一场极其严重的政治、军事危机。这个事件被看做是冷战的顶峰和转折点。事件爆发的直接原因是苏联在古巴部署导弹。

1962年10月22日，时任美国总统肯尼发表电视演说，称古巴建设的导弹基地构成了"对所有美洲国家的和平与安全的明显威胁"，宣布对古巴实行海上军事封锁，严密封锁运往古巴的一切进攻性的军事装备。肯尼迪在这篇演说里提到，"从古巴发射的任何导弹都将被认为是苏联向美国的袭击，必将招致美国对苏联的全面报复。企图闯越封锁线的任何船只，都将被美国海军击沉。"战争一触即发。此后，美国一方面加强它在该地区的军事势态，另一方面也开展了一系列的外交活动，争取盟国和国际社会的支持。在得到美国保证不入侵古巴，撤除其部署在土耳其的导弹装置的先提下，10月28日，赫鲁晓夫在广播讲话中公开答复肯尼迪，苏联政府下令拆除古巴的导弹设施并运回苏联。但赫鲁晓夫重申"苏联政府曾为古巴政府提供经济援助以及武器，是因为古巴及其人民曾经常受到入侵古巴的不断威胁"。古巴导弹危机终于告一段落。

历史上的今天

1906年，法国印象派画家、现代艺术的先驱塞尚（1839-1906）逝世；1986年，伟大的无产阶级革命家、政治家、军事家，中国人民解放军的缔造者之一，中华人民共和国的开国元勋，长期担任党、国家和军队重要领导职务的卓越领导人叶剑英（1897-1986）逝世；2005年，尼日利亚发生空难，117人丧生；2008年，印度发射首个月球探测器"月船1号"。

一代"球王"贝利出生

1981年，全世界最有影响的30家体育报刊在评选本世纪最杰出的运动员时，一致推选巴西运动员——"球王"贝利。贝利以他精湛卓绝的球艺、高尚谦逊的球风，成了20世纪世界最瞩目的球星。

贝利1940年10月23日出生在巴西米纳斯·吉拉斯州的一个小镇里，父亲是位不出名的职业足球运动员，全家七口，生活贫寒。贝利从小就酷爱足球运动。在同年龄的孩子中，贝利的球艺是出类拔萃的。贝利17岁时，代表巴西队参加了世界杯赛的夺魁大战。在对瑞典队的决赛中，贝利以他娴熟的球艺，独特的头球和过人的技巧，接连攻入两个球，为巴西队第一次登上冠军宝座立下汗马功劳。

在贝利足球生涯中，他共参加过1364场比赛，共攻进1281个球，4次代表国家队出战世界杯，3次捧得世界杯。1987年6月，他被授予国际足联金质勋章，1999年，他被国际奥委会选举为"世纪运动员"。

历史上的今天

1956年，匈牙利十月事件爆发；1993年，当时世界上跨度最大的斜拉桥杨浦大桥建成通车。

联合国成立

太平洋战争爆发以后，美国总统罗斯福和英国首相丘吉尔为加强所有反法西斯国家的统一行动，拟定了一个各国共同遵守的原则，并征得了苏联的赞同。1942年1月1日，美、英、中、苏等26个反法西斯国家签署了这个文件，即《联合国家共同宣言》，为联合国的成立奠定了基础。第二年10月30日，中、苏、美、英4国在莫斯科发表了《关于普遍安全的宣言》，正式提出建立一个普遍性的国际组织。1944年8月21日至10月7日，美、英、苏三国和美、英、中三国先后在美国华盛顿附近的敦巴顿橡胶园举行会议，正式将未来的国际机构命名为"联合国"。根据《关于普遍安全的宣言》的精神，草拟了建立新的国际组织的章程，并通过了《关于建立普遍性国际组织的建议案》。1945年2月，由罗斯福、丘吉尔和斯大林参加的雅尔塔会议，又进一步讨论了成立联合国的问题。会议公报宣布，为了维护世界和平与安全，反法西斯同盟国将建立一个普遍性

的国际组织，并决定于同年4月25日在美国旧金山召开联合国制宪会议。

1945年2月25日，由美、英、中、苏、法五国发起的，50个国家的280多名代表参加的联合国制宪大会于在美国旧金山隆重举行。6月25日，代表们一致通过了《联合国宪章》。6月26日，与会代表在宪章上签字。10月24日，美、英、中、苏、法等多数签字国送交了批准书，《联合国宪章》正式生效，联合国宣告成立，总部设在纽约。

根据《联合国宪章》规定，联合国设有联合国大会、联合国安全理事会、联合国经济及社会理事会、联合国托管理事会、国际法院和联合国秘书处六个联合国主要机构。联合国大会，简称"联大"，由全体会员国组成。它是联合国的审议机构。每年举行一次常会。大会通过的决议，不具有法律约束力，但足以对会员国产生广泛的政治影响。除常会以外，还可以召开特别会议、紧急特别会议。

联合国安全理事会，简称"安理会"，由五个常任理事国和十个非常任理事国组成。它的职责是维护国际的和平与安全。安理会遵循"五大国一致"原则，安理会常任理事国拥有"否决权"。经安理会通过的决议，对会员国具有约束力。安理会是联合国中唯一有权对国际和平与安全采取行动的机构。

联合国的正式徽记是一个从北极看上去的世界图，周围用一个橄榄枝圆环围绕着的图案。联合国旗底色为浅蓝色，正中的图案是一个白色的联合国徽记。

历史上的今天

1860年，中英《北京条约》签订；1898年，彭德怀诞辰；1929年，美国股市遭遇"黑色星期四"；2007年，我国自主研制的首个月球探测器"嫦娥一号"在西昌卫星发射中心发射成功，使我国成为世界第五个发射月球探测器的国家地区。

1971年 10月25日 中国恢复在联合国的合法席位

1971年10月25日（纽约时间25日，北京时间的26日），中国正式恢复在联合国的合法席位。

新中国成立后，中国在联合国的席位仍被台湾的国民党集团所窃踞。为恢复在联合国的合法权利，中华人民共和国政府作出了长期不懈的努力。

然而从1950年到1960年，在美国操纵下，联合国第5届大会、联合国第6届大会均否决了苏联等国代表提出的"将恢复中华人民共和国合法权利问题列入联大议程"的提案，并通过了"延期审议"的决议。

1961年，联合国第16届大会决定将讨论恢复中国合法权利问题列入联大议程，而美国则把恢复中国在联合国的合法权利说成是需要联合国大会2/3多数通过的所谓"重要问题"，为中国设置了重重障碍。

围绕中国在联合国的席位问题,中国政府进行了长期不懈的斗争。20世纪60年代末70年代初，世界政治格局发生了巨大变化。随着中国国际地位的提高和亚非拉一系列新独立国家不断加入联合国,美国的阻挠越来越困难。

1971年10月25日,联合国第26届大会以59票反对、55票赞成、15票弃权否决了所谓"重要问题"提案。又以76票赞成、35票反对、17票弃权的压倒多数通过了由阿尔巴尼亚和阿尔及利亚等23个国家提出的"关于恢复中国在联合国的一切合法权利,并立即把台湾国民党集团的代表从联合国及其所属一切机构中驱逐出去"的2758号提案。从此,中国正式恢复在联合国的合法席位。

历史上的今天

1860年,清政府与法国签订《中法北京条约》;1979年,人类天花绝迹。

现代足球诞生日

1863年10月26日，英国足球协会在伦敦成立，制定了第一个足球规则，宣告了现代足球运动的诞生。以后，人们就把这一天作为现代足球的诞生日。

现代足球的起源可追溯至公元前3世纪流传于古希腊和古罗马一种野蛮的手脚并用的游戏——哈帕斯托姆。在公元10世纪前后，这项运动流行于英格兰，与当地的原始足球混杂在一起，形成了形式各异的早期足球游戏。随着时间推移，到19世纪初，这种游戏已发展成一种类似于现代足球的游戏。

1841年，英格兰伊顿公学第一次出现了11人制足球比赛。这是因为当时学校的每套宿舍住10名学生和1位教师，课后，宿舍间经常进行足球赛，最终形成了11人对11人的赛制。

最早的足球比赛阵形是英国人创造的"九锋一卫"式，即9个前锋，1个后卫，再加1名守门员。后来又产生了"七锋三卫"式阵式，使攻守力量达到相对平衡。1870年苏格兰创造了"六锋四卫"式阵形。接着，英国人又创造了"1＋2＋3＋5"的"塔形"阵形。这一阵形对当时世界足球运动的发展影响很大，因为它体现了攻守力量的基本平衡。1925年，国际足联发布了新的"越位"规则，加重了防守任务，攻防矛盾又趋尖锐。据此，英国人契甫曼于1930年创造了"WM"式阵形，使攻防人数的分布达到均衡状态。这一阵形在20世纪40年代前后盛行于全世界。

20世纪50年代以来，世界足球运动经历了三次革命性的变革。1953年，匈牙利人突破了"WM"式的传统打法，创造了"三三四"阵形，有力推动了当时的世界足球运动。1958年，巴西人在技术、技巧上有了新的发展，创造了攻守趋于平衡的"四二四"的阵形，并夺得第6、7、9届世界杯赛冠军。此后，又出现了"四三三"式阵形及其变体，由于这种阵式攻守平衡，战术灵活多变，体现了技术、战术和身体素质全面发展的趋势，因而被誉为足球运动史上的第三次革命。足球比赛阵形的演变，反映了攻防矛盾斗争的发展，从而反映了足球运动的发展。

历史上的今天

1986年，首届世界残疾人乒乓球锦标赛在法国举行。

1940年
10月27日

卓别林的《大独裁者》上映

1940年10月27日，由查理·卓别林编剧、导演兼主演的电影《大独裁者》上映。影片上映后，轰动英美影坛，而所有德国占领区则封锁消息，禁止上映。

此片拍摄于希特勒气焰最为嚣张之时，片中对希特勒大加讽刺的情节显示了卓别林道德勇气可嘉的一面。剧情描述了犹太人理发师查理因独裁者兴杰尔对犹太人下达了逮捕令而东躲西藏。不料在逃到边境时，却被驻守在那里的德军误认为他就是兴杰尔，于是他趁机作了一场维护民主主义的大演说。

《大独裁者》 是卓别林的杰作之一，是卓别林第一次从无声片转向有声片的拍摄。作为演员，卓别林那独树一帜的身体语言，集舞蹈和杂技于一身的表演，对后世喜剧演员的影响至为深远；作为电影工作者，他是电影史上最早自编自导自演的人，他的电影才华，为无声片这个短暂的电影媒介提供了许多美丽和难忘的时刻。

the great dictator
大独裁者 **charles chaplin**
查理·卓别林

历史上的今天

1927年，井冈山革命根据地创建；1988年，拉美八国集团首脑会议通过《乌拉圭宣言》。

马克思第一次被介绍给国人

1902年
10月28日

第一次把马克思介绍给国人的是梁启超。1902年10月28日，《新民丛报》发表了梁启超的《进化论革命者颉德之学说》，文中提到马克思说："麦喀士（马克思），日尔曼人，社会主义之泰斗也。"又说："今之德国，有最占势力之二大思想，一曰麦喀士之社会主义，二曰尼志埃（尼采）之个人主义。麦喀士谓：今日社会之弊，在多数之弱者为少数之强者所压伏。"

马克思（1818-1883）是全世界无产阶级的伟大导师、科学共产主义的创始人。伟大的政治家、哲学家、经济学家、革命理论家。主要著作有《资本论》、《共产党宣言》等。

马克思主义是博大精深的理论体系。马克思主义是工人阶级的世界观，是工人阶级认识世界和改造世界的思想武器，是工人阶级争取阶级解放和人类解放的科学理论。它是人类优秀文化成果特别是19世纪欧洲重大社会科学成果和工人运动相结合的产物。是在资本主义生产方式已经形成、无产阶级和资产阶级的斗争日益尖锐化的时期，国际无产阶级领袖和革命导师马克思和恩格斯创立的思想体系，是无产阶级政党的指导思想的理论基础。

历史上的今天

1988年，法国发射第一颗电视直播卫星；1996年，《拉贝日记》发表。

357

世界经济大危机爆发

1929年 10月29日

发生在1929年10月的华尔街大崩盘或许是金融世界遭受过的最大灾难。在10月29日到来前的18个月里，华尔街股票市场的牛市似乎是不可动摇的，随着投机者大量拥进股市追求利润，一些主要工业股票的价格竟翻了一倍多。一段时间内，每天的成交量多达500万股。随着投资者大把将钱撒进股市，一些基金也急忙从利润较低的投资领域撤出转向股市。欧洲的资金也洪水般地涌进美国，银行总共贷款约80亿元供给证券商用以在纽约股票市场进行交易。赫伯特·胡佛当选总统之后不久，曾试图通过拒绝借款给那些资助投机的银行来控制股市，但股价仍不断猛涨，到1929年9月3日到达历史最高点。当天一天的成交量便超过800万股。

同月，股市价格首次开始下挫，但专家和政府的声明却向公众保证，没什么值得大惊小怪的。可他们大错特错了。在10月24日，股市掉落到谷底。随着股价狂泻，惊慌失措笼罩了华尔街。由于投机者们争相在股价跌得更低之前卖出手中的股票，股票行情自动收录机已跟不上股市迅速下跌的行情。仅10月24日一天，便发生了1200万笔交易，一个由银行组成的联盟迅速采取行动以控制局势，但这仅仅是暂时的拖延。股价不久便又开始了无情的下跌，到10月29日甚至骤然下跌了平均40个百分点。随着一些主要股票的价格缩减超过2/3，在大崩溃的头一个月便有260亿美元在股市化为乌有。成千上万的美国人眼睁睁看着他们一生的积蓄在几天内烟消云散。但这仅仅是大萧条的第一轮可怕打击。

过去，美国也曾经历过股市恐慌与金融萧条，但没有一次像这一次一样对美国普通市民的生活产生如此深刻的影响，因为紧接而来的大萧条更使得大部分人身陷囹圄。

（经济危机指的是一个或多个国民经济或整个世界经济在一段比较长的时间内不断收缩。是资本主义经济发展过程中周期爆发的生产相对过剩的危机。自1825年英国第一次爆发普遍的经济危机以来，资本主义经济从未摆脱过经济危机的冲击。经济危机是资本主义体制的必然结果。由于资本主义的特性，其爆发也是存在一定的规律。）

1956年，苏伊士运河战争(亦称第二次中东战争)爆发；1991年，谢军摘取女子国际象棋桂冠。

希望工程开始实施

1989年 10月30日

1989年10月30日，希望工程开始实施。

希望工程是中国青少年发展基金会发起倡导并组织实施的一项社会公益事业，他的创建人是时任中国青基会秘书长的徐永光和郗杰英、李宁、杨晓禹三位年轻人。它的宗旨是：根据政府关于多渠道筹集教育经费的方针，从社会集资，建立希望工程基金，以民间救助方式，资助贫困地区失学儿童，继续学业，改善贫困地区的办学条件，促进贫困地区基础教育事业的发展。援建希望小学与资助贫困学生是希望工程实施的两大主要公益项目。

希望工程自1989年实施以来，得到了社会各界、海内外团体、企业和个人的积极支持和热情参与，成为了我国社会参与最广、最具社会影响力的民间社会公益事业。其不但保障了失学儿童的受教育权，改善了贫困地区的办学条件，更产生了良好的社会效益，截至目前，希望工程已资助了300多万名的贫困地区的儿童，使他们没有因为贫困而放弃学业，既而改变了他们的命运。

历史上的今天

1945年，音乐家冼星海（1905－1945）逝世；1961年，苏联进行了世界上规模最大的核试验；1983年，土耳其东部发生7.2级地震；1991年，解决巴以问题的中东和会开幕。

"承天门"改称"天安门"

1651年
10月31日

天安门在中国人的心中具有非常重要的分量，它见证了中国人民当家做主人的历史，但鲜有人知道，历史上天安门还有另外一个名字——"承天门"。

1417年(明永乐十五年)，明成祖朱棣准备迁都北京，派蒯祥等著名匠师分工负责皇宫建筑群的设计和施工。蒯祥就精心设计了皇城正门，1420年竣工，当时叫"承天门"，为黄瓦飞檐三层楼式的五座木牌坊，是沿用唐代皇城正门的旧称，表示皇帝"承天启运"，"受命于天"。1457年(明英宗天顺元年)承天门被火烧毁，1465年(宪宗成化元年)由工部尚书白圭主持重新修建。这回不再是牌坊，而是九开间门楼了，但到了明末又毁于兵祸。1651年（清顺治八年），世祖福临重新修建这座城楼，改建以后，10月31日，将承天门改称天安门，大体成了今天这个样式。明、清两朝，天安门是帝王皇宫的大门，对老百姓来讲，这里是禁地。当时天安门面对着大明门(清代改

华人民共和国万岁　世界人民大团结万

称大清门，后又改称为中华门，解放后拆除)，中间是御道，两旁是千步廊。大明门除隆重的典礼外，常年不开。封建帝王出入天安门有特定的日子，冬至到天坛祭天，夏至到北郊祀地，孟春祈谷，仲春耕田。皇帝出征，要在天安门前祭路。

天安门是一座朱色宫墙中间耸立着的一座雄伟的城楼。用白玉石砌成的须弥座，上有10多米高的大砖台，砖台上有重檐的大殿，八角檐角分上下两层，总高33.7米。城楼东西宽九间，南北进深五间，"九五"这数目是暗示帝王尊严的，共有向南的菱花窗门36扇，构图单纯整齐，花纹婀娜多姿。窗门下部是木雕裙板。大殿周围有矮墙，墙内有白玉栏杆环绕城楼。在晴朗的天宇下，城楼上的黄色琉璃瓦闪耀着灿烂的光辉，显得非常端庄。

历史上的今天

1835年，对有机染料和芳香族化合物的研究作出重要贡献的德国有机化学家阿道夫·冯·贝耶尔诞辰；1986年，我国"极地"号科考船开始环球航行；2000年，中国成功发射第一颗导航定位卫星"北斗导航试验卫星"；2009年，两弹一星元勋、"中国航天之父"钱学森(1911-2009)逝世。

11月

历史上的今天

袁隆平获"联合国教科文组织科学奖"

埃及法老图坦卡蒙墓被发现

"柏林墙"推倒

中国加入世贸组织决定获通过

华盛顿会议召开

中国女排首获世界冠军

中国第一支南极考察队出发

十六国国际空间站升空

亚洲奥林匹克理事会成立

中国第一所音乐学院成立

……

雪佛兰汽车公司成立

1911年 11月1日

1911年11月1日，以设计师的名字命名的雪佛兰汽车公司(Chevrolet)诞生了。威廉·杜兰特（William Durant）和声誉卓著的瑞士赛车手兼工程师路易斯·雪佛兰（Louis Chevrolet）是它的创始人。

雪佛兰生于瑞士，1900年，22岁时的他离开欧洲来到美国。他是个汽车修理工，还是一名赛车手。1909年，杜兰特找到了雪佛兰，邀请雪佛兰帮助他设计一款面向大众的汽车。1911年11月，雪佛兰汽车公司应运而生。

新公司成立的初始目标是，制造能与亨利·福特的T型车相竞争的低价位汽车。1912年，第一辆雪佛兰五座旅行小轿车"Classic Six"在底特律问世。

著名的雪佛兰"蝴蝶结"标志于两年后的1914年正式亮相，这个标志象征了雪佛兰轿车的大方、气派和风度，标志上"Chevrolet"是路易斯·雪佛兰的名字。这个标志在日后成为了全球最知名的企业标志之一。

历史上的今天

1919年，美国历史上第一次工人运动高潮；1952年，美国成功试爆世界上第一颗氢弹；1955年，美国著名演说家、作家、教育家戴尔·卡内基（1888-1955）逝世；1993年，欧洲联盟（欧盟）成立。

"蠕虫计算机病毒"出现

1998年
11月2日

蠕虫计算机病毒是历史上第一个通过 Internet 传播的计算机病毒。这个计算机病毒由美国 CORNELL 大学研究生罗伯特·莫里斯编写，虽然并无恶意，但当"蠕虫"在 Internet 上大肆传染，使得数千台联网的计算机停止运行，并造成巨额损失时，它不可避免地成为了当时舆论的焦点。

这个计算机病毒的设计者罗伯特·莫里斯利用系统存在的弱点编写了入侵 Arpanet 网的最大的电子入侵者，从而获准参加康奈尔大学的毕业设计，并获得哈佛大学 Aiken 中心超级用户的特权。但他也因此被判3年缓刑，罚款1万美元，还被命令进行400小时的社区服务，成为历史上第一个因为制造计算机病毒受到法律惩罚的人，从而揭开了世界上通过法律手段来解决计算机病毒问题的新一页。

历史上的今天

1950年,英国现实主义戏剧家萧伯纳(1856-1950)逝世。

袁隆平获"联合国教科文组织科学奖"

1987年 11月3日

1987年11月3日，联合国教科文组织在巴黎总部向中国杂交水稻育种专家、被誉为"杂交水稻之父"的袁隆平颁发了1987年度科学奖，以表彰他在培育高产杂交水稻方面取得的卓越成绩，及为世界粮食安全作出的杰出贡献。

袁隆平是我国杂交水稻研究的创始人。他从1964年开始研究杂交水稻，经过十年的努力，终于在1974年，成功育成了第一个杂交水稻强优组合"南优2号"，并研究出整套制种技术。1976年，"南优二号"大面积推广后，全国粮食总产量得到大幅提高。袁隆平的杂交水稻让我国用不足世界10%的耕地解决了占世界22%人口的粮食问题。

因其在杂交水稻方面作出了突出贡献，袁隆平先后获得"国家特等发明奖"、"首届国家最高科学技术奖"等多项国内奖项和"沃尔夫奖"、"世界粮食奖"等多项国际大奖，并在2006年当选美国科学院院士。国际水稻研究所所长斯瓦米纳森博士曾高度评价他说："我们把袁隆平先生称为'杂交水稻之父'，因为他的成就不仅是中国的骄傲，也是世界的骄傲，他的成就给人类带来了福音。"

历史上的今天

1954年，法国著名画家，野兽派的创始人和主要代表人物马蒂斯（1869-1954）逝世；1964年，蓝田猿人头盖骨发现；1987年，现代散文家、学者、文学批评家、翻译家梁实秋（1903-1987）逝世。

埃及法老图坦卡蒙墓被发现

1922年，英国考古学家卡特在埃及底比斯的古代王陵地区经长期探测发掘找到一座古埃及王陵，11月4日，他在这座墓道尽头打开墓门小孔，发现墓门封印，确定为古埃及新王国时期第18代法老（约前1334－前1323年）之陵墓。当这一发现公诸于世后，举世为之震惊。

图坦卡蒙10岁继位，在位9年即去世，年约18岁。图坦卡蒙并不是在古埃及历史上功绩最为卓著的法老，但却是在今天最为闻名的埃及法老。原因是图坦卡蒙墓是3300年来唯一一个完好无缺的法老陵墓，也是埃及最豪华的陵寝，更是埃及考古史乃至世界考古史上最伟大的发现。

图坦卡蒙墓由前室、墓室、耳室及库室组成。墓中的每件器物都以金银珠玉装饰而成。在墓室中发现了两尊真人大小的乌木镀金雕像，学者们认为这就是图坦卡蒙的形象。这两尊雕像生动逼

真、栩栩如生，充分反映了古代艺术家们高超的技术和丰富的想像力。图坦卡蒙墓的发现，震惊了西方世界。它不仅使人们看到了3200年前新王国时期法老的葬制，礼仪以及法老本人的形貌，服饰，日常生活用品等，还真实地反映了3200年前新王国时期的社会经济、政治思想、宗教文化、科学技术等多方面的情况。一些考古学家甚至激动地把图坦卡蒙墓称誉为"埃及新王国社会的缩影"。

现墓内金棺、金面具和随葬物品陈列于埃及开罗博物馆，被公认为古埃及文物中最珍贵的代表。

历史上的今天

1992年，首届华罗庚数学奖在北京颁发。

国产第一枚近程导弹 "东风一号"发射成功

1960年 11月 5日

1960年11月5日，中国自行制造的第一枚近程地对地导弹"东风一号"在我国酒泉卫星发射中心发射成功，标志着中国向掌握导弹技术方面迈出了突破性的一步。

1960年9月10日，中国人用国产燃料成功发射了第一枚苏式P-2导弹，从而揭开了中国导弹试验史上的第一页。不久，以仿制苏式P-2导弹为主的国产第一枚近程导弹制造出来了，人们称它为"东风一号"。11月5日，我国自己制造的"东风一号"竖立在发射台上。9时整，"东风一号"导弹在巨大的轰鸣声中徐徐离开发射台，向着预定的目标飞去。9时10分5秒，前方传来消息：导弹飞行正常，命中预定目标区！翘首盼望的人群霎时间欢声雷动。试验结果显示，我国仿制的导弹发动机性能良好，各种控制仪器运转正常，国产液体燃料也符合要求。

历史上的今天

1854年，法国著名有机化学催化专家萨巴蒂诞辰。

王选获"联合国教科文组织科学奖"

1995年11月6日，联合国教科文组织总部举行了隆重的颁奖仪式，原中国北大方正技术研究院院长王选教授荣获本年度"联合国教科文组织科学奖"。这是继袁隆平之后第二位获得该奖的中国科学家。

王选（1937-2006）是汉字激光照排系统的发明者。20世纪70年代，国外已经开始研制激光照排四代机，而我国仍停留在铅印时代。针对汉字的特点和难点，王选发明了汉字激光照排系统。他的成果开创了汉字印刷的一个崭新时代，引发了我国报业和印刷出版业"告别铅与火，迈入光与电"的技术革命，被公认为继毕昇发明活字印刷术后中国印刷技术的第二次革命，王选也因此被誉为"当代毕昇"。

因其在计算机应用研究和科学教育领域里取得的重大成就，王选曾两度获中国十大科技成就奖和国家技术进步一等奖，并于1987年获我国首次设立的印刷界个人最高荣誉奖——毕昇奖，于2001年获国家最高科学技术奖。

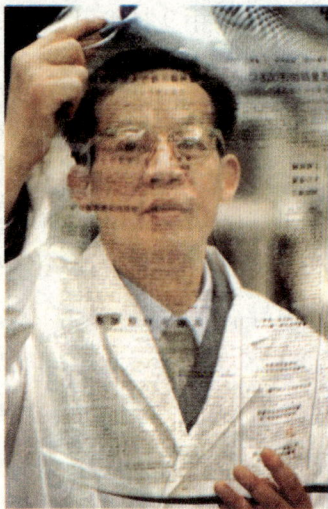

历史上的今天

1893年，俄国作曲家柴可夫斯基（1840-1893）逝世；1937年，法西斯侵略扩张体系"柏林—罗马—东京轴心"形成；1948年，淮海战役打响；1998年，我国第一所网上大学湖南大学多媒体信息教育学院开学，标志着中国多媒体远程教育已正式启动。

十月革命取得胜利

1917年11月7日下午5时，布尔什维克党领导下的2万名赤卫队员和革命士兵在10辆装甲车的配合下，包围了沙俄资产阶级临时政府的最后据点——冬宫，然而，敌人拒绝投降。晚上9时45分，起义获得成功的"阿芙乐尔"号巡洋舰上的革命士兵开始炮轰冬宫，激烈的战斗延续到次日清晨2时，守军被歼，躲在这里的16名部长被俘，冬宫的屋顶上升起了鲜艳的红旗。

就在冬宫战斗激烈进行的时候，11月7日夜间，全俄工兵代表苏维埃第二次代表大会在斯莫尔尼宫开幕了，会议庄严宣告全部政权归苏维埃，选举成立了工农临时政府——人民委员会，列宁当选为人民委员会主席。

十月革命建立了人类历史上第三个无产阶级政权——苏维埃政权和由马克思主义政党领导的第一个社会主义国家。

历史上的今天

1867年，世界著名科学家居里夫人诞辰；1931年，中华苏维埃第一次全国代表大会在江西瑞金召开，宣布中华苏维埃共和国临时中央政府成立；1986年，久经考验的无产阶级革命家、军事家、军事理论家、军事教育家、中国人民解放军缔造者之一刘伯承(1892-1986)逝世；1996年，美国成功发射"火星环球观测者"探测飞船。

第一张传真照片诞生

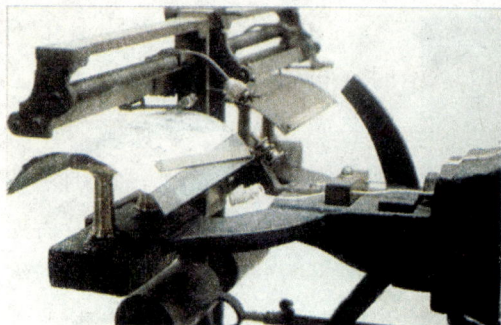

1907年 11月8日

1907年，阿瑟·柯恩教授成功地改进了传真电报，使其能够将照片的图像传至远处。得知此消息的巴黎《画报》和伦敦《明镜日报》立刻购买了传真图片的专利，而且马上派上了用场。1907年11月8日，第一张照片从巴黎传真到伦敦。这是张英国国王爱德华七世的照片，经海底电缆传真，约耗时12分钟，次日立即放大刊出。两家报社此后经常以此方式交换照片。

传真是美国物理学家亚历山大·贝恩在1843年根据钟摆原理发明的。1850年，美国的弗·贝克韦尔开始采用"滚筒和丝杆"装置代替了亚历山大·贝恩的钟摆方式，使传真技术前进了一步。1865年，伊朗人阿巴卡捷里根据贝恩和贝克韦尔提出的原理，制造出实用的传真机。

传真出现后一直没有被推广、普及，直到20世纪70年代，世界各国相继在公用电话交换网上开放传真业务，它才得以广泛发展。

历史上的今天

1901年，徐向前诞辰；1997年，长江三峡工程顺利截流。

"柏林墙"推倒

1989年 11月9日

  1989年11月9日，全世界的电视观众目睹了发生在柏林的这一幕，长久以来作为东西方对抗最有力标志的柏林墙最终被推倒了，大量德意志民主共和国的公民涌入德意志联邦共和国与他们自1961年因关闭边境而被迫分离的朋友和亲戚们团聚。

  1989年10月，德意志民主共和国的政局发生了变化。10月18日，从1971年以来一直担任德意志民主共和国最高领导人的昂纳克以健康为由辞去党和国家一切领导职务，原政治局委员、中央委员会书记、国务委员会副主席埃贡·克伦茨当选为德国统一社会党总书记。克伦茨上台后立即表示要推行改革，要实行"自由选举"，接下来的一个惊人之举便是11月9日突然下令凿开"柏林墙"，宣布开放东西柏林、德意志民主共和国和德意志联邦共和国的分界线。而就在"柏林墙"倒下不久，分裂45年的德国重新统一。

Die Berliner Mauer 1989

The Berlin Wall 1989

历史上的今天
1799年，法国"雾月政变"发生。

2001年 11月10日 中国加入世贸组织决定获通过

2001 年 11 月 10 日下午，世界贸易组织第 4 届部长级会议在卡塔尔首都多哈以全体协商一致的方式，审议并通过了中国加入世贸组织的决定。在中国签署中国加入世贸组织议定书，并向世贸组织秘书处递交中国加入世贸组织批准书 30 天后，中国将正式成为世贸组织成员。

加入世贸组织是我国改革开放和经济发展的自身需要。世贸组织（前身为关贸总协定）是当今世界处理贸易问题的重要国际组织，其基本职能是制订和监督执行多边贸易规则、组织多边贸易谈判、解决成员间的贸易争端。它对世界经济贸易发展发挥着不可替代的作用。我国加入世贸组织这个全球最大的多边贸易体制，将进一步加强我国与世界各国各地区经贸联系，为我国的对外开放扩展新的空间。

历史上的今天

1910年，俄罗斯文豪列夫·托尔斯泰(1828–1910)逝世。

中国人民解放军空军成立

1949年

11月11日

　　1949年10月25日，中央军委决定，以第十四兵团机关、军委航空局和第四野战军六分部为基础，组建军委空军领导机关。刘亚楼任司令员，肖华任政治委员兼政治部主任，王秉璋任参谋长，常乾坤任副司令员兼训练部长、王弼为任副政治委员兼工程部长。11月11日，人民解放军空军领导机构在北京成立。至此，空军正式成为人民解放军的一个军种。

　　中国人民解放军空军的编制序列是：空军、军区空军、空军军、师（旅）、团、飞行大队（营）、飞行中队（连）。

　　航空兵是空军的主要组成部分和作战力量，包括歼击航空兵、强击航空兵、轰炸航空兵、侦察航空兵、运输航空兵、地空导弹兵等。

历史上的今天

1885年，美国巴顿将军诞辰；1918年，第一次世界大战结束。

1921年
11月12日

华盛顿会议召开

第一次世界大战后，美、英、日等战胜国为重新瓜分远东和太平洋地区的殖民地和势力范围，于1921年11月12日至1922年2月6日在华盛顿召开会议（又称太平洋会议），美、英、法、意、日、比、荷、葡和中国北洋政府的代表团参加了此次会议。华盛顿会议实质上是巴黎会议的继续，其主要目的是要解决《凡尔赛和约》未能解决的彼此间关于海军力量对比及在远东太平洋地区特别是在中国的利益冲突。会议最后签订了三个条约：《四国条约》、《五国条约》及《九国公约》。

《九国公约》即出席会议的九国代表签订的《九国关于中国事件适用各原则及政策之条约》。条约规定：尊重中国之主权与独立及领土与行政之完整；给予中国完全无阻碍之机会，以发展并维持一有力的巩固的政府；施用各种之权势，以期切实设立并维持各国在中国全境之商务实业机会均等之原则。这就确认了"门户开放"、"机会均等"为列强对华政策的基本原则。

历史上的今天

1866年，民主革命先行者孙中山诞辰；1937年，淞沪会战结束；1939年，国际主义战士白求恩（1890-1939）逝世；1969年，伟大的马克思主义者，伟大的无产阶级革命家、政治家、理论家，党和国家主要领导人之一，中华人民共和国开国元勋刘少奇（1898-1969）逝世；1989年，我国著名桥梁专家茅以升（1896-1989）逝世。

人类第一架直升机试飞成功

1907 年 8 月，法国人保罗·科尔尼研制出一架载人直升机，并在同年 11 月 13 日试飞"成功"。这架直升机被称为"人类第一架直升机"。这架直升机不仅靠自身动力离开地面 0.3 米，完成了垂直升空，而且还连续飞行了 20 秒钟，但遗憾的是这架飞机一旦升空飞机就无法控制，并未解决平衡与操纵问题。

1936 年，德国福克公司在对早期直升机进行多方面改进之后，公开展示了自己制造的 FW-61 型直升机并试飞成功，这是世界公认的第一架具有正常操纵性的直升机。1939 年春，美国的伊戈尔·西科斯基完成了 VS-300 直升机的全部设计工作，同年夏天制造出一架原型机。这是一架单旋翼带尾桨式直升机，这种单旋翼带尾桨直升机构型成为现在最常见的直升机型，堪称第一架实用直升机。1946 年，美国贝尔-47 型直升机首次获得商用直升机适航证。直升机从此进入了实用阶段。

历史上的今天

1980 年，美国飞船"旅行者 1 号"掠过土星，发回 1 万多张关于土星及它的卫星的彩色照片和各种数据；1985 年，哥伦比亚鲁伊斯火山爆发，造成 2.5 万多人死亡。

377

《中俄北京条约》签订

1860年 11月14日

　　1860年11月14日，清政府派钦差大臣奕訢与俄国公使伊格那提也夫在北京签订《中俄北京条约》（又称《中俄续增条约》）。《中俄北京条约》共15款，主要内容：一、承认中俄《瑷珲条约》；二、将原定两国共管的乌苏里江以东包括库页岛在内约40万平方千米的中国领土划归俄国；三、规定中俄西段疆界，原属中国的内湖斋桑泊和特穆尔图淖尔被定为界湖。该条约的签定，不仅把中国西边边界从巴尔喀什湖大大向东推移，而且为沙俄进一步侵吞湖东、湖南的中国领土提供了条约"根据"。这样，沙俄利用第二次鸦片战争，趁火打劫，兵不血刃，掠夺了中国100多万平方千米的领土。

历史上的今天

　　1840年，法国画家印象派创始人之一莫奈诞辰；1949年，革命烈士江竹筠（1920–1949）被害牺牲；1988年，中美登山队员征服南极文森峰。

中美签署"入世"双边协议

1999年11月15日，中美两国政府在北京签署了关于中国加入世界贸易组织的双边协议。这标志着中美两国就中国加入全球最大贸易组织的双边谈判正式结束，从而为中国"入世"迈出了重要的一步。

11月10日至15日，石广生率领中国政府代表团与美国贸易代表巴尔舍夫斯基和美国国家经济委员会主席斯珀林率领的美国政府代表团在北京进行了6天的认真谈判。这次谈判受到两国政府和两国高层领导人的高度重视。在谈判过程中，双方本着互谅互让、平等协商的精神，以"双赢"原则开展工作，最终取得了双方满意的结果。

此后，中、美两国政府发表了新闻公报。

历史上的今天

1982年，我国第一家婚姻介绍所在广州出现。

1981年 11月16日

中国女排首获世界冠军

1981年11月16日傍晚，第3届女排世界杯决赛开始，中国队的对手是东道主日本队。在主场球迷震耳欲聋的喊声中，中国姑娘以3:2艰难获胜。经过了7轮28场比赛，中国女排以七战全胜姿态获得冠军，这是中国在三大球运动（足球、篮球、排球）中的首个世界冠军。获胜那一刻，女排队员们在球场上激动得抱头痛哭。而从这天起，无数国人被女排的拼搏精神所激励。

这次比赛采用单循环制，中国女排和来自巴西、苏联、保加利亚、古巴、朝鲜、美国、日本七国世界女子排球劲旅进行了11天的角逐，终以七战七捷的成绩首次获得世界冠军。参加此届世界杯比赛的中国队领队为张一沛，教练和运动员是：袁伟民、孙晋芳、邓慧芳、杨希、周晓兰、郎平、陈亚琼、陈招娣、朱玲、梁艳、张洁云、周鹿敏。

历史上的今天

1892年，郭沫若诞辰。郭沫若是我国现代著名的无产阶级文学家、诗人、剧作家、考古学家、思想家、古文字学家、历史学家、书法家，学者和著名的革命家、社会活动家。他是我国新诗的奠基人，是继鲁迅之后革命文化界公认的领袖；1957年，苏联建成世界第一座煤气动力电站；1991年，首届世界女子足球锦标赛在广州开幕。

千年温莎古堡修复完毕

1997年11月17日，被大火严重烧毁的英国王室的行宫之一温莎城堡正式修复完毕。工程耗时5年，共耗资3650万英镑。

温莎古堡位于英国伦敦以西的温莎镇。早在11世纪，征服者威廉一世为防止英国人民的反抗，在伦敦周围郊区，建造了九座大温莎古堡型城堡，组成了一道可以互相支援的碉堡防线。温莎古堡是九座城堡中最大的一座。1110年，英王亨利一世在这里举行朝觐仪式，从此，温莎古堡正式成为宫廷的活动场所。经过不断扩建，到19世纪上半叶，温莎古堡已成为拥有众多精美建筑的庞大的古堡建筑群。目前温莎古堡是世界上最大的一座尚有人居住的古堡式建筑。城堡的部分建筑在1992年的一场大火中被烧毁，所幸的是，由于当时城堡在维修之中，大部分珍贵的艺术品和家具已被搬走，而未毁于火灾。

历史上的今天

1869年，经过十多年的艰苦修筑，苏伊士运河竣工通航；1917年，法国雕塑家奥杰斯特·罗丹（1840-1917）逝世。

"米老鼠"诞生

1928年 11月18日

　　"米基"，是人们对小小的"米老鼠"的昵称。20世纪30年代前夕，世界经济危机的阴影开始笼罩美国。然而在1928年11月18日，苦闷、消沉的人们在纽约的电影院里看到了第一部有声动画片《"威利"号汽艇》，主角是一只有着大而圆的耳朵、穿靴戴帽的小老鼠。它虽然没有说什么话，但却能随着轻快的音乐而跺脚、跳动、吹口哨……这可爱的形象，博得了观众的喜欢，使他们短暂地忘记了经济萧条所带来的烦恼，于是米老鼠一下子成了明星。

　　"米老鼠"的创造者是美国动画艺术片的先驱沃尔特·迪斯尼和他终身的助手阿维尔克。最初的两部"米老鼠"动画片是默片。随后，迪斯尼推出了这部有声动画片《"威利"号汽艇》，并亲自为"米老鼠"配音。这部影片的成功使迪斯尼开始了系列动画片的制作，而伴随着一个个动画片的成功，他的动画王国——迪士尼公司

也由此搭建了起来。

迪士尼公司全称为 The Walt Disney Company，取名自其创始人沃尔特·迪士尼，是总部设在美国伯班克的大型跨国公司，主要业务包括娱乐节目制作，主题公园、玩具、图书、电子游戏和传媒网络。皮克斯动画工作室（PIXAR Animation Studio），惊奇漫画公司（Marvel Entertainment Inc），试金石电影公司（Touchstone Pictures），米拉麦克斯（Miramax）电影公司，博伟影视公司（Buena Vista Home Entertainment），好莱坞电影公司（Hollywood Pictures），ESPN体育，美国广播公司（ABC）都是其旗下的公司（品牌）。

历史上的今天

1899年，无产阶级革命家，中国共产党的优秀党员，杰出的工人运动领袖李立三诞辰；1962年，丹麦物理学家、现代物理学的创始人之一，原子结构学说之父尼尔斯·玻尔（1885—1962）逝世。

中国第一支南极考察队出发

1984年
11月19日

1984年11月19日，中国南极考察委员会派出的第一支南极考察队乘"向阳红十号"科学考察船，从上海出发赴南极洲和南太平洋进行综合性科学考察。此次，他们还有一个光荣的任务，就是在南极洲选址建立我国自己的科考站——中国南极长城站。

这支考察队由来自全国60多个单位的519人组成，经过一个多月的艰苦航行，这支南极考察队于12月26日安全抵达南极洲。抵达南极洲后，他们便马不停蹄地开始了长城站的选址工作，最后站址选定在南极洲南设德兰群岛乔治王岛西南部的菲尔德斯半岛上，方位是南纬62°12′59″，西经58°57′52″。1984年12月27日晚，我国另一批南极考察队员乘"长城二号"登陆艇登上乔治王岛，进行建站的一些具体工作。1984年12月29日（当地时间），中国南极长城站站址得到国家南极考察委员会批准。

1984年12月30日下午3时，中国南极洲考察队队长郭昆高举五星红旗，率领全体队员登上南极洲的乔治王岛。几个月后，这里建起了中国在南极洲的第一座科学考察站——长城站。

十六国国际空间站升空

1998年11月20日，俄罗斯"质子-K"火箭将美国、俄罗斯、加拿大、日本和欧洲航天局12个成员国组成的16国国际空间站的

第一个部件"曙光"号多功能货舱(FGB)发射入轨，标志着人类太空领域最大规模的科技合作项目"阿尔法"国际空间站进入国际空间站在轨装配阶段，也意味着人类和平开发太空的开始。

同年12月4日，美国"奋进"号航天飞机将国际空间站的第二个部件"团结"号节点舱送入轨道，12月7日1时7分，俄罗斯"曙光"舱与美国"团结"舱顺利对接。

"阿尔法"国际空间站工程由美国、俄罗斯、日本、加拿大、巴西和欧洲航天局的11个成员国共同筹建。此次发射的功能货舱是由美国宇航局出资、俄罗斯制造的，是空间站的基础舱。该舱主要用于连接空间站的各公务舱和生活舱，为空间站提供电源、导航、通讯、温控等多种服务，是空间站的大本营。装配完成后的 "阿尔法"空间站站长110米，宽88米，总质量达400余吨，将是有史以来规模最为庞大、设施最为先进的太空综合科研基地。

历史上的今天

1921年11月20日，陇海铁路工人罢工；1981年，中国科学院上海生物化学研究所人工合成了完整的酵母丙氨酸转移核糖核酸；1985年，聂卫平获首届中日围棋擂台赛冠军；1999年，我国第一艘载人航天试验飞船"神舟"一号在酒泉卫星发射中心顺利升空。

我国第一个工农政权成立

　　1927年11月21日，我国第一个工农政权广东海陆丰苏维埃在海陆丰大地上正式成立。海陆丰，顾名思义就是原海丰县和原陆丰县，即现在的整个汕尾市（地级），包括汕尾城区、海丰县、陆河县及陆丰市（还包括今揭西县的上砂、五云两镇）。

　　1927年4月，中国共产党召开"五大"，彭湃当选为中央委员。8月，他参加了南昌起义。其后，他随同南昌起义的部队挥师广东，南征潮汕，冲破国民党反动派的重重封锁，转移到海陆丰，组织农民自卫军，再次举行武装起义，解放了海丰、陆丰县城。两县在11月间先后召开工农兵代表大会，产生了中国第一个工农民主政权海陆丰苏维埃，提出"实行土地革命"的口号。背负了几千年封建重担的海陆丰农民，第一次当家做了主人。

历史上的今天

2002年，我国独立完成水稻第四号染色体精确测序。

386

开罗会议召开

第二次世界大战期间，为加强反法西斯同盟国之间在军事和政治上的协调行动，讨论制定联合对日作战计划和解决远东问题，并统一中美英对在缅甸作战问题上的不同认识。1943年11月22月至26日，中国、美国、英国三国政府首脑在开罗举行了国际会议。会议发表了公报，史称《开罗宣言》。

宣言声明：对日作战的目的在于制止并惩罚日本侵略；剥夺日本自第一次世界大战开始后在太平洋地区所夺得或占领之一切岛屿；日本攫取的中国的领土，如满洲（中国东北）、台湾、澎湖列岛等归还中国；在相当期间，使朝鲜自由独立。宣言最后宣称：将坚持长期作战以迫使日本无条件投降。《开罗宣言》是确定日本侵略罪行及战后处理日本问题的重要国际文件。

历史上的今天

1850年，我国近代伟大的爱国主义者林则徐（1785-1850）逝世。

1936年 11月23日 "七君子"被捕入狱

1936年5月，沈钧儒、邹韬奋等响应中国共产党建立抗日民族统一战线的号召，在上海发起成立全国各界救国联合会，要求国民党政府停止内战，建立统一的抗日政权等。11月，上海日商纱厂中国工人举行反日罢工斗争。救国联合会组织罢工后援委员会予以支持。

1936年11月23日，南京政府以"危害民国"的罪名在上海将全国各界救国联合会领导人沈钧儒、章乃器、邹韬奋、李公朴、沙千里、史良、王造时逮捕入狱，史称"七君子"事件。

11月24日，国民党上海市政府发出布告，宣布他们的"罪行"。沈钧儒等七人都是文化界知名人士，他们从事的抗日救亡活动，顺应民心，代表民意，被捕消息传出，全国哗然。全国许多报纸把他们称为"七君子"，把他们的案件称为"爱国无罪"案。此间，宋庆龄、何香凝和各界知名人士发起"救国入狱运动"，发表"救国入狱运动宣言"，积极营救7君子。

七君子出狱后与马相伯合影

1937年，七七事变发生，7月31日，沈钧儒等7人被释出狱。

第一支全自动机关枪的发明者马克沁逝世

1916年 11月24日

1916年11月24日，发明第一支全自动机关枪的美国发明家海勒姆·斯蒂文森·马克沁（Hiram Stevens Maxim，1840-1916）在英国逝世。马克沁被誉为"自动武器之父"，他研制的马克沁机枪开创了轻武器发展的新纪元。

马克沁出生于美国，后来移居英国。1882年，马克泌赴英国考察时，发现士兵射击时常因老式手动步枪的后座力，把肩膀撞得淤青。这现象表示了枪的后座力能量不小，他产生了更好地利用这种能量的念头。经过试验，1883年，马克泌首先成功地研制出世界上第一支能够自动连续射击的机枪。马克沁在研制中所显现出来的才华和创造性令人惊叹。他的机枪采用枪管短后坐自动原理，发射动作每秒循环10余次，射速高达每分钟600余发，远远超过原有的各种手动机枪。他还巧妙地借鉴了一些前人的成果，如温彻斯特步枪

389

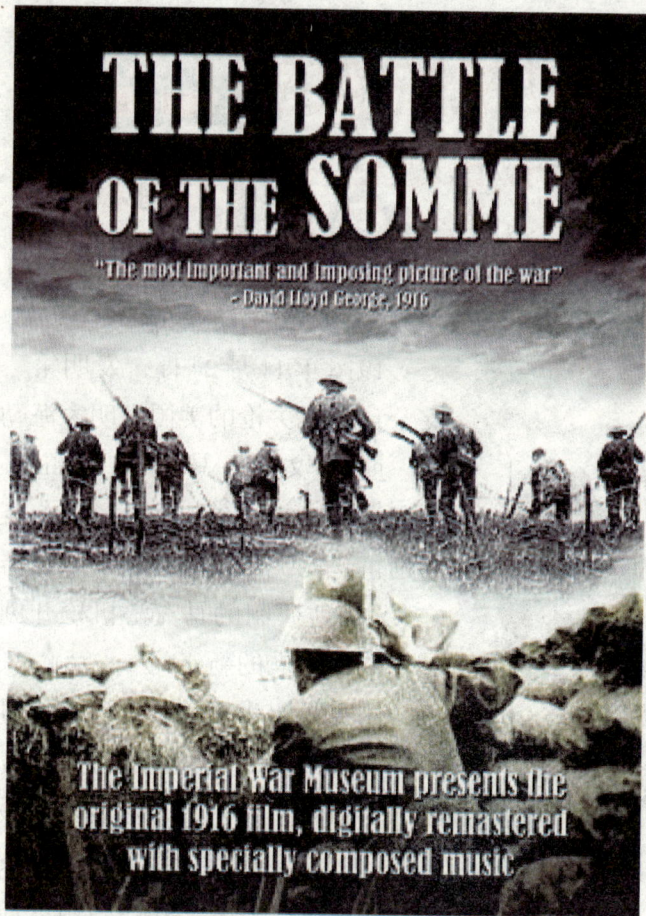

的肘节式闭锁机构等。马克沁创造性地设计了一种由弹带和拔弹齿共同作用的供弹系统，取代了最早试验用的加特林式供弹漏斗，333发子弹装在一根长6.4米的帆布带中，射击时布带被自动拉入进弹口，布带头上带有锁扣，可以两两相接以维持长时间的连续射击。马克沁还发明了油压缓冲和射速调节装置，并开创了机枪分解结合时不使用工具的先河。

在一战索姆河战役中，当英法联军冲向德军阵地时，遭到德军数百挺MG08型马克沁机枪的扫射，英军一天中伤亡了近6万人，举世震惊。此役之后，马克沁机枪被各国所重视，西方各国的军队都纷纷装备了马克沁机枪。自此机枪就大量进入了人类的战场。

历史上的今天

1898年，刘少奇诞辰；1934年，抗日将领吉鸿昌（1895-1934）慷慨就义；1966年，亚洲开发银行成立。

文坛巨匠巴金诞辰

1904年
11月25日

1904 年 11 月 25 日，巴金生于四川成都，祖籍浙江嘉兴。巴金原名李尧棠，字芾甘。巴金是现代文学家、出版家、翻译家，同时也被誉为五四新文化运动以来最有影响的作家之一。

1927年，巴金赴巴黎学习，创作了长篇小说《灭亡》，并第一次使用了巴金这个笔名。1928年回国后，他开始全力创作小说。巴金代表作有"激流三部曲"（《家》《春》《秋》），"爱情三部曲"（《雾》《雨》《电》），"抗战三部曲"（《火》共三部，第二部又名《冯文淑》，第三部又名《田惠世》），"人间三部曲"（《憩园》《第四病室》《寒夜》）。其中《家》的文学成就最就高，也是我国现代文学史上最著名的作品之一。

由于他在文学上的突出成就，1982年4月，他荣获意大利但丁国际奖。1983年5月，荣获法国荣誉军团勋章。2005年10月17日，巴金在上海逝世，享年101岁。

历史上的今天

1958年，三门峡截流成功；1998年，北京市正式宣布申办2008年奥运会。

1981年
11月26日

亚洲奥林匹克理事会成立

　　1981年11月26日，亚洲体育运动的组织——亚洲奥林匹克理事会（简称亚奥理事会）宣布成立。它的前身为1949年在新德里成立的亚洲运动会联合会。总部设在科威特。亚奥理事会是国际奥委会与亚洲各国奥委会之间的桥梁，同时负责亚洲的洲际体育比赛的组织工作，其主要活动为每四年举办一届亚洲运动会。亚奥理事会最高权力机构为理事会，下设执行局，负责处理和执行代表大会决议。目前，亚奥理事会有会员45个。中国于1973年9月18日加入亚奥理事会的前身"亚洲运动会联合会"。

历史上的今天

　　1902年，罗荣桓诞辰；1975年，我国成功发射第一颗返回式人造地球卫星；1981年，我国批准首批博士硕士学位授予单位。

中国第一所音乐学院成立

1927年
11月27日

　　1927年11月27日，中国第一所音乐高等学府"国立音乐院"（今上海音乐学院）成立。1927年10月，民主革命家、杰出的教育家、思想家蔡元培根据其一贯倡导的"美育"的教育宗旨，派萧友梅博士到上海筹建国立音乐院，萧友梅参照法国"国立巴黎音乐院"的模式，办起了中国第一所音乐高等学府。首任院长由蔡元培兼任，12月蔡元培因大学院公务纷繁，委派教务主任萧友梅为代理院长。

　　1929年7月，学校更名为国立音乐专科学校。1956年，学校定名为上海音乐学院。此后，上海音乐学院便逐渐成为中国一所著名的音乐学府，并被誉为"音乐家的摇篮"。

历史上的今天

　　1899年，董其武将军诞辰；1940年，一代武术宗师、功夫影帝、截拳道的创始人李小龙诞辰；1958年，我国第一艘万吨远洋轮下水。

德黑兰会议召开

　　为尽快打败德日法西斯，早日结束战争，美国总统罗斯福、英国首相邱吉尔和苏联部长会议主席斯大林于1943年11月28日至12月1日在伊朗首都德黑兰举行了首次会晤，史称德黑兰会议。

　　德黑兰会议是第二次世界大战中的一次具有重要历史意义的会议，它在反法西斯联盟历史上第一次协调了反对共同敌人的军事战略，为在欧洲夺取反法西斯战争的决定性胜利奠定了基础。会议的中心议题是开辟第二战场。三国首脑达成协议：进攻西欧的"霸王"战役和进攻法国南部的战役于1944年5月同时发动，登陆兵力达100万人，苏联则承诺在同一时间向德军进攻，以配合盟军西线的行动。关于对日作战问题，苏联初步同意在欧洲战争结束后半年左右参加对日作战。作为交换，苏军可以进入中国不冻港大连，大连可以在国际监督下成为自由港。苏联的此项要求并未经过中国国民政府的批准，损害了中国的利益。

历史上的今天

　　1964年，美国航天探测飞船"水手四号"飞船发回第一批火星照片；1990年，中国人正式注册顶级域名CN。

我国首次发行"票中票"

1983年
11月29日

1983年11月29日，邮电部发行《中华全国集邮展览一九八三年·北京》（黄里设计）纪念邮票一套，首次采用了"票中票"，即新邮票里套着一枚旧邮票的图案。

各国在举行有关集邮重大纪念活动时才采用"票中票"。这套邮票共两枚，第一枚采用的图案是1951年10月1日发行的编号为特一的国徽邮票图案，第二枚图案是1946年3月由陕甘宁边区邮政管理局发行的延安宝塔山的第一图。

这套邮票的背景衬以"牡丹天鹿"装饰图案。"牡丹纹"象征繁荣、丰满；昂首飞腾的天鹿喻意吉祥。装饰图案第一枚用金、红两色，第二枚用金、绿两色。

历史上的今天

1927年，我国现代著名画家吴昌硕(1844-1927)病逝；1948年，平津战役开始，平津战役是中国人民解放战争中具有决定意义的三大战役之一。平津战役的胜利，使华北地区基本获得解放；1974年，久经考验的无产阶级革命家、政治家和军事家，党、国家和军队的杰出领导人，中国人民解放军的缔造者之一，中华人民共和国的开国元勋彭德怀(1898-1974)逝世。

首届世界女子足球锦标赛落幕

1991年 11月30日

1991年11月17日至30日，中国广州承办了第一届世界女子足球锦标赛（又称女足世界杯）。汇集了12支参赛队伍的首届世界杯取得了空前的成功，标志着世界女足运动翻开了崭新的一页。

本届世界女足锦标赛，美国队获冠军，挪威队获亚军，中国队获第五名。

20世纪60年代后，女子足球运动在欧洲、美洲、亚洲迅速发展，1971年，国际足联正式将女子足球列入发展议程。进入80年代，女子足球发展迅猛，促使国际足联做出了设立世界女子足球锦标赛的决定。1991年，在时任国际足联主席阿维兰热的鼎力倡导下，第一届女足世界杯诞生了。

此次大赛成功举办，极大地推动了各国女子足球运动的发展，五年后，国际奥委会把女子足球列为第26届奥运会正式比赛项目，女子足球运动全面进入世界竞技舞台。

历史上的今天

1835年，美国作家马克·吐温诞辰；1949年，重庆解放。

1₂ 月

历史上的今天

中国上海获2010年世博会举办权

《不列颠百科全书》第一卷出版

太平洋战争爆发

瑞典首次颁发诺贝尔奖

我国正式加入世界贸易组织

巴拿马收回运河主权

晶体管问世

《中英关于香港问题的联合声明》正式签署

中葡两国政府澳门政权交接仪式隆重举行

我国第一台亿次计算机"银河—I号"研制成功

……

"世界艾滋病日"确立

1988年 12月1日

　　1988年1月，世界卫生组织在伦敦召开了一个有100多个国家参加的"全球预防艾滋病"部长级高级会议，会上宣布每年的12月1日为"世界艾滋病日"（World Aids Day）；之所以定为12月1日，是因为第一个艾滋病病例是在1981年此日诊断出来的。1997年，联合国艾滋病规划署将"世界艾滋病日"更名为"世界艾滋病防治宣传运动"。

　　艾滋病病毒代表人类免疫缺陷病毒。一个人感染了HIV以后，此病毒就开始攻击人体免疫系统。艾滋病本身不是一种病，而是一种无法抵抗其他疾病的状态或综合症状。艾滋病病毒感染者从感染初期算起，要经过数年、甚至长达10年或更长的潜伏期后才会发展成艾滋病病人。在世界范围内，如今艾滋病的传播越来越迅猛，严重威胁着人类的健康和社会的发展，已成为威胁人们健康的第四大杀手。

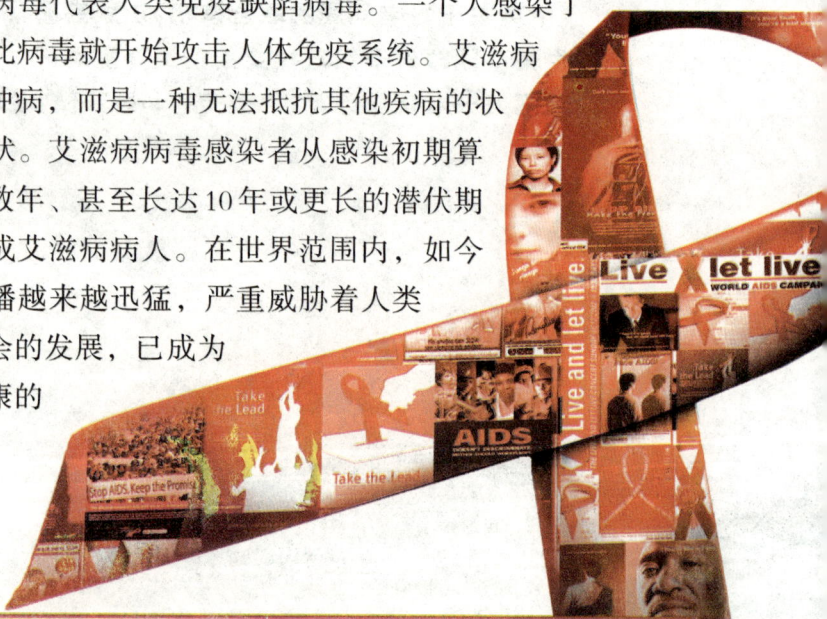

历史上的今天

　　1886年，朱德诞辰；1999年，科学家完整破译第22对人体染色体遗传密码。

世界上第一颗人造心脏移植成功

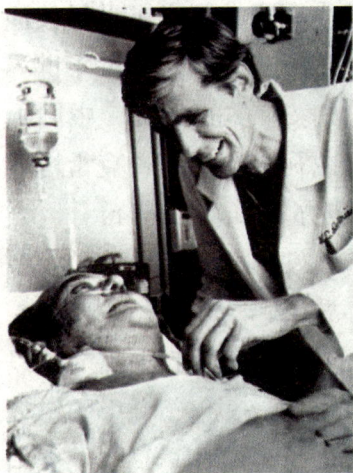

1982年 12月2日

1982年12月2日，美国盐湖城犹他大学医学中心威廉·迪弗律兹博士领衔的外科小组为61岁的巴尼·克拉克博士完成了人工心脏移植手术。使他成为世界上第一位植入永久性人工心脏的心脏病患者。

手术后的克拉克将靠一颗橡胶金属制成的人工心脏"贾维克7号"维持生命。"贾维克7号"的名字取自发明者罗伯特·贾维克博士。

人工心脏的使用始于1953年。至1965年，美国外科医生迈凯尔·贝克才首次成功地在动物体内移入人工心脏，来辅助心室的运动。人类心脏移植虽然开始于1967年，但在20世纪80年代初才被接受为终末期心脏病的治疗方法。免疫抑制剂治疗和移植物处置的进展使心脏移植成为可能，而随着心肺移植的成功和不断发展，胸腔内器官移植逐渐开始广泛开展。

历史上的今天

1804年，拿破仑·波拿巴加冕为法兰西第一帝国皇帝；1929年，中国古生物学家裴文中在北京西南的周口店发现了第一个中国旧石器时代早期猿人"北京猿人"头盖骨化石；1942年，原子裂变在美国试验成功，为原子弹及核能开辟了道路。

中国上海获2010年世博会举办权

2002年
12月3日

2002年12月3日，风景秀丽的地中海小国摩纳哥成了世界关注的焦点，国际展览局第132次成员国大会正在投票决定2010年世界博览会的主办城市。这是有史以来申办国家最多的一次，中国上海、韩国丽水、俄罗斯莫斯科、波兰弗洛兹瓦夫、墨西哥克雷塔罗都是2010年世博会（第41届世博会）的申办城市。15时40分（当地时间），国际展览局主席诺盖斯郑重宣布，中国上海在第四轮投票中以54票胜出，成为2010年世博会的主办城市。

自1851年英国伦敦举办第一届展览会——万国工业博览会以来，世博会因其发展迅速而享有"经济、科技、文化领域内的奥林匹克盛会"的美誉，并已先后举办过40届。世界博览会是由一个国家的政府主办，有多个国家或国际组织参加，以展现人类在社会、经济、文化和科技领域取得的成就的国际性大型展示会。其特点是

举办时间长、展出规模大、参展国家多、影响深远。负责协调管理世界博览会的国际组织是国际展览局（BIE）。国际展览局成立于1928年，总部设在法国巴黎，宗旨是通过协调和举办世界博览会，促进世界各国经济、文化和科学技术的交流和发展。

按照国际展览局的规定，世界博览会按性质、规模、展期分为两种：一种是注册类（也称综合性）世博会，展期通常为6个月，从2000年开始每五年举办一次；另一类是认可类（也称专业性）世博会，展期通常为3个月，在两届注册类世博会之间举办一次。注册类世界博览会不同于一般的贸易促销和经济招商的展览会，是全球最高级别的博览会。中国申请的1999年昆明世博会属于认可类世博会，2010年上海世博会则属于注册类世博会。

历史上的今天

1919年，法国印象派画家、雕塑家雷诺阿（1841-1919）逝世；1979年，世界协调时间取代格林尼治标准时间；1998年，人类首次徒步穿越雅鲁藏布大峡谷。

第五届人大会议通过新宪法

1982年 12月4日

1982年12月4日，第五届全国人民代表大会第五次会议举行，会议通过颁布了我国新的宪法，还通过了恢复《义勇军进行曲》为国歌的决议。

此次通过的宪法是建国以来的第四部宪法，是在1954年第一届全国人大会议制定的《中华人民共和国宪法》及以后几次修改的基础上制定的。指导思想是坚持四项基本原则，即坚持社会主义道路，坚持人民民主专政，坚持中国共产党的领导，坚持马克思列宁主义、毛泽东思想。宪法规定了今后国家的根本任务是集中力量进行社会主义现代化建设，把我国建设成为高度文明、高度民主的社会主义国家。宪法规定中华人民共和国是工人阶级领导的、以工农联盟为基础的人民民主专政社会主义国家；社会主义制度是我国的根本制度。国家的一切权力属于人民；人民行使国家权力的机关是全国人民代表大会和地方各级人民代表大会。国家机构实行民主集中制原则。各民族一律平等。宪法对全国人民代表大会、国家主席、国务院、中央军事委员会、各级地方人大、各级人民政府、人民法院和人民检察院的组织和职权都作了规定。

历史上的今天

1892年，刘伯承诞辰；1950年，民间音乐家阿炳（1893-1950）逝世。

美国娱乐业巨头沃尔特·迪斯尼诞辰

1901年12月5日

1901年12月5日，美国娱乐业巨头，米老鼠的创造者沃尔特·迪斯尼出生于芝加哥。

迪斯尼从小爱好绘画，曾在函授和专业学校学过美术。1919年他开始绘制广告画，但没有得到赏识。为了寻找出路，他来到了影城好莱坞。到洛杉矶后，华特迪士尼和哥哥罗伊迪士尼成立了迪士尼兄弟制作室，开始制作动画短片。从此，那些深为人们喜爱的传世动画片便陆续地被制作出来。华特迪士尼制片厂最为著名的动画片有：米奇系列动画片、《三只小猪》、《聪明的小母鸡》、《白雪公主与七个小矮人》、《木偶奇遇记》、《小鹿斑比》、《仙履奇缘》、《睡美人》等，这些动画片不但给大人和孩子们带来了欢乐，还使迪斯尼成为了世界上获得奥斯卡奖最多的人，他一生共获得了48个奥斯卡奖提名和7个艾美奖。

迪斯尼还有另外一个令人瞩目的成就，就是在1955年7月17日创建了世界上第一座迪士尼主题乐园——美国加利福尼亚州的迪士尼乐园（Disneyland）。迪士尼乐园是当时世界上构思最精巧的游乐公园。园内共有五个区

403

域：冒险世界、西部边疆、童话世界，玩具王国和未来世界，并且不断更新。它每年吸引几百万游客来到这里，大人和孩子同样喜爱这个乐园。今天，华特·迪士尼公司不但拥有加州迪士尼乐园、奥兰多迪士尼世界，还授权经营了巴黎迪士尼度假区、东京迪士尼度假区和中国香港迪士尼度假区。2009年11月4日，上海市人民政府新闻办公室宣布：上海迪士尼项目申请报告已获国家有关部门核准。上海迪士尼乐园将是全球第6个迪士尼乐园。

1966年12月15日，迪士尼因病逝世。

历史上的今天

1940年，百团大战胜利结束。

《不列颠百科全书》
第一卷出版

1768年
12月6日

《不列颠百科全书》（Encyclopedia Britannica，又称《大英百科全书》，简称EB），被认为是当今世界上最知名也是最权威的百科全书，是世界三大百科全书之一。《不列颠百科全书》诞生于18世纪苏格兰启蒙运动的氛围中。当时，当地的书商和印刷工人科林·麦克法卡尔和雕刻家安德鲁·贝尔决定出版一部工具书。他们聘请了当时28岁的威廉·斯梅利来编辑这部三卷的书。1768年，《不列颠百科全书》第一卷编撰完成，于12月出版。1771年，《不列颠百科全书》三卷全部编撰完成。

第一版《不列颠百科全书》出版的成功，使这部书得以陆续出版下来。如今，《不列颠百科全书》历经两百多年修订、再版的发展与完善，已经出版到了第15版，全书已达32卷，而随着出版媒介的发展，电子版本和在线版本也已推出。

（世界三大百科全书：《美国百科全书》、《不列颠百科全书》、《科利尔百科全书》。）

日军偷袭珍珠港

1941年 12月7日

珍珠港位于夏威夷群岛的瓦胡岛南端，1898年美国吞并夏威夷后，开始兴建大型海、空军基地。1908年珍珠港开始作为深水军港使用，也是美国海军太平洋舰队的总部所在地。二战期间，日本视珍珠港为南进扩大战争的主要障碍，于是便有了"珍珠港事件"的发生。

1941年12月7日7时55分，日本海军的航空母舰舰载飞机和微型潜艇突然袭击了珍珠港以及美国陆军和海军在瓦胡岛上的飞机场。这一天是星期天，美太平洋舰队主力，除3艘航空母舰离港出海执行任务外，其余共94艘舰艇，整齐地停泊在珍珠港内，而美海军官兵大都离舰上岸度假去了。岛上的387架飞机成排停放在机场，飞行员多数不在机场。高射炮旁也只有少数几个炮手值勤。7时30分左右，美雷达兵多次发现有强大机群飞临，却误认为是己方飞机，未加防范。不久，突击开始。日军的突袭造成珍珠港停泊在港内的美国太平洋舰队主力几乎全军覆没。

而此事件直接导致了太平洋战争的爆发，最终将美国卷入第二次世界大战。

历史上的今天

1985年，南亚七国首脑会议开幕；1996年，科学家首次发现时光可以倒流。

太平洋战争爆发

1941年

12月8日

第二次世界大战期间，日本帝国主义为了争夺远东殖民地，独霸亚洲，发动了太平洋战争。1941年12月7日，日本海空军突然袭击珍珠港，美国太平洋舰队遭受重大损失。8日，美、英对日本宣战，11日，德、意对美宣战，太平洋战争爆发。日本帝国主义在不到半年内，侵占了东南亚和西南太平洋大片地区，处于暂时的军事优势。1942年6月，美国在中途岛海战中获胜，取得海上主动权。经过3年苦战，美军夺回太平洋上日军占领的各岛。1944年，中国共产党领导的抗日部队开始局部反攻，1945年8月，苏联向中国东北出兵，同时，中国军队全面反攻。8月6日和9日，美国对日本广岛和长崎各投了一颗原子弹。8月15日，日本法西斯宣布无条件投降，9月2日，日本签署了无条件投降书，太平洋战争结束。

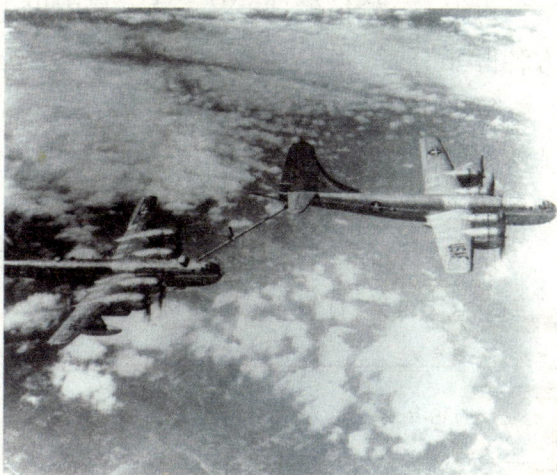

国际乒乓球比赛试行"轮换发球法"

1961年
12月9日

1961年12月初，国际乒乓球联合会决定，开始在国际乒乓球比赛中，试行"轮换发球法"；过去的"时间限制"规定暂停使用。这一新规定将进一步防止乒乓球运动员在比赛中只守不攻、拖延时间的现象发生。"轮换发球法"即：当一局比赛进行到15分钟时，记时员将宣布比赛暂时中断，裁判员即应宣布从下一个球起，比赛按"轮换发球法"规定继续进行。在裁判员宣布"轮换发球"开始以后，发球运动员除发球的一击外，必须在这以后的连续12次击球中取得分数，如果第12次击球仍未能取胜，则判对方得1分。因此，记时员这时便不需要记时，而只是计算运动员的击球次数。

每得1分轮换发球1次，这一局中以先得21分者为胜方，遇双方各得20分时，则以在这之后先得2分者为胜方。

每盘比赛中，如果有一局比赛在进行15分钟后实行了"轮换发球法"，那么在这一局以下各局中，只要进行了10分钟就实行"轮换发球法"。

试行"轮换发球法"的规定，是在第26届世界乒乓球锦标赛期间举行的国际乒乓球联合会代表大会上通过的。

历史上的今天

1935年，"一二·九"运动爆发；1948年，联合国通过防止及惩办灭绝种族罪公约；1979年，马燕红为我国赢得第一个体操世界冠军。

瑞典首次颁发诺贝尔奖

1901年 12月10日

1901年12月10日下午4时30分，瑞典国王和挪威诺贝尔基金会首次颁发了诺贝尔奖。

1833年10月21日，瑞典著名化学家和发明家诺贝尔诞生于斯德哥尔摩。诺贝尔毕生从事炸药研究，共获得85项发明专利权，使诺贝尔拥有了巨额财富。诺贝尔在1895年去世前立下遗嘱，将其财产中的920万美元作为基金，以其年息（每年20万美元）设立物理学、化学、生理学或医学、文学以及和平事业5种奖金（1969年瑞典国家银行增设经济学奖金），奖励当年在上述领域内作出最大贡献的学者。据此，1900年6月瑞典政府批准设立了诺贝尔基金会。次年诺贝尔逝世五周年纪念日之际，即1901年12月10日下午4时30分，瑞典国王和挪威诺贝尔基金会首次颁发了诺贝尔奖。自此以后，除因战时中断外，每年这一天的下午4时30分，瑞典首都斯德哥尔摩和挪威首都奥斯陆都会举行隆重的诺贝尔奖授奖仪式。

之所以选择在下午4时30分举行授奖仪式，是因为诺贝尔就是在这个时间去世的。

诺贝尔奖由四个机构颁发，即：斯德哥尔摩的瑞典皇家科学院（物理学奖和化学奖）、皇家卡罗林外科医学研究院(生理学或医学奖）和瑞典文学院（文

学奖），以及位于奥斯陆的、由挪威议会任命的诺贝尔奖评定委员会（和平奖）。瑞典皇家科学院还监督经济学奖的颁奖事宜。

根据诺贝尔遗嘱，在评选的整个过程中，获奖人不受任何国籍、民族、意识形态和宗教的影响，评选的唯一标准是成就的大小。每个授奖单位设有一个由五人组成的诺贝尔委员会负责评选工作，该委员会三年一换届。其评选过程为：每年9月至次年1月31日，接受各项诺贝尔奖推荐的候选人。具有推荐候选人资格的有：先前的诺贝尔奖获得者、诺贝尔奖评委会委员、特别指定的大学教授、诺贝尔奖评委会特邀教授、作家协会主席（文学奖）、国际性会议和组织（和平奖）。不得毛遂自荐。2月1日起，各项诺贝尔奖评委会对推荐的候选人进行筛选、审定，工作情况严加保密。10月中旬，公布各项诺贝尔奖获得者名单。

历史上的今天

1948年，联合国大会通过《世界人权宣言》；1968年，戏剧家田汉（1898-1968）逝世；1995年，美国"伽利略"号飞船发回木星数据；1996年，联合国对伊拉克实施"石油换食品"协议。1999年，世界60亿人口日。

我国正式加入世界贸易组织

2001年

12月11日

2001年12月11日，我国正式加入世界贸易组织（WTO），成为其第143个成员。

11月20日，世贸组织总干事迈克尔·穆尔致函世贸组织成员，宣布我国政府已于2001年11月11日接受《中国加入世贸组织议定书》，12月11日，议定书生效，这就意味着我国在这一天正式成为世贸组织成员。

2002年1月26日（当地时间），中国首任常驻世贸组织代表、特命全权大使孙振宇抵达世贸组织总部日内瓦。于28日会见世贸组织总干事穆尔并递交委任书，并在同日举行中国常驻世贸组织代表团揭牌开馆仪式。加入世贸组织后，我国将全面享受世贸组织赋予其成员的各项权利，并将遵守世贸组织规则，认真履行义务。作为世贸组织成员，我国将与其他成员一道发挥积极和建设性的作用，在更大范围和更深程度上参与经济全球化。

1911年，"中国航天之父"钱学森诞辰；1981年，中国首次举办托福考试。

我国自行研制的第一艘导弹驱逐舰启用

1971年 12月12日

1971年12月12日，我国自行设计制造的第一艘导弹驱逐舰"济南舰"交付海军使用。这是人民海军拥有的第一种具备远洋作战能力的大型水面作战舰艇。它实现了我国驱逐舰从仿制到自行研制的跨越。它的诞生，在我国驱逐舰发展史上具有重要的里程碑意义。

这艘驱逐舰由大连造船厂试制，全国22个省市、260多个厂所参与协作。2007年，"济南舰"走完了36载光辉历程光荣退役，归属海军博物馆荣誉展出。济南舰服役36年间，先后完成了导弹、火炮等多种武器系统及舰载机系统、作战指挥系统等1400多项装备试验，被誉为"海军装备试验的开路先锋"并荣立集体一等功。它曾多次执行太平洋远航、南沙战斗巡逻、军事演习等重大战备训练任务，接待过10余个国家高级军事代表团和领导人的访问，陪访过法国、加拿大等多个国家的来访舰艇。

历史上的今天

　　1936年，"西安事变"发生；1984年。美国天文学家观测到太阳系外第一颗行星；1985年，我国第一台水下机器人"海人1号"在旅顺港下水作业获得成功。

中国现代话剧奠基人曹禺逝世

1996年
12月13日

1996年12月13日，中国现代杰出的戏剧家、中国现代话剧奠基人曹禺在北京逝世。

曹禺原名万家宝，字小石，1910年，生于天津。"曹禺"是他在1926年发表小说时第一次使用的笔名（姓氏"万"的繁体字的"草"字头谐音"曹"）。

曹禺的主要艺术成就表现在戏剧创造方面。他是中国话剧史上继往开来的重要作家。在他之前的话剧先驱者们，大都是以话剧作为宣传民主革命思想的工具，因此很少推敲话剧的艺术问题。曹禺继承了先驱者们反帝反封建的民主精神，同时广泛借鉴和吸收了中国古典戏曲和欧洲近代戏剧的表现方法，把中国的话剧艺术提到了一个新的高度。他的《雷雨》成为中国话剧艺术成熟的标志。其后创作的《日出》、《北京人》、《家》也都是公认的杰出作品。曹禺的作品，不但提高了戏剧文学的水平，还对导演、表演艺术和舞台美术产生了深远的影响，使话剧成为了真正的综合性艺术。

历史上的今天

1994年，我国首架水陆两用飞机在南京研制成功；2001年，北京奥运会组委会成立。

巴拿马收回运河主权

　　1999年12月14日，巴拿马运河主权交接仪式在巴拿马城附近的米拉弗洛雷斯船闸处举行，巴拿马总统米蕾娅·莫斯科索和美国前总统卡特分别代表两国政府签署了关于运河主权和管辖权交接的换文。至此，这条连接南北美洲大陆、沟通太平洋和大西洋的"黄金水道"名副其实地成了"巴拿马的运河"。

　　1903年，美国迫使巴拿马签订条约，攫取了开凿巴拿马运河的权利和对运河区的永久租让权。1977年9月7日，美国和巴拿马签订了《巴拿马运河新条约》，宣布1999年12月31日中午交还运河的主权和管辖权。运河回归标志着巴拿马人民为收回运河所进行的长期英勇斗争取得了最后胜利，同时也标志着美国在中南美洲大陆殖民统治的终结。

历史上的今天

　　1906年，近代物理学的开拓者之一、德国物理学家普朗克首创"量子论"；1994年，我国长江三峡水利枢纽工程正式开工，2006年5月20日全线建成。

中国大陆第一座核电站并网发电

1991年

12月15日

1991年12月15日，中国大陆第一座核电站秦山核电站并网发电。这是中国自行设计和建造的第一座30万千瓦商用核电站。它的建成，标志着中国已掌握了核电技术，成为世界上继美国、英国、法国、苏联、加拿大、瑞典之后第七个能够独立设计制造核电站的国家。

秦山核电站坐落于浙江省嘉兴市海盐县秦山镇双龙岗，面临杭州湾，秦山核电站工程于1985年3月20日开工建设，1991年12月15日并网发电。秦山核电站的建成发电，结束了中国大陆无核电的历史。

1947年 12月16日

晶体管问世

晶体管被认为是现代最伟大的发明之一，在重要性方面可以与印刷术、汽车和电话等发明相提并论。

1947年12月16日，美国新泽西州墨累山的贝尔实验室里，三位科学家威廉·邵克雷（William Shockley）、约翰·巴顿（John Bardeen）和沃特·布拉顿（Walter Brattain）成功地制造出第一个晶体管——点接触型的锗晶体管。经过改进，1950年，威廉·邵克雷开发出"面结型晶体管"，也就是现在的晶体管。

晶体管的出现，推动了全球范围内的半导体电子工业的发展。因它是在圣诞节前夕发明的，而且对人们的生活发生如此巨大的影响，所以它被称为"献给世界的圣诞节礼物"。1956年，发明它的3位科学家共同荣获了诺贝尔物理学奖。而此时，他们的成果正走进世界人民的家庭，应用在电视机、收音机、高保真音响等设备里。

历史上的今天

1890年，人类第一次利用血清注射治疗疾病获得成功；1963年，久经考验的的无产阶级革命家、军事家，党、国家和军队的卓越领导人，中国人民解放军的创建人之一罗荣桓（1902-1963）逝世；1978年，中美两国发布联合公告，宣布1979年1月1日起正式建交。

京师大学堂正式开学

1902年
12月17日

1902年12月17日，京师大学堂（北京大学的前身）举行了开学典礼。

京师大学堂诞生于戊戌变法，是我国最早的国立大学，校舍在北京地安门内马神庙。吏部尚书孙家鼐为管学大臣，管理大学堂事务。开办经费、常年用款，由户部筹拨。大学堂的办学方针为"中西并用"；宗旨是"广育人才，讲求时务"；课程分普通学和专门学两类。

1900年8月，八国联军侵占北京，京师大学堂停办。这次复校开学后，增设预备科(政科、艺科)及速成科(仕学馆、师范馆)。18日，京师大学堂设立京师大学堂译学馆，分甲、乙、丙、丁、戊五级，以学习英、俄、法、德、日外国语言文字为主。学习年限五年。除学习外国语文外、兼习普通学，两年后兼习法律交涉专门学。1904年京师大学堂选派首批47名学生出国留学，这是中国高校派遣留学生的开始。辛亥革命后的1912年5月，京师大学堂改名为北京大学。

历史上的今天

1903年，莱特兄弟的第一架飞机试飞成功；1935年，瓦窑堡会议召开；1986年，世界第一例心肺肝同时移植手术完成。

417

美国废除奴隶制

　　1865年12月18日，美国《宪法第13条修正案》正式生效，从此，奴隶制在美国被废除。

　　19世纪30年代起，废奴主义在美国广为流行。40年代，一些废奴主义者开始主张采取政治斗争，推行废奴主义。于是，就出现了由道格拉斯和塔潘兄弟等人组织成立的自由党。1852年，斯托夫人的小说《汤姆叔叔的小屋》出版，书中对黑人奴隶的悲惨生活作了生动的描述和揭露，在社会上引起强烈反响，有力地推动了废奴运动的发展。1859年，废奴主义者约翰·布朗率领21名白人和黑人起义，把废奴运动推向高潮。

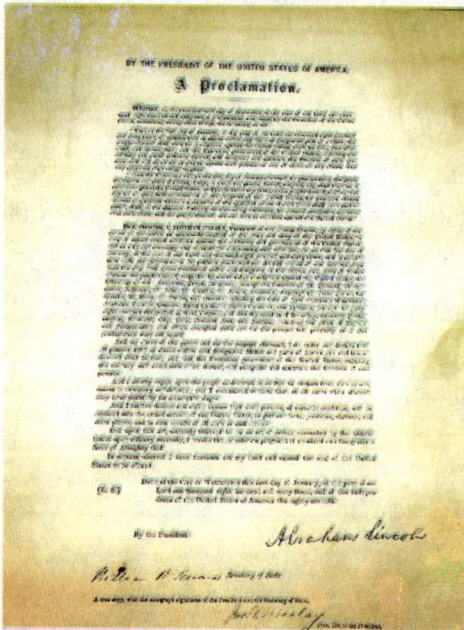

　　1861年，美国南北战争爆发。1862年，美国总统林肯发表《解放黑奴宣言》，宣布黑人奴隶获得自由，从而从根本上瓦解了南方叛乱各州的战斗力，扭转了战局。1865年1月，美国国会通过了《宪法第13条修正案》，规定奴隶制或强迫奴役制，不得在合众国境内和管辖范围内存在。1865年12月18日，《宪法第13条修正案》正式生效，奴隶制被废除。

《中英关于香港问题的联合声明》正式签署

1984年
12月19日

1984年12月19日下午5时30分，中国政府和英国政府在北京正式签署了《中英关于香港问题的联合声明》。《联合声明》圆满解决了中国对香港恢复行使主权的问题，也为香港的长期繁荣和稳定提供了坚实的基础。

经过中英双方两年多双轮谈判，1984年9月26日，《中英关于香港问题的联合声明》在北京草签。1984年12月19日，《联合声明》正式签字仪式在北京人民大会堂西大厅隆重举行，由百余人组成的香港各界人士观礼团应邀出席。1985年4月10日，第六届全国人大常委会第八次会议批准了《联合声明》。1985年5月27日，中国外交部副部长周南和英国驻华大使伊文思各自代表本国政府在北京交换了中英两国对《联合声明》及其附件的批准书，签署了互换批准书的证书。自这一天起，《联合声明》即开始正式生效，香港进入了历时12年的过渡期。

历史上的今天

1998年，著名学者、作家钱钟书（1910-1998）逝世。

419

中葡两国政府
澳门政权交接仪式隆重举行

1999年12月20日零时，在雄壮的《义勇军进行曲》乐曲声中，中华人民共和国国旗和中华人民共和国澳门特别行政区区旗在这里庄严升起。从此，澳门回到祖国的怀抱。

12月19日深夜，位于澳门新口岸刚刚建成的澳门文化中心花园馆灯火通明，举世瞩目的中葡两国政府澳门政权交接仪式在这里隆重举行。

23时42分，澳门政权交接仪式开始。在礼号手的号乐声中，两国领导人及重要官员同时登上主席台主礼台。随后，中葡双方仪仗队举行敬礼仪式，双方乐队奏致敬曲。

23时55分，降旗、升旗仪式开始，中葡双方护旗手入场。23时

58分，在葡萄牙国歌声中，葡萄牙国旗和澳门市政厅旗开始缓缓降下。

　　零时整，中国人民解放军军乐团奏响雄壮激昂的中华人民共和国国歌，中华人民共和国国旗和中华人民共和国澳门特别行政区区旗冉冉升起。46秒后，两面旗帜同时升到旗杆顶端。全场立刻响起如潮般的掌声，零时4分，中华人民共和国主席江泽民宣告：中国政府对澳门恢复行使主权。中葡两国政府澳门政权交接仪式顺利完成。12月20日凌晨1时30分，中华人民共和国澳门特别行政区成立暨特区政府宣誓就职仪式，在澳门综艺馆隆重举行。

　　（澳门自秦朝始便是中国领土，1887年葡萄牙政府与清朝政府签订了有效期为40年的《中葡和好通商条约》后，澳门开始被葡萄牙强行租借。）

我国成功发射第二颗"北斗导航试验卫星"

2000年12月21日零时20分，我国自行研制的第二颗"北斗导航试验卫星"，在西昌卫星发射中心用"长征三号甲"火箭发射升空，并准确进入预定轨道。它与同年10月31日发射的第一颗"北斗导航试验卫星"一起，构成了"北斗导航系统"。这标志着我国拥有了自主研制的第一代卫星导航定位系统。

"北斗导航试验卫星"是地球同步静止轨道卫星。"北斗导航系统"是全天候、全天时提供卫星导航信息的区域导航系统。它建成后主要为公路交通、铁路运输、海上作业等领域提供导航服务，将对我国经济建设起到积极推动作用。目前，世界上只有少数几个国家能够自主研制生产卫星导航系统。

历史上的今天

1988年，洛克比空难发生。

我国第一台亿次计算机"银河-Ⅰ号"研制成功

1983年 12月22日

1983年12月22日，我国第一台每秒钟运算达亿次以上的巨型计算机"银河-Ⅰ号"在长沙国防科技大学计算机研究所研制成功。它的研制成功，使我国跨进了世界研制巨型机国家的行列，标志着我国计算机技术发展到了一个新阶段，我国的大型科学计算从此不再受制于人。

"银河"巨型计算机系统是我国目前运算速度最快、存贮容量最大、功能最强的电子计算机。可广泛应用于石油、地质勘探、中长期数值预报、卫星图像处理、计算大型科研题目和国防建设等领域。

"银河-Ⅰ号"巨型计算机的研制任务是中央于1977年批准下达的一项重大国防科研任务，国防科委又把这一任务落实到了国防科技大学计算机研究所。用了5年时间，该所完成了"银河-Ⅰ号"巨型机的研制工作。1983年12月26日，"银河-Ⅰ号"亿次巨型计算机正式通过国家技术鉴定。

历史上的今天

1997年，俄罗斯"进步"号飞船与"和平"号轨道站顺利对接。

1863年 12月23日 国画大师齐白石诞辰

　　1863年12月23日，齐白石出生于湖南湘潭县杏子坞星斗塘。齐白石自幼敏慧好学，8岁时，上过一年村塾，之后便在家务农。劳动之余他仍不忘练字、习画、读书。12岁时，他学木工雕花，兼描绘纹饰、图样。27岁时他拜画家胡沁园、文人陈少藩为师。齐白石尤擅画花鸟虫鱼。他的画力求"为万虫写照，为百鸟张神"，并博采前人诸家之长，进而独辟蹊径，而且"衰年变法"，改革画风，重视创造，融合传统写意画和民间绘画的表现技法，形成独特的艺术风格。齐白石是新中国仅有的几位获得"人民艺术家"称号者之一。1957年9月，一代国画宗师齐白石病逝北京，享年94岁。

历史上的今天

　　1915年,《辞源》畅销全国。

"阿丽亚娜"1号火箭发射成功

1979年

12月24日

1979年12月24日，欧洲航天局的"阿丽亚娜"1号火箭（Ariane,也译为亚利安），在法属圭亚那的库鲁发射场成功发射。阿丽亚娜火箭的发射成功，是欧洲国家联合自强的一个象征。

20世纪70年代初，为了打破当时美苏两国在发射地球同步卫星技术上的垄断，法国倡议西欧国家合作研制自己的重型火箭。这一倡议得到了英国、比利时和西班牙等十个西欧国家的赞同和支持。1975年，欧洲航天局成立。成立伊始，他们就把发展火箭技术当做了首要目标，为此当时欧洲航天局11个成员国共同参与组建成立了阿里亚娜空间公司，并成功研制了阿丽亚娜系列火箭。

历史上的今天

1987年,我国首次舰载直升机着舰试验成功。

苏维埃社会主义共和国联盟解体

1991年
12月25日

1991年12月25日，苏联总统戈尔巴乔夫发表电视讲话正式宣布辞职。当日18时32分，在克里姆林宫上飘扬的苏联国旗徐徐降下；19时45分，俄罗斯国旗升上克里姆林宫。从此，苏维埃社会主义共和国联盟的历史宣告终结。

随着东欧剧变，苏联的加盟共和国政府也纷纷效法东欧诸国，意图脱离苏联而独立。1991年8月24日，苏联第二大加盟共和国乌克兰宣布独立。苏联开始走向解体。

1991年年底，俄罗斯总统叶利钦联同白俄罗斯及乌克兰的总统在白俄罗斯的首府明斯克签约，宣布成立独立国家联合体，建立一个类似英联邦的架构来取代苏联。此后，苏联其他加盟国纷纷响应。

1991年12月25日，苏联总统戈尔巴乔夫宣布辞职，将国家权力移交给俄罗斯总统叶利钦。

历史上的今天

1954年，康藏、青藏公路正式通车；1977年，喜剧大师卓别林（1889—1977）在瑞士科西耶逝世；1979年，人类消灭天花。

居里夫人发现镭

1898年
12月26日

1898年12月26日，法国物理学家、化学家玛丽·居里（Marie Curie）在提交给法国科学院的报告中宣布，她们又发现一个比铀的放射性要强百万倍的新元素——镭。

要提炼出纯镭，必须要有大量的矿物和较大的实验室，这是居里夫妇最先遇到的难题。沥青铀矿是一种最贵的矿物，居里夫妇买不起，后来在奥地利的一位教授的帮助下，他们花掉了全部的积蓄，变卖了所有值钱的东西，才买到十几麻袋沥青铀矿渣。恰好，理化学校同意供给他们一个长期不用的木棚。木棚的地面是用沥青铺的，玻璃房顶破旧得不蔽风雨。室内只有两张破旧的桌子，一只炉子和一块皮埃尔用来进行计算的小黑板。就这样居里夫妇开始了伟大的科学试验。

1898年，在经过几万次的实验后，居里夫人终于成功地获得了10克纯镭。

1903年，居里夫妇由于发现放射性元素而获得了诺贝尔物理学奖。

历史上的今天

1893年，毛泽东诞辰；1966年，我国研制的中程火箭首次飞行试验基本成功；1970年，中国第一艘功击型核潜艇"长征一号"下水。1999年，我国西部的最大水电站二滩水电站全面建成投产。

1945年
12月27日

世界银行集团成立

1945年12月27日，世界银行集团宣告成立。它是与国际货币基金组织同时产生于布雷顿森林会议的两个国际性金融机构之一，也是联合国属下的一个专门机构。

1944年7月1日至20日，布雷顿森林会议举行，会上通过了美国的提案，达成了《国际货币基金协定》。参加会议的国家同意建立一个国际货币制度，由即将成立的国际货币基金组织及其辅助机构国际复兴开发银行来加以管理。

世界银行集团于1946年6月开始办理业务。凡是参加世界银行的国家必须首先是国际货币基金组织的会员国。世界银行集团一开始的使命是帮助在第二次世界大战中被破坏的国家重建。今天它的任务是资助一些国家克服穷困，联合向发展中国家提供低息贷款、无息信贷和赠款。

世界银行集团由五个机构组成，分别是：国际复兴开发银行（IBRD）、国际开发协会（IDA）国际金融公司（IFC、）多边投资担保机构（MIGA）、解决投资争端国际中心（ICSID），其中，IBRD与IDA常被合称为"世界银行"。然而"世界银行"一词在非正式场合也被作为世界银行集团的简称。

历史上的今天

2001年，美国正式宣布给予中国永久正常贸易关系地位。

我国颁发首批专利证书

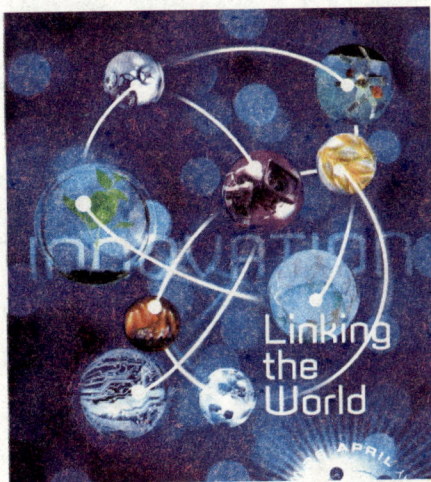

1985年12月28日下午，中国专利局在人民大会堂举行大会，颁发首批中华人民共和国专利证书，对143项专利申请授予专利权。

600多名中外来宾参加了此次专利证书颁发大会。联合国世界知识产权组织总干事阿帕德·鲍格胥博士向中国专利局发来了贺电，祝贺我国颁发首批专利证书。

专利是指一项发明创造向国家审批机关提出专利申请，经依法审查合格后向专利申请人授予的该国内规定的时间内对该项发明创造享有的专有权，并需要定时缴纳年费来维持这种国家的保护状态。专利证书是专利申请经审查合格后，由专利局发给专利申请人的法律证明文件。专利属于知识产权的一部分，是一种无形的财产。

历史上的今天

1895年，世界电影首次公映；1929年，古田会议召开；1945年，美国小说家德莱塞（1871-1945）逝世；1992年，南京长江大桥高架桥建成。

429

云梦秦简被发现

1975年12月29日，我国考古工作者在湖北云梦睡虎地完成了出土大量秦代竹简的11号墓的发掘工作。这批首次发现的秦简，被称为"云梦秦简"，共有1155支（另有数十片残片）。竹简长23.1厘米至27.8厘米，宽0.5厘米至0.8厘米。简文是近似小篆的秦隶墨书，大部分清晰可辨。简文反映了篆书向隶书转变阶段的情况，其时代为秦昭王元年（前306年）至秦始皇三十年（前217年）。其内容为《编年记》、《语书》、《秦律十八种》、《效律》、《秦律杂抄》、《法律答问》等，主要是秦朝时的法律制度、行政文书、医学著作以及占书。云梦秦简的发现为研究中国书法、秦朝的政治、法律、经济、文化、医学等方面的发展历史提供了翔实的资料，具有十分重要的学术价值。

历史上的今天

1899年，聂荣臻诞辰；1968年，南京长江大桥正式建成通车，它是第一座由我国自行设计建造的双层式铁路、公路两用桥梁；1993年，《保护生物多样性公约》成为国际法。

中国人民广播事业创建

1940年
12月30日

1940年春天，党中央决定成立广播委员会，由周恩来任主任，领导筹建广播电台。台址选在延安城西北的王皮湾村。

此后，在周恩来的组织领导下，通讯战士发扬艰苦奋斗的精神，在半山腰上开凿两孔窑洞作为机房和动力间。没有电力，就利用烧木炭产生的煤气代替汽油，开动破旧汽车的发动机，带动电机运转。没有钢铁，就用木杆做架子在山顶上架起天线，经过半年多的努力，到1940年底，广播电台的筹建任务基本完成。12月30日，中国第一座广播电台延安新华广播电台开始播音，红色电波第一次飞向天空，把延安的声音传向四面八方。于是，这一天就成了中国人民广播创建纪念日。

1947年3月，延安新华广播电台改名陕北新华广播电台。

1949年3月25日，电台随党中央迁至北平，改名北平新华广播电台，新中国成立后，新华广播电台成为我国的国家电台，1949年12月5日，正式定名为中央人民广播电台。

历史上的今天

1941年，"飞虎队"来华作战；1944年，法国思想家、文学家、批判现实主义作家、音乐评论家和社会活动家罗曼·罗兰(1866-1944)逝世；2002年，我国成功发射"神舟"四号载人航天飞船。

1987年 12月31日 我国核潜艇首次远航告捷

1987年12月31日，我国海军核潜艇首次远航训练获得圆满成功。潜艇部队的干部和水兵驾驶着核潜艇，在辽阔的海洋上完成各项训练任务，创造了我国海军潜艇水下航行时间最长、航程最远、平均航速最高的纪录。

参加这次远航训练的核动力潜艇，是我国自行设计和制造的，全部机械和设备都是国产。它具有续航力大、航行速度高、潜航时间长、隐蔽性能好等特点。核动力潜艇远航训练成功，是我国海军现代化建设的一项新成就。

历史上的今天

1984年，我国南极长城站奠基典礼举行；1996年，"鸡尾酒疗法"为艾滋病人带来生机。